四次元時空の哲学

相対的同時性の世界観

村山章［著］

新泉社

21世紀叢書

はじめに

なんとかそれから逃れたい。そんな思いは、まあ生きていればありがちなことだけれど、しかし、どう頑張っても逃れられないもの、そればかりか、逃れられた状態を想像すらできないものがある。――時間だ。

自分がいつから時間について考えるようになったかは、よく思い出せない。楽しみな時間は早く来てほしい、嫌な時間は早く過ぎ去ってほしい、などということ以外は時間なんて意識することもなく、時間の中に溶け込んで生きているという素朴な状態が続いていたはずだ。そのうち、歴史とか科学とかを学ぶようになると、年表的、数直線的イメージの時間を考えるようになってくる。これは、時間の外に立った視点で時間を客体化している。だが、やはり時間は、時々刻々の「今」の移り変わりとして体験されているものだ。数直線的時間には「今」はなく、まるで違うものなのに、ともに時間と呼ばれていることを不思議に思うこともあったが、大方、年表的、数直線的時間モデルは、人間が記憶や法則を記述するために観念的に構成した便宜上の道具なのだろうと思って納得していた。

ある時期から人生や世界の意味を深く知りたいという感情に取りつかれるようになったが、それが哲学といわれる分野の課題だということを知り、多くの哲学者が時間を主題に論じていることも知り、やはり、時間について考えることが重要だったのかと思った。一方、現代の自然科学では、ずいぶん奇妙なことが時間についていわれていることもＳＦなどを通じて知る。私の記憶では、最初に相対性理論の不思議な時間について知ったのは、「猿の惑星」（一九六八年）という映画だったかと思う。超高速の宇宙船が一年半くらいかけて遠くに行って地球に戻ってきたら、地球では二千年も経ってしまっていた。なんで？　と思った。もちろん当時、相対性理論なんて言葉も知らなかったし、小学生の私にそれをわかりやすく説明してくれる人などいようはずもなかったわけだが、この疑問はその後もずっと尾を引いて、私に相対性理論への興味を抱かせることになった。

＊

相対性理論の解説書は、世界中に専門書から啓蒙書まで実に多くあったし、なおあり続けている。これはその関心を持つ人の多さと、その理論のわかりにくさとをともに物語っているのかもしれない。わかりにくいのに多くの関心を引く。わかりにくさということで言えば、例えば企業内にとかくありがちなコンピュータシステムの方がよっぽどわかりにくかったりするわけだけれど、そんなものは不幸にして担当になった者でもなければ関心をもって知ろうとはしない。わかりにくいにもかかわらず多くの人が関心を寄せるというのは、おそらく相対性理論が時間や空間という深刻なまでに誰にとっても普遍的な対象を扱っているからなのだろう。確かに、相対性理論を、一般相対性理論まで完全に理解するのはかなり高度な数学が必要で、物理や数学を専門的に修めていない私のような者には厳しい分野である。だが、その基礎部分である特殊相対性理論は、必要な数学は初等的なもので、少なくとも数式を追うだけのことであればそれほど難しい世界ではない。これよりもっと複雑で理解することの難儀な分野はいくらでもあるけれど、それぞれの道で人はそれをこなしている。相対性理論をわかりにくくさせているのは、その理論の複雑さにではなく、その世界観的な意味がはっきりさせられていないところにあるのではと私は思う。

私の場合、数式を追った段階で特殊相対性理論がわかった気分にはなれなかった。列車とか光時計とかのお話を挿絵付きで解説されても、やはりわかった気分にはなれなかった。とりあえず、論理的にわかった気分を味わえたのは、時空図を使った解説を読んだときだった。が、さらにわからなくもなった。「時空」って何だ？　四次元時空？　この世は、そういうものとして実在しているのか？

相対性理論とニュートン力学とを比較すれば、やはり一番特徴的な違いは、「同時性」についての考え方であろう。以前は、宇宙のどんな場所でどんな速さでいようが、「今」はすべて共通だし、今から一時間前の時刻と同時刻の事件が何であるかは宇宙全体で一義的に決められるものと考えられていたが、相対性理論以降はそうではなくなった。この「同時刻の相対性」こそ、理論の根幹であり、本質だと思われた。それで、これを機軸に四次元時空の実在性について考えるということをしてみた。それが本書で展開される第一の重要事項なのだが、結果、私の場合、四次元時空は実在する、過去も未来も完全確定して実在するという考えに至ってしまった。年表的、数直線的時間モデルは単なる便宜上の作り物にすぎないとは必ずしも言い切れないのではということになる。だが、そう考えていくと、では、現に体験している過去・現在・未来、流れ行く時間、運動変化し続ける「今」というこの表象は何なのかという問題が大きく立ちはだかり、さらには、われわれに自由はないのか？　といった問題まで浮上してしまう。

＊

納得のいく解答が得られないまま、自分なりにあれこれ考えつつも、自分ごときが考えてみて何になるといった諦めもしつつ、二十年近くが過ぎた。そんな折、市民による哲学運動を推進してこられた大阪哲学学校の田畑稔先生から、「21世紀叢書」の企画に参加しないかと持ちかけられた。二〇〇二年のことだった。せっかくだから、この機会につらつら考えてきたことをまとめてみようかと思った。それが本書執筆のきっかけである。しかし、なかなか進まない。

折しも、インターネットのウェブ検索は強力なパワーを持つようになっていた。それで、相対性理論や四次元時空にまつわるキーワードで検索してみると、私の問題意識はまんざら孤立してはいないと思うようになった。さらに、英語のキーワードも使って検索してみた。ぞろぞろ出てくる。その中で目にとまったのは、時空の存在論についての国際会議のサイトだった。初回が二〇〇四年に催され、次回は二〇〇六年の六月だという。「四次元時空の実在性」をめぐる問題を、今まさにホットな課題として、世界の哲学者や物理学者が議論している。

私はいてもたってもいられない気持ちになって、要約論文を投稿してみるという挙に出てしまったが、学術的な世界で何の実績もない私が相手にされるわけもない。それでも、主催者の一人、V・ペトコフ氏は、この会議に参加してみないかと誘ってくれた。ペトコフ氏は、四次元時空の実在性を認める立場で、同時刻の相対性に強く着目している点でも親近感があり、とても嬉しかった。貧相な英語力しかないうえ、案内なしの一人での海外旅行なんてしたこともなかったのだが、とにかく行くしかないと思い、カナダのモントリオールへ旅立った。

＊

ところで、時空の存在論をめぐるその立場は、大きく、次の三つに分類できるだろう。

(1) 現在のみが実在している。過去はもうないし、未来はまだない。

《現在主義、三次元主義》

(2) 過去から現在までが実在しており、未来は人間の予想に基づく仮想のものでしかない。

《成長ブロック宇宙論》

(3) 過去から未来まで、時空はすべて実在する。

《永遠主義、四次元主義、ブロック宇宙論》

(3) の立場を否定、もしくは実在性論議そのものを無意味とする根拠として、四次元時空の理論は（さらには、そもそも物理学理論は）、便宜上の規約に基づいてなされているにすぎないとする主張がある。その観点から、この立場は**規約主義**と呼ばれており、認識論上の議論とも絡み四次元主義との論戦が盛んなようである。

四次元時空においては、運動する点は、時空内に過去から未来にわたって横たわっている線として表現される。これを**「世界線」**と呼ぶ。四次元主義では、われわれは、運動する三次元物体として存在しているのではなく、それ自体は動くことのない、超チューブ状の四次元超立体として存在しているものと考える。かつて数学者ヘルマン・ワイルは、このチューブ状の形を指して、われわれは、時空内に**「四次元ミミズ（worm）」**として存在していると表現した。この「ミミズ」はそれ自体としては、まったく動かない。ミミズの過去側の先端は、その者の発生であり、ミミズの未来側の末端は、その者の消滅である。

われわれは、四次元ミミズとして実在する時空内に横たわっているものだとすれば、われわれの未来は定まっているのか。そこで、四次元時空の存在論をめぐる議論は決定論をめぐる議論を伴うことになる。今回の時空の存在論国際会議でも、決定論をめぐる議論は実に活発であった。ほかには、宇宙論や量子論などで現代物理学が抱える各種の問題がテーマとして取り上げられていた。

ここに集まってきている論者は、ほとんどが物理学者か、数学者か、そういう分野をターゲットに据えた科学哲学者である。それゆえ、その分野でのかなり専門的なテーマが議論されており、専門用語にも精通していないとついていくのが厳しい。当然、場違いな所に来てしまったかなという気持ちにはなった。それでも、四次元時空の哲学的問題でこんな風に世界中から人が集まってきて熱くなっていること、そしてこの雰囲気に自分も身を置いてしまっているということに、興奮を覚えた。

とにかく、私も書かないといけないと思った。自分の哲学書を真剣に書かないといけない。私は科学哲学の学術的議論の世界からは隔絶して、独自にあれこれ考えてきてしまった。そんな思索の事例が評価に値するかどうかはわからないし、それは私が決めなくてもいいことだろう。少なくとも提示はしてみてもよかろう。

＊

科学哲学の世界では、四次元時空が実在するか否かをめぐって、物理学的、論理学的観点などから緻密な議論がいろいろ練られているみたいだ。そういう積み上げはそれはそれで大切なこととは思うけれど、その次元でいつまでも足踏みしていても面白くない。四次元時空の実在性について、もちろん私は、私なりの論理を持っているが、その証明をめぐるステージから私は一歩踏み出して、四次元時空の実在性を認める立場を前提に世界観構築に乗り出そうと思っている。四次元時空の観点からどう生きるかを考えるのだ。

もちろん、順は追わねばならない。本書の第1章の前半では、まず相対性理論の基礎部分を概説する。四次元時空の実在性の論議を進める上で最小限、理解してもらわなくてはならない基本概念を説明する。これはこれで、どこかの解説書の一部の書き写しとかではなく、どう説明すれば、理論の本質をわかりやすく解説できるか、私なりに、工夫を重ねて組み上げたものである。次に、第1章の後半では、相対性理論の提示した四次元時空の実在性や決定論の問題について、哲学的な分析を試みる。ここが、まず本書の主要論点ということになる。私は、四次元時空の実在を認め、決定論の立場を選択することをここで表明する。関連して、量子論の観測問題などにも触れながら持論を展開する。

第2章では、実在する四次元時空の観点から、「連続性と矛盾の問題」について論ずる。ここでは、人気のある「アキレスと亀のパラドックス」を主題に取り上げることから始めて、運動するものの論理とは何かを時空的に考えていこうとする試みである（なお、ここはすでに私のウェブサイトに掲載した内容である）。

第3章では、物理学的思考だけでは抜け落ちてしまっている時間表象の問題、つまり、過去から現在、未来へという流れのような時間様相を主題に論じる。単に四次元時空の実在性を主張するだけでは、片手落ちだ。この問題まで論じてこそ、哲学的時間論は一応の完結性に近づくことができる。私はここで、「無数に並行して存在するスキャナーとしての意識」という仮説モデルを提示してみようと思う。また、関連して、未来や過去へのタイムトラベルのことや、時間の方向性の問題などもここで考察してみる。

第4章では、自由論が主題となる。そう、まさに、実在する四次元時空内の四次元ミミズに自由はあるのかという問題がテーマだ。私の答えはイエスである。ただし、ここでは「自由」という概念に哲学的な反省思考を四次元主義的、唯物論的立場から行う。ここで登場させる媒概念が、「力」概念である。私は、四次元主義の立場から、自由の問題にどうアプローチしたらいいのかをずっと考えてきたのだが、そこで思い当たったのが、四次元的考察のもとでの「力」概念批判を媒介にすることだった。

このように、本書は、四次元時空をめぐって、存在論、論理学、認識論、倫理学といった哲学上の広範な分野に思索の羽を伸ばす。この思い切った展開は、私の人生を懸けた思索の実験的挑戦である。学術的厳密さへの配慮不足でお叱りを受けるところは多々あるかもしれないが、読者に退屈をさせない努力はしたつもりだ。だから、是非とも、私の思索にお付き合いいただき、こんな考え方もあることを知っていただきたい。それをどう評価するかは、もちろん、読者の側の思索に委ねるところでしかありえない。

四次元時空の哲学●目次

はじめに　3

第1章　相対性理論と四次元時空……15

［前半］　相対性理論の概説の部

1　同地点の相対性と同時刻の相対性　17

2　光速不変の原理　21

3　同時刻の相対性と時間の遅れ、長さの収縮　32

（1）同時刻の相対性　（2）時間の遅れ　（3）長さの収縮

（4）ローレンツ変換と特殊相対性理論の展開

4　ミンコフスキー四次元時空　39

5　一般相対性理論と歪んだ時空　50

［後半］　哲学的考察の部

6　四次元時空は実在するか　61

7　決定論的世界像　67

8　量子論上の問題　83

（1）量子力学成立のいきさつ　（2）観測問題　（3）抽象的普遍と具体的個別性について

第2章　連続性と矛盾の問題について……105
1　アキレスと亀　108
2　相対性原理に基づく「アキレスと亀」　113
3　距離の変化と「分割のパラドックス」「飛ぶ矢のパラドックス」　117
4　四次元時空の存在　120
5　時間と空間の差異について　123
6　速度の連続性について　128
7　論理は時間を鳥瞰する　133
8　ゼノンの思想とアインシュタイン　137

第3章　時間表象の問題について……141
1　時間の内省的考察　142
（1）哲学的時間論で想定される時間について　（2）客観的時間（普遍的時間単位の探求）
（3）主観的時間（時間様相と主観的具体性）
2　時空スキャンの世界モデル　168
3　今を持つもの持たぬもの　178
4　タイムトラベルについて　181
5　時間の方向について　195
（1）熱力学的不可逆性（エントロピー増大の法則）　（2）放射現象において先進波は存在しないこと
（3）宇宙論的構造における過去と未来の非対称性

第4章　倫理学的問題（自由論）……211

1　自由論に向けて　213

2　時間の流れと自由意志　220

3　客観的自由概念の分析　227

（1）「自由」研究へのアプローチ　（2）時空的決定論と自由か否かについての客観的問題

（3）自然史過程において進化してきた自由　（4）力（能力）としての自由――「力」とは

（5）トレードオフされる自由の諸相　（6）権力と自由

4　主観的自由概念の分析　255

（1）存在命題と当為命題　（2）世界解釈モデルについて

（3）責任や当為のための世界モデルと時空的決定論　（4）歴史評価について

（5）時空的決定論の残酷さについて

5　そして、もう一つの自由　275

おわりに　280

装幀　高根英博

第1章 相対性理論と四次元時空

本章では、物理学がテーマとなる。とりわけ、四次元時空を提起した、相対性理論が中心になる。まず、四次元時空とは何かを説明せねばならないし、そのためには、それを必要としている相対性理論について、基礎的な部分だけでも簡単に説明しておかねばならない。本章の前半（第1〜5節）は、それに充てられる。なお、簡単にではあるが、相対性理論の科学史的位置づけについての考察もまじえつつ、理論の基礎を紹介した。特に、ミンコフスキー四次元時空の解説に重点を置いた。この時空図に基づけば、同時刻の相対性、時間の遅れ、長さの収縮という相対論の基本効果は、明瞭に理解できるようになる点を強調した。ローレンツ変換式という最重要な基本式も、時空図に基づいて比較的直感的に導出できることを示した。

そして、本章の後半（第6〜8節）において、哲学的議題に入るわけだが、まず、四次元時空の実在性について問う。私は、それについては、実在するという立場を取る。なぜ、そう考えるかについての展開が、本章での中心議題であり、最大のキーワードが「同時刻の相対性」ということになる。そして、次に、その認識が決定論的世界観をもたらしはしないか、という点を取り上げる。その点でも私は肯定的な結論に至った。四次元時空の実在性の認識と決定論的世界観の自覚、これが、本書を貫く基本線である。ここから、考察の波紋が拡がっていくという構成である。

第8節は、量子論を取り上げる。量子論についての説明は、概略にとどめた。もとより、詳細に解説する力は私にはない。しかし、量子論に言及せざるをえなかったのは、これが、現代物理学の支柱であるという理由のほかに、四次元時空の問題と密接につながっていると思われたからである。特に観測問題が重要である。

【前半】相対性理論の概説の部

1　同地点の相対性と同時刻の相対性

史跡を巡る。「昔、**ここで**、激しい戦があった」と言われる。「違うだろ、ここではないだろ！」あるいは、ニュース番組で、「昨夜、**ここで**、爆破事件がありました。現場からお伝えしております」とレポーターが言う。「違うだろ、そことは言えないだろ！（必ずしも）」と心の中で思う。

戦があったのは、あるいは爆破事件があったのは、全然別の場所だ。今では、はるかかなたの宇宙空間のある場所だ。なぜなら、地球はすごいスピード（赤道付近で、時速1674キロメートル）で自転しながら、太陽の周りを（平均時速10万7280キロメートルで）公転している。その太陽系も銀河系の中で、（毎秒220キロメートルくらいで）移動している。だから、事件があった瞬間ではそこは地表面のある場所だったかもしれないが、今はもうそこには、地表はないのだ。地球とともにはるかかなたに飛び去って行ってしまっている。

ここと同じ場所でその事件は起きたとか、ここは何がしの聖地であるとかと言うことが可能なのは、宇宙に無数にある星雲の中の一つである銀河の、ある恒星の、ある惑星である地球の、回転する地表面が、静止しているとみなすことのできる、（宇宙的には）たいへん特殊な座標系を基準にした場合に限られる。

「同じ場所」という場合、それは、「どういう座標系で」という前提があってこそ、意味を持つ。座標系というのは、それが静止しているとみなすことのできる乗り物に張り付いた空間（や時間）の基準スケールのことである。通常、乗り物に乗ったりとかしていなければ、われわれはほとんどの場合、地表に静止している座標系を基準にして、ここかあそことかと言って会話している。しかし、地表座標系が唯一絶対の基準系とは言えないことは、説明すれば誰もが当たり前のことのように納得する。

しかし、これが当たり前になったのは、近代以降である。長い間、地球は、宇宙の中心だと考えられてきた。大地は静止し、運動するのは天体（天空）だと考えられてきた。その場合、「同じ場所」か否かは無前提に言及できる。また、この場合、速度も絶対である。真に静止しているものは、大地に対して静止しているもののみである。大地に対する速度が真の速度である。

人類の知的発展は、前提条件としては意識さえされていなかったことが、ある前提として意識されるようになるという方向をたどることが多い。天動説から地動説へと転換するにともない、それは、大地は不動であるという無意識の前提が崩れたわけだから、運動の（したがって静止の）絶対的基準というものはないという認識に至り、運動や静止を語るには、なにがしかの基準座標系が前提されなくては無意味だということが自覚されるようになる。ガリレオ・ガリレイによる近代物理学の幕開けは、慣性の法則の発見とともに始まる。それは、大地が静止の絶対基準ではないという認識であり、地動説への支持と密接に関連している。実際、地球が動いているのに、落下物がまっすぐ落ちるのはおかしいという地動説の批判者の指摘に対する反論の根拠としてこの法則は使われ、彼は移動する船のマストから物を落下させた場合を使って説明した。

あるものが、時間を経過しても同地点にあるかどうか、あるものの速度はどれだけか、ということは、乗り物の基準抜きでは語れない。慣性の法則、すなわち同地点の相対性は、現代人の常識である。

ところが、時間についてとなると、科学的な認識と常識的理解とにまだ隔たりがある。**時間を隔てた二つの事象が空間的に同地点か否かは、基準座標系に依存する**という**「同地点の相対性」**は、誰もが理解できることだが、実は、これと同様のことが時間についても言えるのである。すなわち、**距離を隔てた二つの事象が同時刻か否かは、基準座標系に依存する。**これを**「同時刻の相対性」**と言う。これは、二一世紀初頭では、物理学者や物理学を専門に研究している学生の間ではほぼ常識だが、一般的な常識にはまだなっていない。

どういうことか、説明しよう（図1―1―1）。

ある時、ある資産家が地球で息を引き取った。妻は先立っていたが、この人には息子が二人いた。次男は地球に暮らしているが、長男は、はるかかなたから、宇宙船に乗って、地球に向かっているところだったとしよう。その長男は旅の途中で死んでしまったが彼には妻がいた。もし、父（被相続人）が死んだのが、長男の死より後ならば、長男は相続してはいないからその妻に資産は渡らず、次男が全額相続する。しかし、父の死が長男の死より先ならば、長男はいったん父の資産の半額を相続しているから、それの四分の三が残された妻に渡る。

図1-1-1　同時刻の相対性

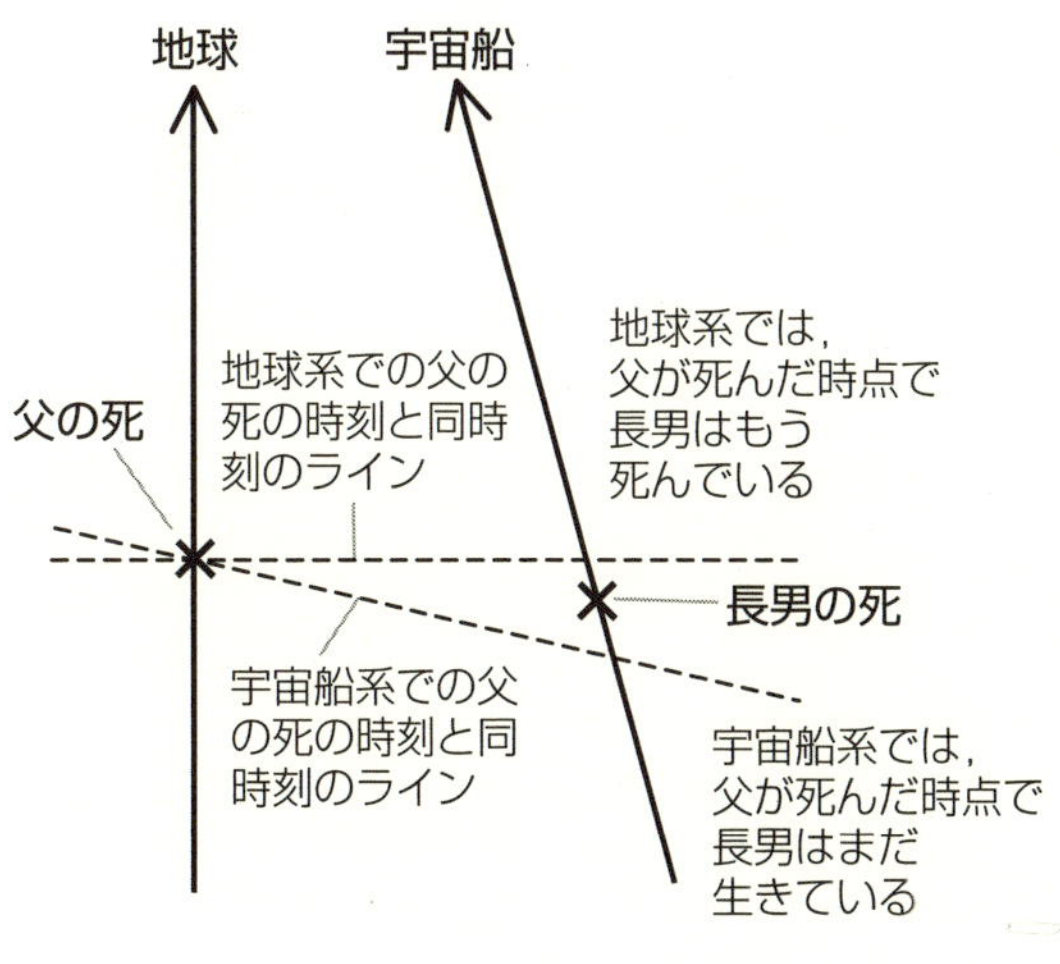

現行民法では（そして、二一世紀初頭の日常意識では）、父の死と、長男の死とどちらが先かは、絶対のものとされている。立場によって、どちらが先か違ってくるなんてことは配慮されていない（と思う）。しかし、科学的には、次のようなことがありうる。地球にいる次男の立場（座標系）では、父が死ぬ前に長男が死んだことになるが、宇宙船の立場（座標系）では、父が死ぬより後に長男が死んだことになる、という事態である。相続がどうあるべきかは、座標系に依存するのだ。

距離が離れていて、速度を異にする者同士では、同時性が（したがって先後関係が）異なるのである。同時刻か否かは、どの座標系（乗り物）を基準にするかを言わなければ、意味をなさない、相対的な事柄なのである。

私は別に、現代科学にそぐわない現行民法はいずれ改正すべきだという主張をしたいわけではない。もっと先決すべき課題がいっぱいある。税金は有効に使うべきだ。

ただ、知ってほしいことは、現代の科学的認識では、時間は、宇宙全体で、絶対的で一様な進行をするものではなく、同時性も絶対的に無前提に論じられるものではなくなっているということである。ただ、これが顕著に現れるのは、光の速さと比較して意味があるくらいに速い速度で運動する関係で、互いの距離が著しく、（例えば何光年も）離れているような場合である。われわれはまだ、4・3光年かなたのケンタウルス座・アルファ星の職場から秒速20万キロメートルで帰宅する親を待つとか、愛する恋人が秒速15万キロメートルで立ち去ってしまったとかの体験をする生活を送っていないから、日常的な生活の上では、時間はほとんど絶対的で唯一の流れ方をするものという意識を持つことになる。地表座標系が、唯一絶対の静止基準であると思うように。そして、この状況はたしかに当分は変わらないだろう。

しかし、哲学は、（少なくともさしあたり）本質論を目指す。とりあえず、生活に直接の影響がないからという理由で事柄の追求をしないわけにはいかない。それに物理学で語られる時間は、われわれが日々関わる時間とまったく別のものを指しているわけではない。規模や精度が、われわれの生身の感覚に基づく一般的な日常生活世界のものとはかけ離れているだけのことだ。しかもそれは、ある種の生産現場では、当然のごとく要求される精度だったりする。カーナビに使われるＧＰＳ（全地球測位システム）だって、その精度が要求されるものの一つである。今や、同時刻の相対性の問題は、高邁な学者だけが議論していればよいというような段階ではない、現実的な問題領域に来つつあるのだ。

本書で、私は、同時刻の相対性を基礎に、時間にまつわる哲学的問題を追求してみたいと思う。

同時刻の相対性を提起した理論は、いわずもがな、相対性理論である。さしあたり、次節以降で、なぜ、同時刻の相対性という認識が生じたのかということを説明するところから始めよう。ただし、本書は、相対性理論そのものの解説が目的ではない。この先の展開上、最低限理解しておく必要のある、「同時刻の相対性」と「四次元時空」という基礎概念の説明に焦点を絞って相対性理論を概説する。

2　光速不変の原理

アルバート・アインシュタインは、偉大なる「宇宙人」だった。

彼が異星人だったとか、Ｅ・Ｔだったとかと言っているのではない。ここで言う「宇宙人」とは、坂本竜馬が土佐人ではなく日本人であったように、今、多くの個人が特定の国民国家への帰属を超えて国際人であろうと活動しているように、地球人であることを超えてユニバーサルに宇宙全体の立場で物を考える人のことを言う。もちろん、彼はユダヤ人であり、ドイツ人であったり、スイス人、オーストリア人、アメリカ人であったりを兼任はしていたが、何よりも彼は宇宙人だった。彼の思想の根本基準を一言で表すとしたら、「宇宙はみな、法（則）の下に平等である」ということになるのではないだろうか。その先駆者は、アイザック・ニュートンであり、ガリレオ・ガリレイであり、ニコラウス・コペルニクスであった。彼らもりっぱな宇宙人だ。コペルニクスの時代の次の世紀に登場したジョルダノ・ブルーノ、彼は宇宙の中心は太陽でもないと明言した先進的宇宙人だった。しかし、教会人の手によって退治されてしまった。古代のアリストテレスは、自然観としては、ギリシア人の枠を越えて地球人となりえた偉大な思想家だが、地球中心観にとどまった意味で宇宙人とまでは言えないだろう。

近世以降の物理学や天文学の発展は、地球中心思想からの解放という大きな流れとしてとらえることができる。身近な物体の運動も、天体の運動も、宇宙全体を貫く同じ基本法則に従っている、という思想である。この方向性で追求された普遍法則が、実証による裏付けによって認定される。その膨大な積み上げで、壮大かつ緻密な理論体系を人類は獲得してきた。

その過程で、今までは、宇宙全体に共通していると思っていたことが、実は地球にローカルなことにすぎず、あるいは人間に特有の規模や環境に裏打ちされた特殊事項にすぎなかったということを発見する経験を積んだ。相対性理論による同時刻の相対性などの発見も、その一例であり、物理学史上、いや、人類の思想史上でも、最大級に画期的な発見であったと言えるだろう。

事の発端は、真空中の光の速さをめぐる問題であった。一九世紀、光が電磁波の一種であることがわかっていた。かつて、光は波なのか粒子なのかということをめぐっての対立があって、ニュートンらは粒子説を取っていたが、光が干渉縞を示すなどの実験結果により、クリスチャン・ホイヘンスらの光の波動説が優勢になっていた。一方、マイケル・ファラデーらが開拓した電磁気学は、ジェームズ・C・マクスウェルらによって、数学的に洗練された理論として完成されていた。そこでは、電磁気は、横波として伝播していくこと、光もその電磁波の一種であることが理論的に解明された。そして、ここが大変重要なことなのだが、真空中の光（電磁波）の速さが、電磁気学の基本方程式から一定の値として導出されてしまった。およそ秒速30万キロメートルという値である。

定数としての「速さ」、これは実に奇妙な概念なのだ。先にも述べたように、速度は、基準座標系に依存する。つまり何を静止したものとみなせる乗り物に乗っているかによって、値は違ってくる。（道路に対して）時速80キロメートルで走る車は、（道路に対して同じ方向に）時速50キロメートルで追いかける車にとっては、時速30キロメートルの速度である。一体、方程式から導かれた光の速さというのは、何を静止したものとみなす座標系が基準になるのだろうか、という大問題が発生したことになる。

ところで、光は波である以上、振動を伝える何らかの媒体があるはずだ、と考えられていた。その媒体を、古代ギリシア哲学から拝借した「エーテル」という言葉で表現していた。光はこのエーテルに対して、秒速30万キロメートルで伝わるということなのだろうと、当然考える。エーテルに静止する座標系は光速の基準たる宇宙における特別な座標系なのである。それなら、地球はこのエーテルに対して、一体どんな速度で移動しているのだろうということが知りたいところである。

それを測定しようとしたのが、有名な**マイケルソン&モーレーの実験**である。地球がエーテルに対して動いているとすれば、その地球の進行方向に光が往復する場合と、その進行方向に垂直な方向に光が往復する場合とでは、速度に差が出ることがわかっている。それで、彼らは、その差を測定する装置を作り、地球のエーテルに対する速度を逆算しようとしたわけだ。

結果は、二つの方向における光速の違いはまったくなかったということだった。装置の精度は充分であった。装置の向きを変え、測定する時刻や、季節を変えても、測定する場所を変えても、やはり結果は変わらなかった。これは、地球はエーテルに対して静止していると考えれば、説明はつく。言い換えると、宇宙全体の根本基準たるべきエーテル座標系は、とある銀河の片隅の一恒星の周囲を自転しながら公転している地球の表面にぴったり張り付いて一緒に動いているということである。一九世紀も終わろうとしている時代に、とんでもない地球中心説が浮上してしまったわけだ。もちろん、そんなことを信じる物理学者はいなかった。仮にもしそんな前提を認めたとしても、あまたの天文学上の観測事実と矛盾してしまう。

フィッツジェラルドやローレンツは、エーテル中を物体が進行すると、進行方向に対して速度に応じたある微小な割合でその物体は収縮するという仮説で、この事態を解決しようとした。収縮が実際に観測されないのは、物体の長さを測る物差しも同じ割合で収縮するからだと説明される。なぜ、どんな物体もその材質や密度に関係なく同じ割合で収縮するのか不思議ではあるが、つじつま合わせにはなった。また、ローレンツは、ガリレオの考えた単純な座標変換とは別の座標変換式を考案し、これなら電磁気学の法則は、不変に保たれ、したがって光速も不変に保てることを発見していた。さらに、ポアンカレは、この考えを基礎に力学法則を書き換えるなどして、特殊相対性理論で現れる数式をアインシュタイン以前に獲得していた。全体として統一性に欠け、物理像が不明確ではあったが、とにかく、アインシュタインの登場以前に、特殊相対性理論の数式はすでに顔を出しており、形の上ではもうあと一歩のところまで来ていたのだ。だが、なぜ、このような複雑な数式が妥当であるのか、その意味は不明で、無理につじつま合わせをした感は否めない。当時の物理学者の限界は、物体に関する法則を追求するという視点から離れることはできず、時間・空間そのものの性質を問うという観点には到達できなかったところにあった。

アインシュタインが、画期的であったのは、時間・空間そのものの概念を変えることで、シンプルな原理から統一的かつ根本的な解決を与えたことであった。彼は次の二つの原理に基づいて、力学と電磁気学を統一的に基礎づけた。

(1)　すべての慣性座標系において観測される物理法則は互いに同等である。

(2)　すべての慣性座標系に対して、光の速さはその光源の運動に関係なく一定不変である。

(1)は、すべての慣性座標系は物理的に対等であるはずだという、ガリレオ・ガリレイ以来、物理学の基本原理になってきた相対性原理をそのまま踏襲したものである。ただ、ここでは電磁気学においてもそれが貫徹されるべきだという点が強調された。電磁気学の法則には、「速度」が直接顔を出して力の発生に関わったりする。これが悩みの種であった。速度というのは、基準座標系があって意味をなすものである。基本法則に速度が現れるということは、その法則が成立する特別な基準座標系を前提にしなくてはならない。ニュートンの力学の基本方程式は、その点で、加速度が規定的役割を果たしていたので問題はなかった。加速度（速度の変化率）は、どの慣性座標系から判断しても同じ値を取るからである（ここで、「慣性座標系」とは、加速運動をしていない座標系のことである）。だから、ニュートンの力学は、ガリレオの相対性原理をしっかり支えていた。このスタンスを守り抜くべきだ、宇宙はみな平等なのだ、ということの再確認をしたわけである。

(2)は、ある意味で、(1)の一事例という見方もできる。光速は電磁気学の基本方程式から導かれる基本定数であって、物理的基本定数は、座標系に依存すべきではないというありきたりのことを述べたにすぎないからだ。だが、電気素量とかの基本定数と違って、光速は「速度」である。「速度」が座標系に依存しないで一定不変なんて、わけがわからない。そもそも、座標系というのはどういう速度の乗り物に乗って観測するかということを概念化したものであって、速度というのは根本的に座標系に依存するものであるはずだ。なのに依存しないで一定不変だというのである。しかし、マイケルソン&モーレーの実験結果はまさにそれを示していたのだが、概念的に大変理解に悩む命題である。その意味でこれは、たとえ(1)の一事例であったとしても、特別に原理として掲げて喚起を促し、従来の理論との違いを強調しておくべきであろう。

そもそも光速とは何であろうか。光は波動である、と仮定すると、その波面の速さは、光源の速さとは関係なく、媒質に依存する。つまり媒質（エーテル）が静止しているとみなせる座標系において、ある一定値を示す。この媒質に対してある速度で移動すれば、その移動している者にとって、その波動の速さは変わる。海の波の進行と同じ速度で移動するサーファーにとって、波の自分に対する速度はゼロだ。これが波の速さについての常識的観念である。ところが、相対性理論では、この「光の媒質」に静止しているであろう座標系に対していかなる速度で移動する者にとっても、光の速さは一定であると主張する。これでは、光の波に乗ったサーフィンはできない。つまり、光の波と同じ速度で走ろうと、いくら追いかけても、その光の波には追いつけないどころか、微塵もその速度は縮まらないと言うのだから。

光を粒子と考えてみたらどうか。光源から光の粒を発射する。その速度は秒速30万キロメートルであるとしよう。その光源に対して、光の発射方向と反対方向に秒速30万キロメートルで移動する者にとって、その光の粒は、秒速60万キロメートルであるはずだ。あるいは、光の発射方向と同じ方向に秒速30万キロメートルで移動する者にとってなら、その光の粒は止まって見えるはずだ。しかし、光速不変の原理とは、いずれも光の速度は秒速30万キロメートルのままであると主張する。

アインシュタインは、（特殊）相対性理論を発表した同じ一九〇五年に、ブラウン運動についての理論と光電効果に対する光量子仮説に基づいた理論を発表している。前者は統計力学の基礎となり、後者は量子力学構築のための重要なステップになっている。この光量子仮説の採用にも見られるように、彼は光を必ずしも単純な波動とは考えていなかった。離散的なエネルギー値をもつ塊、粒子のような振る舞いもする何かであるという認識があった。とはいえ、波動的性質を示す事実を否定したわけでもない。量子力学はまだ端緒についたばかりの時期である。

光を波動と見るか、粒子と見るか。いずれにしても、先に説明したように、光速という速度なるものが、すべての（慣性）座標系で一定というのは、論理的に矛盾している。座標系は速度の基準であり、座標系が変われば速度は変わらなければおかしいはずだ。当然、相対性理論をめぐって物理学界は紛糾した（百年後の今でも、無理解な人たちがいまだに紛糾しているみたいだ）。

アインシュタインとて、これが、単純に考えて論理的におかしいことがわからなかったはずはない。観測事実として、あるいは電磁気学の帰結として光速不変が認められるという知識だけで、「それならこれを原理としてしまえ」などと短絡的に発想できたとは思えない。彼は、そういう実体がわからないままの形式論理的解決を好まないはずだ。彼が、「光速不変」を原理として打ち立てることができた背景には、「速度」という概念そのものに対する根底的な批判が完成していたからだと考えるべきだろう。**光速不変原理の本質は速度概念批判**なのだ。彼は根源的な概念批判のもとに、すべてを見直そうという原理探求型の思考スタイルを一貫させていた。したがって、マイケルソン＆モーレーの実験結果の論理的つじつま合わせをいかにするかといった問題意識はなかったし、そもそも、この実験結果は、アインシュタイン自身にとっては、新理論構築の動機ではなかった。

アインシュタインは、若いころ、〈もし、鏡を持って（エーテルに対して）光速で走ったら、自分の顔から発する光はいつまで経っても鏡に到達しないから、永遠に鏡に顔は映らないのだろうか〉などと、あれこれと光が止まってしまう世界を想像しては悩んでいたというエピソードを聞く。彼には、宇宙のどこかに光が止まってしまっている場所（座標系）があるなんて、考えられなかった。光はどこでも、どんな乗り物に乗っている者にとっても、平等に、同じ速さで振る舞うはずだという信念があった。だが、「速さ」というものを「単位時間当たりの移動距離」という定義で考える限り、その考えは矛盾してしまう。そこで彼がたどり着いた結論は、速さの定義そのものを考え直すということであった。

彼は、いつも思考の場を地球も太陽もなにもない空虚で広大な宇宙空間に置く。そこでは、距離や時間を大域的に正確に測定する手段は何もない。自分が何かに対していかなる速度で移動ないし静止しているのかもわからない。頼りになるのは、いつでも一定値を示してくれる「光速」だけだ。この唯一の基準、光速に対してどれだけの割合の速さで進むか、ということなら、距離や時間の測定に依存しないで「速さ」を定義できる。光速は、「速さ」一般に対する基準なのである。

ところで、そもそも、無限大の速さなんてあるのだろうか？「無限大の速さ」というのは、実に不思議な概念だ。ある場所にある物体ないし情報が、無限小の時間で、無限大の距離離れた場所に到達する。有限の速さから無限大の速さに有限の時間で到達が可能なのだろうか？もし可能だとしたら、無限大の加速が必要になるのか、それには無限大の力が必要なのか？無限大の力を有限のエネルギーで実現可能なのか？

相対性理論は、この不思議な「無限大の速さ」をきっぱりと現実にありえないものとして捨て去る。元来、物理学という現実を相手にした学問は、無限大という観念を嫌うものである。無限大の速さがありえないとすれば、速さの限界値が存在していなくてはならない。光速は、まさにその限界値なのだと考える。ただ、理論展開上、さしあたり前提されることは、光の速さが絶対不変であるということだけだ。その速さが超えられないものであることは、理論を先々展開していったところで論証されることになる。「光速は速さの限界」、これを速いとみるか、意外に遅いとみるかは、思考のスケールによることだ。

相対性理論は、絶対基準たる光速から、すべてを定義しなおす。「速さ」は、光速に対する比で再定義された。だが、従来の物理学は、速さを移動距離と所要時間の比で定義している。相対性理論は、逆に、光速という速さをもとに、距離と時間の方を定義していくのである。

アインシュタインは、そのために光時計というものを考案した。光速からすべてを始めると決意したのだ。したがって、時間の計測には光を使う。光（のパルス）をある方向に、単位距離の半分だけ離れている鏡に向かって発射し、それが反射して戻ってくるまでの時間（の定数倍）、これを単位時間と定義する。単位距離の定義は、移動や方向転換に伴って変化することがないとみなせる宇宙的な普遍性が保証されるものであれば、何を使っても構わない。例えば、単位距離を30万キロメートル（メートル原器3億個分）と定義して、15万キロメートル離れた鏡に向かって光を放ち、反射して戻ってきた時間、これを時間の単位1秒と定義する。あるいは、単位距離を1メートルと定義したら、50センチメートル先の鏡を使って、反射して戻るまでの時間を1単位時間（3億分の1秒に相当）と定義する。

この光時計は、いかなる（慣性）座標系上でも、すなわちいかなる（等速の）乗り物に乗っている者にとっても正常に作動する。なぜなら、光速はすべての慣性座標系で不変の絶対基準だから。こう言い放つ時点で、エーテルという媒質の中を伝播する光という物理像は完全に否定されている。エーテルの物理像では、エーテルに対してどういう速度で移動しているかによって、この光時計は動作が異なってしまうはずだからだ。

さて、時間の定義ができた。すると、今度は、時間を使って、距離の測定ができる。光が単位時間の何倍の時間かけて到達する距離かで、それが単位距離の何倍の距離かがわかるのである。例えば、光が1年かけて到達する距離、これを1光年の長さと言うのもこの原理に基づいている。

ここまでは、単位の最初の種（タネ）を距離側に求めて説明したが、単位の最初の種を時間側に求めても構わない。宇宙的に普遍性あり（等質の反復あり）と判断できる何らかの現象の所要時間を時間単位とまず定義しておいて、その単位時間に光が進む距離（の定数倍）を単位距離と定義してもよい（現在、国際単位系の定義はそうしている）。重要なことは、ここで、「光速」は時間と距離との換算係数（定数）として機能していることである。１メートルは３・３尺であるというときの３・３のような、換算係数になっているのだ。これは、もはや長さと時間が、長さと電気量のように独立した別種の量ではなくなっていることを意味する。つまり、「光速不変」は、時間と空間のある種の同質性を裏付けるものになっている。この点は留意しておいてもいいだろう。

当時の権威ある物理学者らは、媒質を伝わる光波という世界像を維持したまま、光速不変が観測される現象をいかに説明するかという方向で考えていたのだが、アインシュタインは、光速不変を原理として出発点に置く形で、光についての世界像そのもの、そればかりか物理学概念そのものの再構築にとりかかったのである。その変革対象の物理学概念には、速度はおろか、時間・空間そのものまでもが含まれることになった（このような着想の背景にはヒュームやマッハの影響があるともいわれている。ただし、マッハは相対性理論を認めず、アインシュタインは後にマッハ主義哲学を批判している。ニュートンやカントの時間や空間に対する固定観念から自由になる契機として、ヒュームやマッハの影響を理解しておいた方が事実に近いかもしれない）。

そもそも、時間・空間というのは、世界の根本的な存在形式であり、論理思考の基本形式でもあって、物体の運動法則を扱う個別科学にすぎない物理学が、おいそれと言及すべき対象ではなかった。空間とは、物体がそこで動き回ることのできる、宇宙における虚空の広がりであり、時間は宇宙全体に共通して流れる運動の背景のようなものと考えられていた。それは、物理学にとっては何ら疑念の余地がないものであり、アプリオリな、すなわち経験や観測に先立つ前提であった。だが、光速不変という原理を採用すると、時間・

空間そのものについての従来からの一般的常識的了解に修正を加えなくてはならない事態が生じてしまった。次にそれを説明しよう。

3 同時刻の相対性と時間の遅れ、長さの収縮

(1) 同時刻の相対性

光速は、どの慣性座標系でもあらゆる方向で一定不変であるとすると、離れた場所で生じた二つの事象の同時性が座標系次第で相対的になることがただちに導かれる。

ある光のパルスが遠くにある鏡に反射して戻ってくるとしよう。その現象を、光源の位置に静止している者と、光源から鏡に向かって走行している者とが観測したとする。従来の常識からすれば、走行している者にとっては光は往きは遅く、帰りは速くなるのだが、光速不変の原理から、彼にとっても光速は、往きも帰りも等しい大きさである。したがって、光が鏡に到達した時刻は、発光した時刻と戻ってきた時刻の中間であると両者はともに判断する。光が鏡に到達した時刻は、両者にとって明らかに同時とは言えない（図1−3−1）。

アインシュタインが提示して、よく相対性理論の解説で紹介されている思考実験に次のようなものがある（図1−3−2）。列車の中央から、同時に前方と後方に向かって光を発射する。列車に乗って

図 1-3-1

同一の光パルスだが，二人にとって反射した時刻は同時ではない……

いる者にとって、光は同じ速さで前方と後方に進行しているわけだから、前端と後端に到達した時刻は、同時刻であると判断する。この現象を列車の外で地上に静止している者が観測するとどう判断されるか。彼にとっても、列車の中央から発射された光は、同じ速さで前方と後方に進行する。しかし、列車の後端は、光に近づき、列車の前端は光から逃げて行くから、光は後端に先に到達し、遅れて前端に到達する。光が前端に到達、後端に到達という二つの事件（事象）は、観測する立場（座標系）によって、同時刻であったりなかったりするのである。これを**「同時刻の相対性」**と呼ぶ。

「同時刻の相対性」は、「光速不変の原理」と表裏一体をなすと言ってもいいくらい、相対性理論にとっては本質的なものである。二〇世紀初頭の物理学は、相対性理論によって、今まで知られていなかった同時刻の相対性を発見したのである。かつて、地表は絶対静止であり、同地点であることは、どれだけ時間を隔てても変わることのない絶対的なものであるという信念が、地球そのものが動いているという認識によって打ち砕かれたように、ここで、同時であることはどんなに距離を隔てても変わることのない絶対的なものだという信念が、光速の不変性の発見によって打ち砕かれたわけだ。同地点であることが座標系に依存するように、同時刻であることも座標系に依存するのである。

(2) 時間の遅れ

さて、光速の不変性が要求する時間・空間概念の変革は、この同時性の問題にとどまるものではなかった。時間や空間の長さについても大変革を余儀なくされた。

アインシュタインは、運動する方向の単位距離と単位時間は、座標系ごとに異なっている可能性があると考えた。しかし、運動する方向に垂直な方向では、座標系間の相対速度

図1-3-2

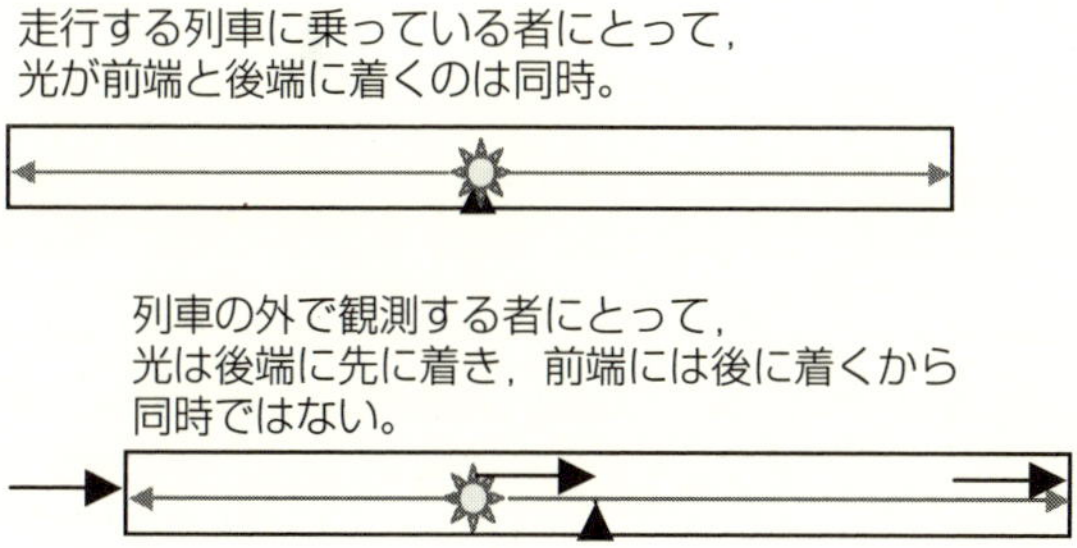
走行する列車に乗っている者にとって，
光が前端と後端に着くのは同時。
列車の外で観測する者にとって，
光は後端に先に着き，前端には後に着くから
同時ではない。

の影響は受けないと考えられる。そちら方向の速度成分はゼロなのだから。それで、運動方向に垂直な方向に光を放ち、それがある一定の距離に置かれた鏡に反射して戻ってくる過程を単位に、時間を計るという光時計を想定することにした。互いに移動している座標系それぞれで、この光時計を持つ。光源から鏡までの距離は、垂直な方向だからどちらの座標系でも等しいわけで、それを定数である光速で割れば、時間が得られ、これに基づいて時間単位を定義できる（図1―3―3）。

ところで、自分に対して運動している者が持つ光時計の光は、斜め方向に進む。斜め方向は、距離が長いわけで、自分の光時計の光が垂直方向に進んで鏡に到達する時間では、相手の光時計の光は鏡に到達できない。つまり、相手の光時計は遅れていることになる。どれだけ遅れているかは、三平方の定理を使って、簡単に計算できる。その遅れの度合いγは、

$$\gamma = \frac{1}{\sqrt{1-(v/c)^2}}$$

で表され、座標系間の速さvが光速cに近づけば近づくほど、この遅れの度合いは限りなく大きくなることを示している。また、座標系間の速さが、光速と比べたら無視できるくらいに小さい場合、すなわち、日常われわれが体験する程度の速度の場合では、この割合は、1に大変近い値になるわけで、すなわち、時間の遅れはほとんどないに等しくなることも、示している。しかし、vが光速cの60％（秒速18万キロメートル）の場合だと、

図 1-3-3

運動する相手の光時計は遅れる

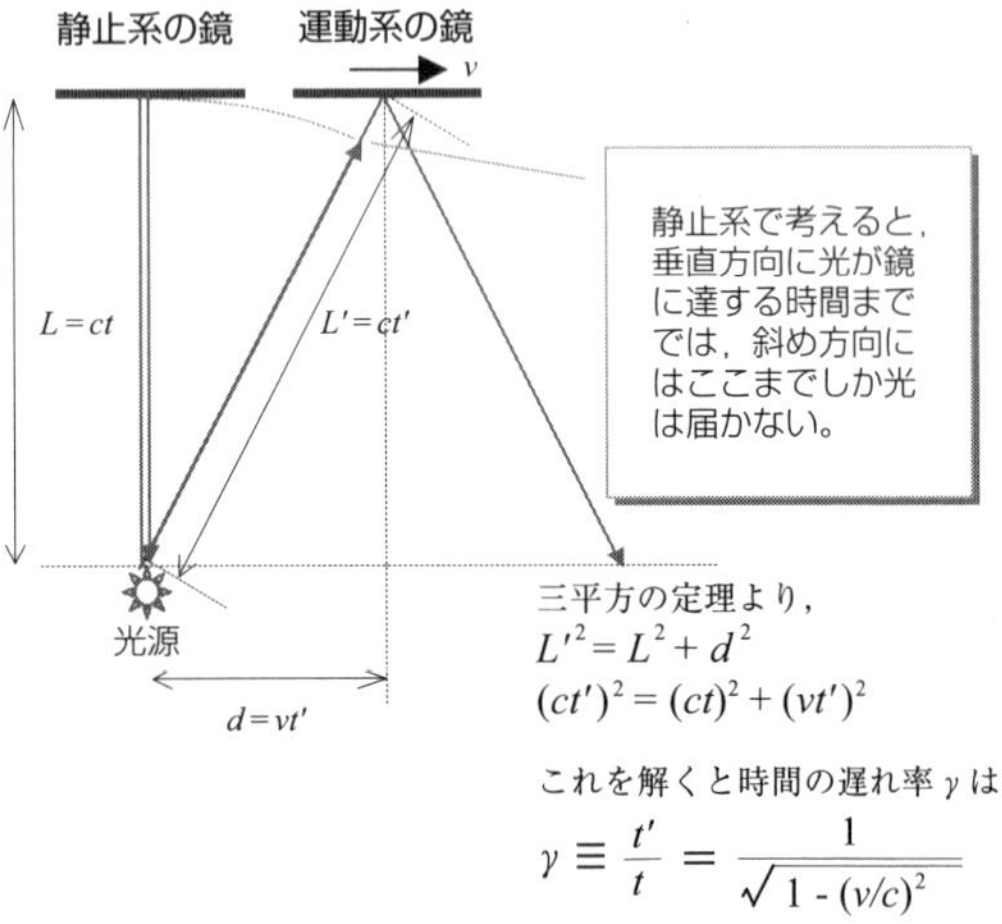
静止系の鏡
運動系の鏡
v
$L = ct$
$L' = ct'$
静止系で考えると，垂直方向に光が鏡に達する時間までは，斜め方向にはここまでしか光は届かない。
光源
$d = vt'$
三平方の定理より，
$L'^2 = L^2 + d^2$
$(ct')^2 = (ct)^2 + (vt')^2$
これを解くと時間の遅れ率γは，
$\gamma \equiv \frac{t'}{t} = \frac{1}{\sqrt{1-(v/c)^2}}$

1・25倍に相手の光時計は遅れることになる。

さて、以上の議論は、裏返して、先ほど、運動系としていた座標系を静止系とみなし、静止系とみなしていた座標系を反対方向に移動する運動系とみなして考えた場合も、同様に成立する。この場合は、先に静止系としていた方の光時計が採用する光が斜め方向に進むと解釈されるので、こちらの方の時計が遅れていることになる。つまり、二つの座標系のどちらか一方が、絶対的な意味で一方的に光時計の進みが遅れるということではなく、互いに同等に、相手側の光時計が自分側から判断すると遅れていると言い合う関係なのである。

(3)　長さの収縮

相対性理論では、さらに、相手の座標系の距離が縮むことも重要な論理的帰結である。これは、先駆者の名を取りフィッツジェラルド・ローレンツ収縮、あるいは単にローレンツ収縮、と呼ばれている。

一般に、距離は光の到達時間で定義できる。それに、**定数である光速**を掛ければ、距離が得られる。だが、時計は、相手の座標系では遅れている。相手が光速の60％で離れていく場合で考えると、こちら（静止系）が1・25秒経って、やっと相手の時計は1秒に達する。そこで相手（運動系）は約30万キロメートルの距離、光は進むのだが、こちらではもう、37・5万キロメートル光は進んでいるわけで、つまり、この比で考えると、こちらの1秒で光が到達する距離30万キロメートルは、相手の0・8秒の到達距離、約24万キロメートルに対応していることになる（図1－3－4）。

つまり、時間の遅れの度合いの逆数

$$1/\gamma = \sqrt{1-(v/c)^2} \quad (\leq 1)$$

の度合いで相手の座標系の距離は収縮していると考えねばならない。

これからわかるように、座標系間の速さvが光速cに比べて充分に小さければ、ほとんど1、すなわち両系の尺度に違いはほとんどないのだが、光速と比較しうるくらいに大きくなっていけば、1より小さな値になっていく、すなわち運動系の尺度の縮み具合は大きくなっていく。

以上の議論も、やはり裏返して、運動系と静止系を逆転して考えた場合も、同様に成立する。つまり、二つの座標系のどちらか一方が、絶対的な意味で一方的に距離単位が縮むということではなく、互いに同等に、相手側の距離単位が自分側から判断すると縮んでいると言い合う関係なのである。

図 1-3-4

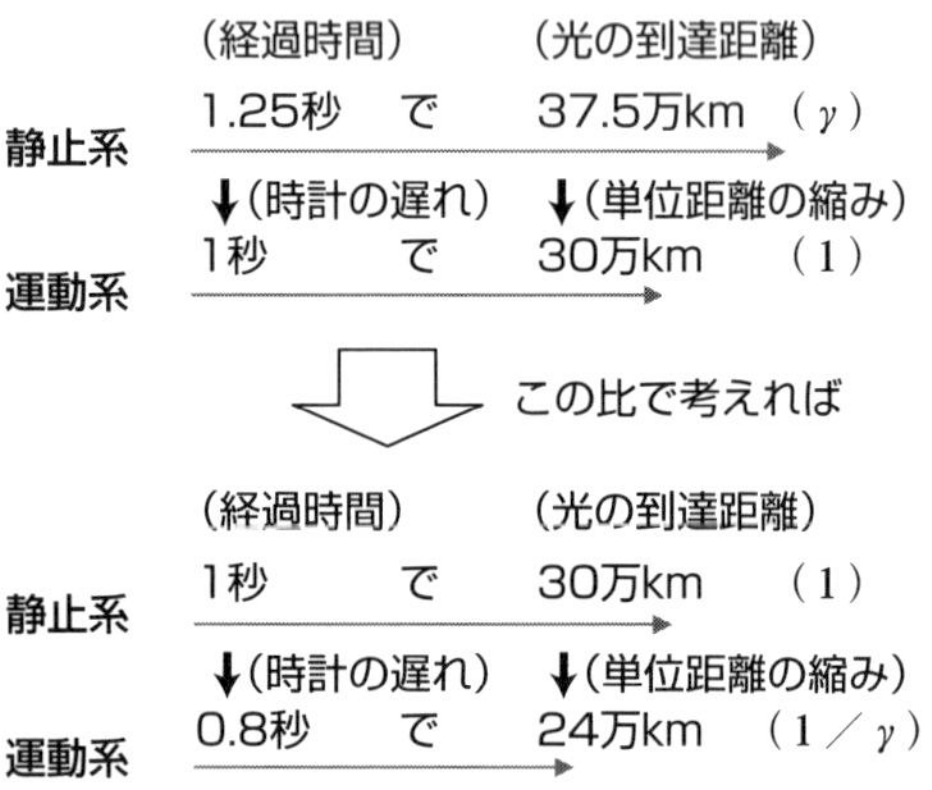

(4) ローレンツ変換と特殊相対性理論の展開

ある場所と時刻を指定したい場合、それは基準になる場所からの距離や方角、そして基準になる時刻からの経過時間を指定すればいい。だが、乗り物が違っていれば、それは意味をなさなくなる。何が静止とみなせる乗り物に乗っているのかも指定しなくてはならない。場所については、この乗り物の指定の必要性は従来より了解されていることだが、相対性理論は、時間指定についても、この乗り物の指定が必要であることを示した。

このように場所と時刻が指定可能になるある乗り物を代表する概念的枠組みを「座標系」といい、そこで指定された場所や時刻を示す、距離や角度や時間などの数値の集まりを「座標」という。ある座標系（乗り物）で表現された座標、すなわち特定の場所と時間（時空点）を、別の座標系（乗り物）での表現に変換することを、座標変換という。

座標系間の速度が一定ならば、単純に考えれば、経過時間を速度に掛けた値を基準地点の座標に加減算すれば、変換ができる。これが相対論以前の力学で使われていた変換で、**「ガリレイ変換」**という。ここで、変換されるのは、空間座標、すなわち場所を表す数値だけである。時間については、すべての乗り物で、時間の進行は共通しているという前提があったから、特に変換はされない。

一方、相対性理論では、時間進行も、座標系（乗り物）で異なるので、空間座標と時間座標両方の変換が必要になる。これを**「ローレンツ変換」**という。空間座標についてのローレンツ変換は、基本的には、ガリレイ変換と同様に、経過時間を速度に掛けた値を基準地点の座標に加減算するものだが、先ほどの間延び率γが、係数として掛かる。時間座標については、今度はこれも空間座標とよく似た変換が必要になり、隔たった分の距離を速度に掛けた値を基準時刻に加減算し、さらに間延び率γが係数として掛かる。この加減算の項こそは、同時刻の相対性を物語るものである。時間の遅れや長さの収縮は、この係数が影響している。

ローレンツ変換の導出法はいろいろ考えられるが、光速不変の原理を満たす形で、ある光の球面波の波面の方程式を、異なる座標系で立てて、一次変換の係数を方程式を解いて確定するというアインシュタインの提示したやり方が、多くの教科書で紹介されている。本書では、その紹介はしない。代わりに、次節で、時空図から幾何学的に求める方法を紹介する。ローレンツ変換式自体もそこで掲げることにする。

ローレンツ変換式からは、同時刻の相対性、時計の遅れ、物差しの縮みが導出できる。

そればかりでない。このローレンツ変換式に基づいて力学全体を書き直すことができる。それがまさに特殊相対性理論なのである。

初歩的な導出例としては、速度の合成則がある。ガリレイ変換の世界では、これは単純な加減算で成り立っていたのだが、ローレンツ変換から導かれる相対論の速度の合成則は、やや複雑で、その計算式に従って計算すると、光速に近い物体から光速に近い物体を飛ばしてもそれは光速の2倍に近い速さになるわけではなくて、やはり光速に近い速さにしかならないということなどが導かれる。光速は、いくら加速しても超えられない速度の限界であり、光速に近づくほど、加速はしにくくなるのだ。

このことは、加速のしにくさを表す量である慣性質量は、光速に近づけば限りなく大きくなってしまうとも解釈できる。つまり運動エネルギーの増加は質量の増加を意味するわけで、$E=mc^2$でよく知られる、質量とエネルギーの等価性も特殊相対性理論で導かれる。これは、原子爆弾のエネルギーの基礎づけとして有名になってしまったが、力学全般に関わる一般法則であって、すべてのエネルギーについての事柄である。

ニュートン力学は、大幅に書き換えられたが、電磁気学は、もともとローレンツ変換を求める内容だったから、法則に対する修正はなかった。磁気力は電気力のローレンツ収縮による効果であるなど、相対論的に解釈し直されたりはしたが。

座標変換は、根本的にはローレンツ変換であるべき、という認識のもと、ニュートン力学を修正し、電磁気学との統合を果たした。それが、特殊相対性理論の果たした基本成果なのである。しかし、ここでは、未解決の問題が残された。重力の問題である。特殊相対性理論は、ニュートンの万有引力の法則について、手が出せなかった。しかし、アインシュタインは、万有引力の法則もこのままでは納得いかないという強い疑問を抱いていた。

この思いが結実するのには、十年後の一般相対性理論の完成を待たねばならない。相対性理論が重力場を扱えるようになる過程において、重大な表現上の進展が介在することになる。四次元時空というアイデアである。

次節より、いよいよ本書の主題である四次元時空が登場する。

4　ミンコフスキー四次元時空

前節で、時間の遅れや長さの縮みを説明した際、「時間について、Aから判断してBの時計は遅れ、かつ、Bから判断してAの時計が遅れている」、あるいは、「空間について、Aから判断してBの物差しは縮み、かつ、Bから判断してAの物差しは縮んでいる」という一見矛盾したことが成立していると述べた。なぜなら、「裏返して、運動系とみなしていた座標系を静止系とみなし、静止系とみなしていた座標系を反対方向に移動する運動系とみなして考えた場合も、（光速不変の前提で考えたことが）同様に成立する」からなのだと。これで、素直に納得できる人もいるだろうが、これだけでは納得できない人も多いみたいである。

時間・空間、とりわけ、時間というものは、われわれの論理思考そのものの基本骨格になっている。われわれはあることの論理的真偽性を問う場合、それを同時性の相において判断する。「Aから判断してBの時計は遅れ、かつ、Bから判断してAの時計が遅れている」というのは、共通の同時性のもとにおいてなら、これは明らかに論理矛盾である。これが矛盾にならないのは、「Aから判断して」と、「Bから判断して」とで、同時性が共通ではないからなのである。と言っても、完全にまったく別の時間帯における話ではない。

それなら、ある日にはAの時計が遅れていた、別の日にはBの時計が遅れていたというようなありきたりの内容になってしまうが、そんな話ではない。一つの同じ現象を異なる座標系から判断してのことであり、少なくとも時計の単位時間が始まる起点においては、完全に同時刻（かつ、同地点）なのだ。だが、単位時間が終結した時点では、両者の時計の位置は距離が離れている。それで、同時性の判定が座標系に依存して異なってくる。つまり、これは同時刻の相対性と絡む話なのである。要するに、時計の遅れや、物差しの縮みを、それ単独で、同時刻の相対性と切り離して理解しようとしてはいけないのだ。このことをよりわかりやすく示してくれたのが、ミンコフスキー時空図である。

「時空図」というのは、身近な例では、列車のダイヤグラムがある。列車の一点の時々刻々移動していく様子を、横軸に路線上の位置、縦軸に時間を取って、線で描いたものである。こういう運動する点の推移を表した線のことを、物理学では「世界線」と呼ぶ。世界線がどちらに傾いているかで、物体の移動方向がわかる。時間軸に対する傾斜が大きいほどその物体は速く動いている。原点からある同時刻線までが時間の長さを表し、斜交系ほど、見た目上の長さは長いが、同じ時間長を表している。

図1－4－1では、相対論以前の時空像と相対論の時空像が並べて描かれている。相対論以前の時空像では、時間軸は傾くが、空間軸が傾くことはありえない。つまり、すべての座標系において、時間の進み方は共通であり、どんな乗り物に乗っていようと、時刻は互いにすべて共通だという従来の常識的世界像を表している。

ところが、この時空図では、光速不変は絶対に表現できない。光（の一点）の進行もある傾きの直線、すなわち、**光の世界線**として表現できるわけだが、どんな座標系でも速度が一定となるようなことはありえない。しかし、下図の相対論の時空像のように、空間軸を時間軸のように座標系に応じて傾けることができるとしたら、光速不変は成立可能になるのだ。

図に示すように、時間軸の傾きに応じて、常に光の世界線の傾きの空間成分と時間成分の比の値（すなわち光速）が一定となるように、空間軸を傾けることができる。光速不変とは、時空の空間軸が傾くことによって成立していることなのだ。

ところで、空間軸が傾くということは、とりもなおさず、同時刻が座標系によって相対的であることそのものを表現している。なぜなら、空間軸というのは、同じ時刻の点を結んだ線のことなのだからだ。このように、「同時刻の相対性」とは空間軸の傾きとして時

図 1-4-1

（相対論以前の時空図）

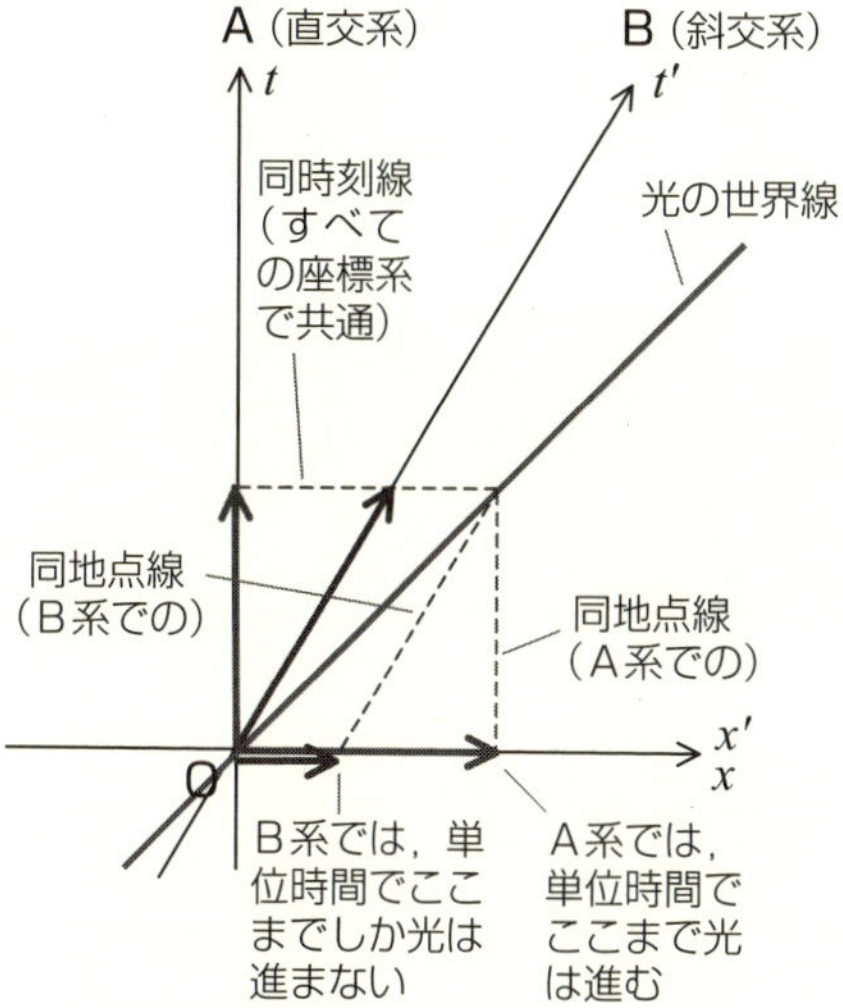

光の世界線の時間成分と空間成分の比（光速）は，座標系によって異ならざるをえない。

（相対論の時空図）

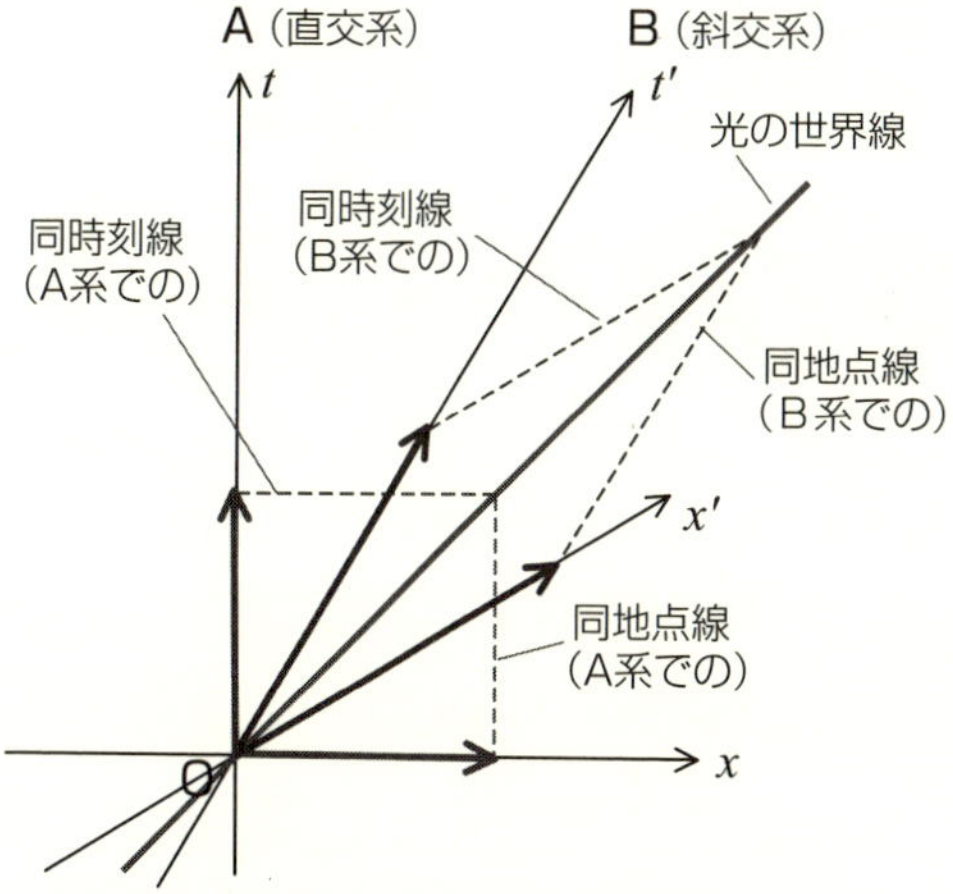

光の世界線の時間成分と空間成分の比（光速）は，同時刻線も同地点線と連動して傾けることによってすべての座標系で一定にすることが可能。

空図では表現されるのである。

それでは、次に時間の長さについて、この時空図に基づいて考えてみよう（図1－4－2参照）。

もし、ある座標系（例えば、図で直交系（A系）で表現されている座標系）の単位時間がすべての座標系で一定だと仮定してみる。すると、別の座標系（図の斜交系（B系））で、その単位時間に等しい直交系の時間の長さは、と判断すると、同時刻の線が傾いているため、直交系の単位時間が終結するよりも前の時刻が斜交系によって判断された単位時間の終結時刻に相当するということになり、直交系の時間は斜交系から判断すると、遅れているということになる。逆に、もし、斜交系の単位時間を基準にして、それがすべての座標系で一定だと仮定すると、今度は、直交系から判断したその単位時間は斜交系の単位時間より短くなり、よって、斜交系の時間は直交系からは遅れているということになる。

直交系か、斜交系かは、単なる表現上の違いでしかなく、どちらも、本質的には、同等であるはずだ。ある斜交系を直交系として表現すれば、直交系だったものは、反対側に傾く斜交系として表現される。もちろん、どちらも斜交系で表現してもいい。だから、ある座標系を基準にした単位時間だけが、特別な全宇宙の基準であるように考えるわけにはいかない。座標系間の対等性を確保する唯一の道は、互いに、相手の単位時間は同じ割合で遅れているとすることである。それは、両座標系の単位時間が終結する時刻と同時刻の線が、両座標系の時間軸の中間で交差するような形になる。そして、遅れの割合は、前出のγという座標系間速度の関数で求められるのである。

空間についても、同様のことが考えられる。ここで描かれている図は、光速がちょうど1になるような単位系で描かれている。例えば、時間単位に秒を採用した場合、空間単位

図 1-4-2

もし，ある座標系の単位に他の座標系をあわせてしまったら対等性が崩れてしまう

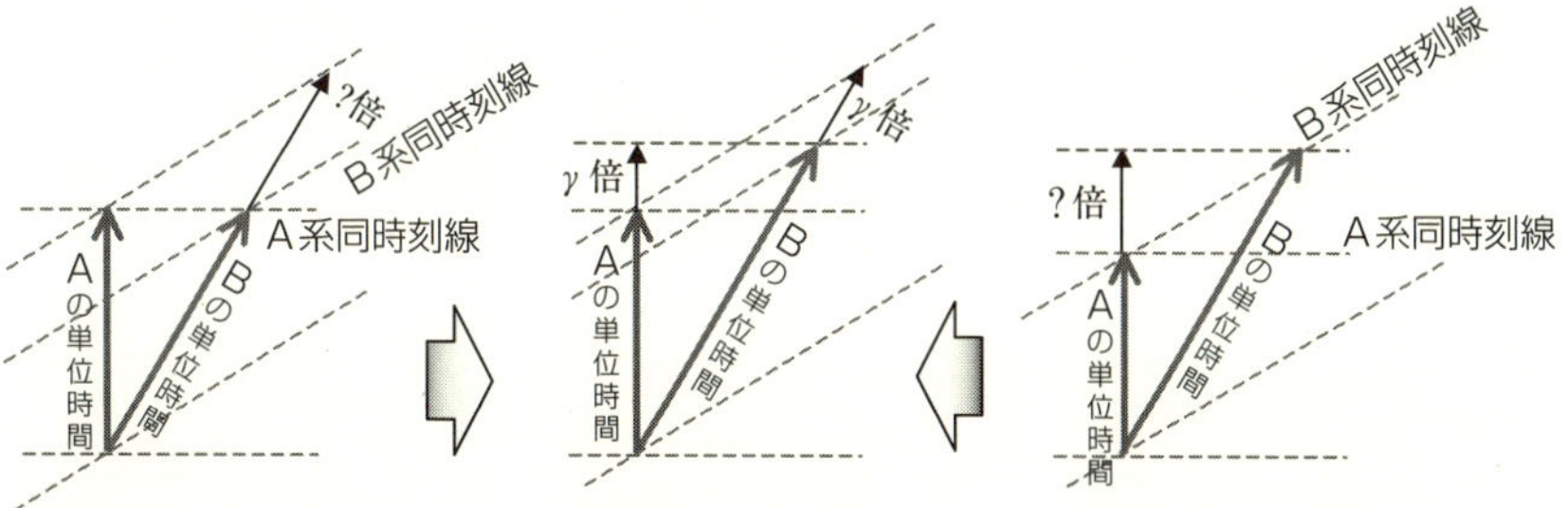

A系にとって，単位時間はすべての座標系で共通。
しかしB系にとっては，A系の単位時間は間延びしている（遅れている）。

（解決！） A系にとっても，B系にとっても，互いに相手の単位時間は，γ倍に間延びしているとすれば，座標系は互いに平等でありえる。

B系にとって，単位時間はすべての座標系で共通。
しかし，A系にとっては，B系の単位時間は間延びしている（遅れている）。

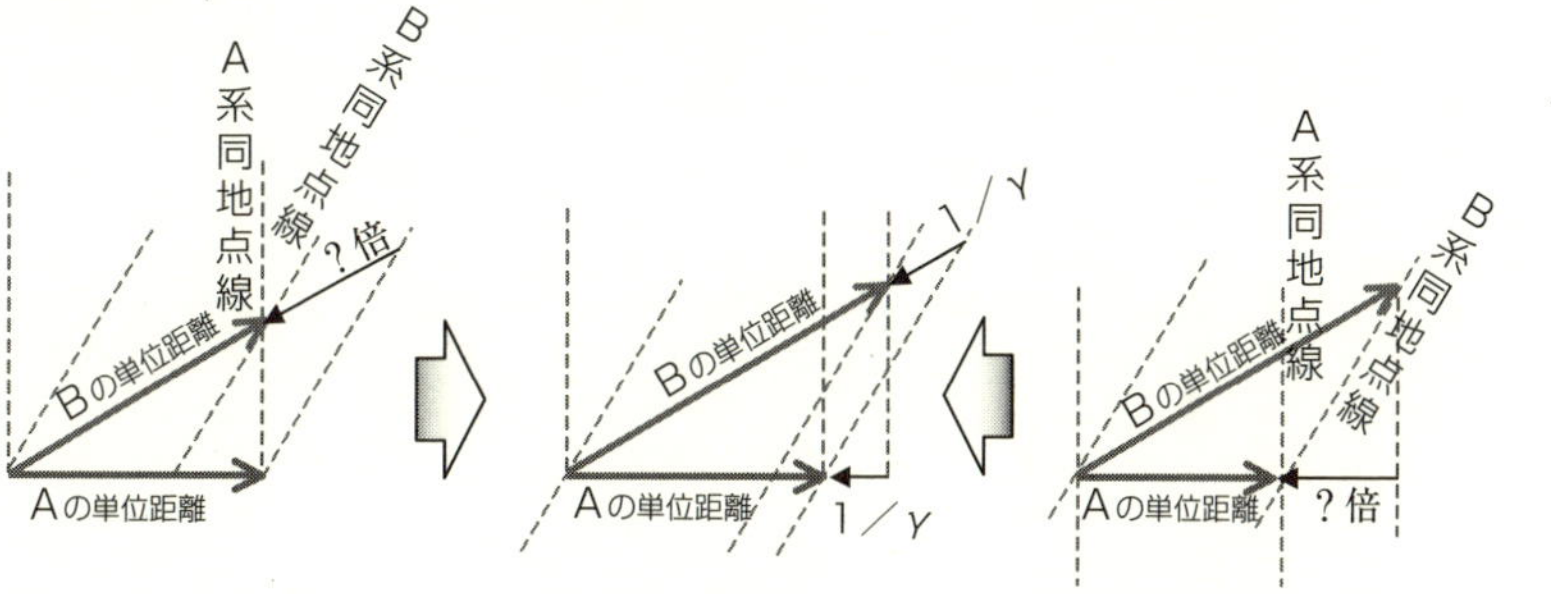

A系にとって，単位距離はすべての座標系で共通。
しかしB系にとっては，A系の単位距離は縮んでいる。

（解決！） A系にとっても，B系にとっても，互いに相手の単位距離は，１／γ倍に縮んでいるとすれば，座標系は互いに平等でありえる。

B系にとって，単位距離はすべての座標系で共通。
しかしA系にとっては，B系の単位距離は縮んでいる。

は光秒（3億分の1メートル）である。このような単位系を採用すると、光の世界線を基軸に対称なグラフとなる。ここでも、空間単位をある特定の座標系を基準にしてそれを全座標系に適用しようとすると、先ほどと同様の矛盾が生じる。結局、図のように、互いに、相手の単位距離は同じ割合で間延びしていると考えないと座標系間の対等性を確保できない。原点から単位距離離れている地点の線は、両座標系の空間軸の中間で交差するような形になる。ところで、われわれは、ものの構造や状態を言う場合、ある時刻においてどうかという形で表現する。時刻の異なる点を結んだ像は扱わない。したがって、距離については、同時刻のラインで切った線分で考えなくてはならない。すると、相手の単位距離は互いに同じ割合で縮んでいるということになる。縮む割合は、1／γである。

実は、このグラフから、ローレンツ変換式を求めることもできる。原点からの時間の隔たりに応じて位置が変わり（同地点の相対性）、原点からの距離の隔たりに応じて時刻が変わる（同時刻の相対性）ということを、数式化して、さらに、単位のγ倍の効果を加味した数式が、ローレンツ変換式にほかならない。ここで、逆変換は、座標系間速度の符号を逆にしただけの形になるはずという前提で、方程式を立てて解けば、単位長の間延び率を表す関数γを求めることができ、変換式を確定できる（具体的には以下のとおり）。

〈単位系は、光速が1となるものを採用。$\beta = v/c$は、そのような単位系での座標系間の速さを表し、値は-1～1の範囲をとる。〉

A系(t, x)　→　B系(t', x')への座標変換では、

時間座標については、同時刻の相対性の効果で、位置が離れるに従って時刻がずれていくため、$(t - \beta x)$というガリレイ変換にはない式が登場し、さらにそれに、γ倍の

効果を考えて、結局、

$$t' = \gamma(t-\beta x) \quad \cdots\cdots(1)$$

空間座標については、当然ながら、時間とともに位置がずれていくわけで、$(x-\beta t)$ というガリレイ変換と同じ変換式が考えられる。ただし空間軸の傾きのため、γ 倍の効果があり、結局、

$$x' = \gamma(x-\beta t) \quad \cdots\cdots(2)$$

B系 (t', x') → A系 (t, x) への座標変換では、互いに慣性座標系同士は対等な関係だという前提を考えれば、先ほどの変換式に対して、座標系間速度 β の符号が逆なだけと考えればよいから、

$$t = \gamma(t'+\beta x') \quad \cdots\cdots(3)$$

$$x = \gamma(x'+\beta t') \quad \cdots\cdots(4)$$

が考えられる。(1)式か(2)式に、(3)式と(4)式を代入して計算して解くと、γ は以下の関数式になる。

$$\gamma = \frac{1}{\sqrt{1-\beta^2}}$$

このように、同時刻の相対性、時計の遅れ、物差しの

図 1-4-3
ローレンツ変換を時空図から幾何学的に求める

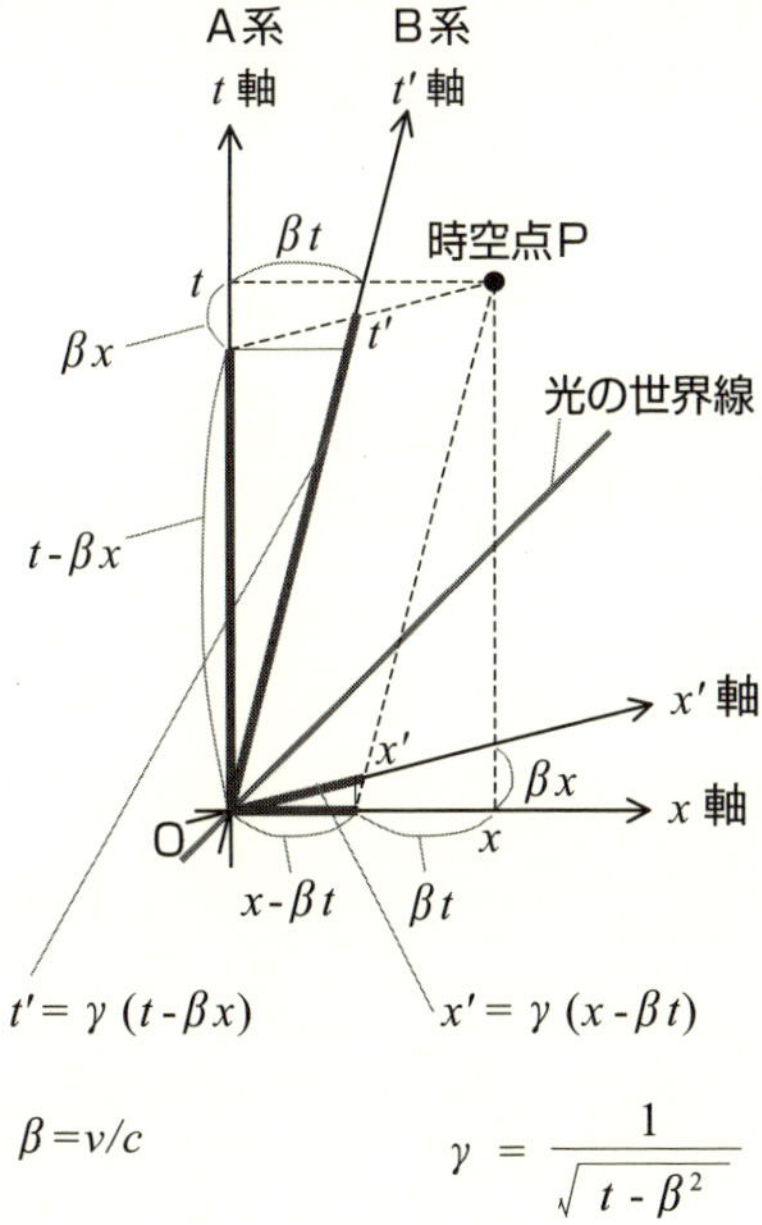

収縮、そして、ローレンツ変換といった特殊相対性理論の基本事項は、時空図を使って幾何学的に説明する方法と取ると、実に明瞭な形で示すことができる。

ところで、私はこれまでの議論で、ことさら「Aから判断して」という言い方を選び、「Aから見て」という表現は、慎重に避けていることに注意してもらいたい。「見える」ということは、それ自体が一連の物理過程であり、特に、遠く隔たった事象が見えるためには、少なくとも光速で、その情報が伝達される時間が必要であり、したがって、同時に起きたことは、一般に同時に見えるわけではないし、同時に見えるものが同時に起きたことを指すわけでもない。二つの事象が同時か否かは、そのような伝達過程も加味した上で「判断」されることなのである。相対性理論は、この判断が、立場（座標系）によって異なることが客観的に言えると主張しているのである。誤解されやすい部分の一つなので強調しておきたい。そのような誤解を避けて正しく事態を把握するのにも、この時空図による表現は大きな助けになる。

ここまでは、空間についてのある一つの方向、すなわち一つの次元についてしか考えてこなかったが、実際は、空間は三次元である。したがって、時空は、この三次元に一次元の時間を加えて、全体として四次元である。相対性理論に対して、このような時空表現を提唱したのは、ヘルマン・ミンコフスキーという数学者で、この四次元時空図は、「ミンコフスキー時空図」と呼ばれている。

ところで、「四次元」というのは、われわれには見ることができないどころか、イメージすることすらできない。ただ、空間に対する数学的表現は、形式的な体系になっているので、形式的な次元拡張はいくらでも可能である。数学的には、何次元の空間でもわれわれは取り扱うことができる。

とは言え、何のイメージもないのではわかりづらいので、三次元の空間の次元数を二次元や一次元にまで減らして、あまった空間次元に時間を割り当てるやり方で視覚可能な形に表現される。空間を一次元にしたもの、ならびに二次元にしたものは、図1－4－4で示されるような形になる。

三次元の時空図は、光の世界線を母線とし、原点を頂点にして、互いに向き合う二つの円錐面で、時空が三つの領域に隔てられる。この円錐を「光円錐」と呼ぶ。光円錐をある同時刻の空間面で切った切り口は、円ないし楕円になる。直交系なら円で、斜交系なら楕

図 1-4-4

2 次元のミンコフスキー時空図
（空間 1 次元 ＋ 時間 1 次元）

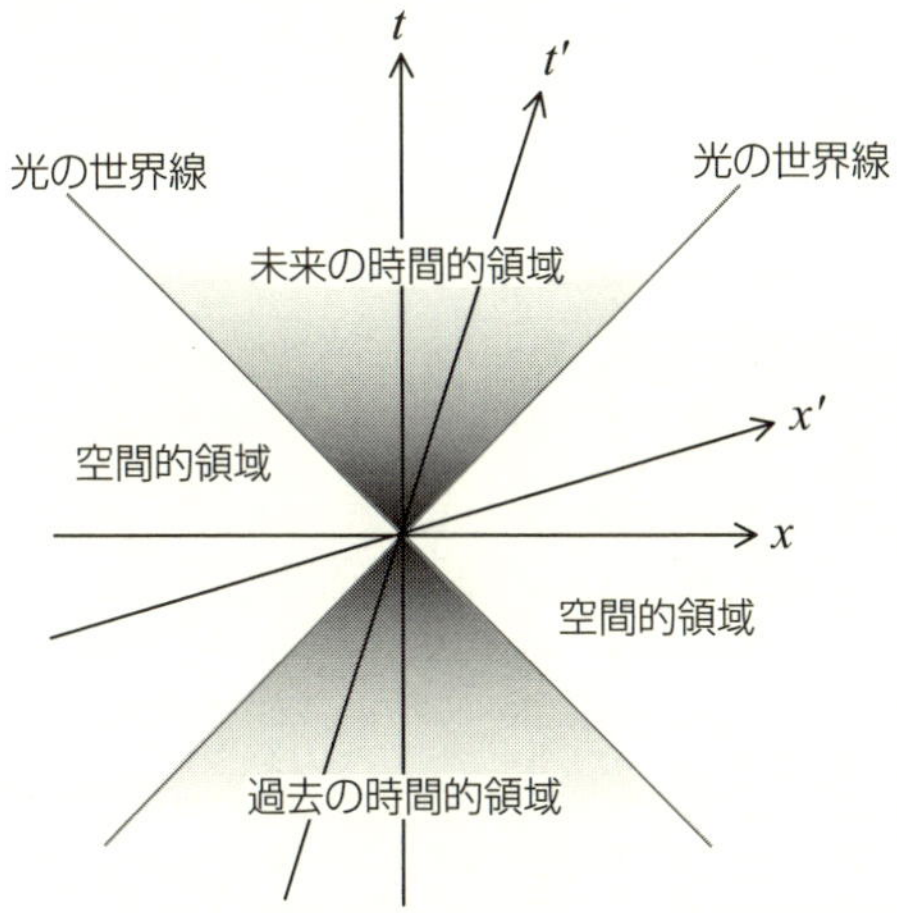

3 次元のミンコフスキー時空図
（空間 2 次元 ＋ 時間 1 次元）

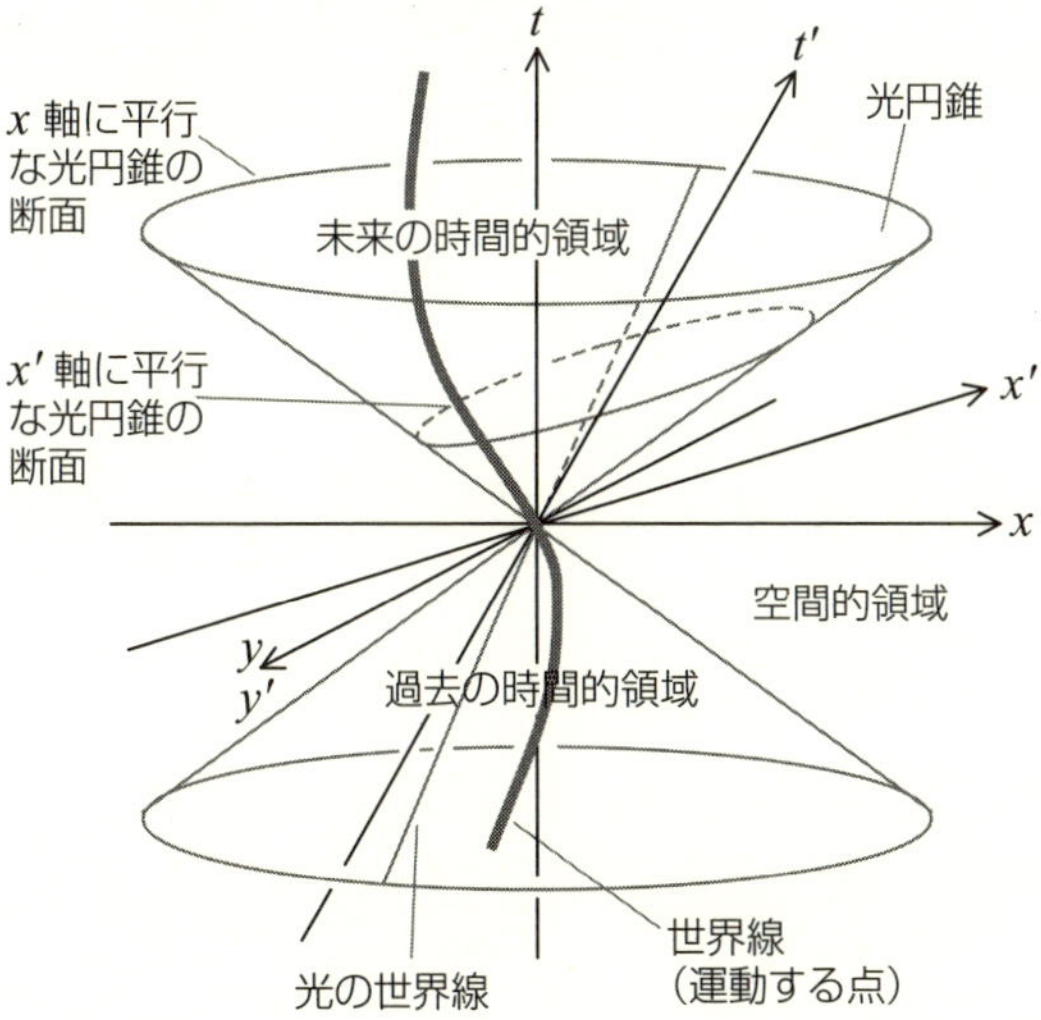

円となるが、単なる表現上の差でしかない。本当の四次元時空の場合は、この円ないし楕円は、ある一点から広がる球面（ないし回転楕円体面）になるであろうが、われわれにはイメージできない。

光円錐は未来側と過去側と二つある。未来の光円錐の内側を「未来の時間的領域」と呼び、過去の光円錐の内側を「過去の時間的領域」と呼ぶ。この二つの光円錐の外側の領域を「空間的領域」と呼ぶ。二次元の時空図では、空間的領域は左右に分断されているが、空間が二次元以上になると、連続した領域になる。

エネルギーや情報が、原点である時空点から到達可能な時空点は、未来の時間的領域にある点に限られる。また、原点に到達可能な時空点は、過去の時間的領域にある点に限られる。なぜなら、光速を超えた伝達が不可能だからだ。原点と空間的領域にある時空点との間では、伝達は双方向ともに不可能なのである。その意味で、光円錐は、光速という速さ限界の壁を表している。空間的領域は、同時刻の相対性により、適当な座標系を選択すれば、原点と同時刻になりうる事象の存在する領域である。

この「空間的領域」こそ、まさに相対性理論が発見した領域なのである。従来の考え方では、同時刻は絶対的であったため、時空は、過去と未来に、一つの「断面」によって真っ二つにわかれていて、このような、座標系（乗り物）次第で、過去にも現在にも未来にもなりうるような曖昧領域の存在を考えることはなかった。それは、速さの限界値が発見されておらず、無限大の速さが可能と思われていたことと対応している。光円錐、すなわち速さの限界を示す壁は、もし速さの限界が無限に大きくなれば、限りなく平らな形に潰れてしまい、空間的領域は無に帰する。われわれの日常意識に基づいたスケールでは、光速はあまりに速く、それを速さの限界値として認識するのは困難であった。だが、宇宙スケールの活動を展開するようになって光速をそれほど速いとも感じられない場合もある現代において、相対性理論が発見したこの「空間的領域」は、無視できないものになってきているのである。

ミンコフスキーの示した相対性理論の時空幾何学的表現は、力学全般に適用できる。例えば「加速度」は、世界線の「曲率」として表現できる。世界線の方向を変化させる運動量と運動エネルギーは、時空内で静止質量の長さを持った四次元ベクトルの空間成分、時間成分としてとらえることができる。物体の慣性の大きさを示す質量は、世界線の曲がりにくさと解釈できる。力学は四次元幾何学として表現できるようになった。

ミンコフスキーは、座標変換（ローレンツ変換）に対して不変な形式は、四次元的に定義された量であることを見抜いた。空間中のある二点間の隔たりの大きさは、x、y、z の三つの成分で表現できるが、それは、x軸、y軸、z軸をどの方向に定めるかでまちまちになってしまう。しかし、それぞれの二乗の和の平方根を取れば、絶対的な長さが得られ、その値は、座標軸の方角には依存しないことは三平方の定理からわかっている。この考え方を拡張して、この空間成分の二乗の和と、時間成分の二乗との**差**が、座標系の違いを超えて不変であることにミンコフスキーは注目した。これは、光波の球面の方程式が不変であるところから導かれる。空間においては、各成分の二乗の和が不変であること、これは三平方の定理が成立するユークリッド空間の重要な特徴なのだが、時間と空間を合わせた「時空」は、和ではなく差が不変という性質を持つ(＊1)。ここが、ユークリッド空間とは異なった特徴をもたらす。例えば、ある点から等距離の軌跡は、ユークリッド空間では円だが、ミンコフスキー時空間では、ある点からの等しい「時空間隔」を表す軌跡は双曲線になる。ある時空点と別の時空点との隔たり、それは一般には、時間的隔たりと空

＊1　もし、「各成分の二乗のすべての和が不変」という表現形式をあくまでも固持したい場合は（数学的にはユークリッド空間の単純な次元拡張として扱える）、時間か空間かいずれかを虚数として位置づける必要がある。

間的隔たりをあわせ持ったものである。二点が同地点（不動）とみなせるような座標系があれば、その系においてのみ、それを、純粋な時間的隔たりとして扱うことができる。あるいは、二点が同時刻となるような座標系があれば、その系においてのみ、それを、純粋な空間的隔たりとして扱うことができる。だが、一般的には、時間や空間の隔たりは時空のある切り口でしかなく、それぞれを単独のものとして扱うことはできない。

ミンコフスキーは、『空間と時間』（一九〇八年）の冒頭で、次のように述べている。「空間それ自体や時間それ自体は完全に陰に沈み、両者の一種の統合だけが独立性を保つことになろう」（＊2）。

5　一般相対性理論と歪んだ時空

ミンコフスキーは、アインシュタインのチューリヒ工科大学時代の数学の教師でもあった。当初、アインシュタインは、恩師の提唱したこの幾何学的表現にあまり関心を示さなかったらしい。しかし、そのアインシュタインも、ある段階から、この四次元時空概念を積極的に採用し、ミンコフスキーよりもさらに踏み込んで、力学の幾何学的表現に突き進んで行く。このミンコフスキー時空のアイデアに対して、アインシュタインをして、単なる数学的方便として傍観していられなくさせたもの、それは、重力をどう考えるかという問題であった。

彼は、「質量」という物質の量に二重の意味があることに、引っかかっていた。すなわち、物の加速しにくさを表す「慣性質量」と、万有引力の大きさを表す「重力質量」、この両者は本来、まるっきり別種の概念なのに、なぜか完全に、厳密に比例する。これは、

＊2　Hermann Minkowski, *Raum und Zeit*, 1908. ＝ヘルマン・ミンコフスキー『空間と時間』上川友好訳、東海大学出版会、一九六九年、一〇三頁。

エトヴィッシュによる高精度な測定でも確認されている。これは、実に不思議なことだと思っていた物理学者は、アインシュタイン以外にもいただろうが、彼は、とりわけ執拗にこの疑問を問い詰めていた。

彼は、ここでも、やはり宇宙人的発想を忘れることはなかった。彼は、「無重力状態」こそ、自然界の基本状態だという前提で考えた。地表に住んでいれば、目にする物体は、すべて、（物の加速しにくさを表す）質量に比例する大きさの重力が地球の中心方向に働くわけだが、これは、地球の地表環境という特殊な環境下で成立していることにすぎない。月面では、同じ質量でも、重力の大きさは違うし、地球のはるか上空でも違う。天体などから充分離れた宇宙空間では、物の質量は加速しにくさとしてのみ現象し、物体に重力なるものは働いていない。宇宙全体を公平に見渡せば、こういう無重力状態の場所の方が一般的である。ただ、如何せん、アインシュタインが相対性理論を考えていた頃は、まだ宇宙船がないどころか、飛行機も発明されたばかりで、結局、身近に無重力状態を想定できる環境は、ケーブルの切れたエレベータくらいしかなく、この中にいる人を想定して思考実験を彼は展開した。しかし、二一世紀のわれわれは、こんな生きた心地のしない環境にはこだわらないで、堂々と宇宙空間で思考しようではないか。

さて、無重力の宇宙空間で、ロケットを噴かしたりとかして加速するとしよう。すると、すべての物体は、質量に比例した大きさで、加速とは反対の方向に引かれるように現象する。いわゆる「慣性力」と呼ばれるもので、われわれも、乗り物の急発進や急停止で日常的に体験している。ニュートン力学では、これは、見かけ上の力で、本当の力ではないと解釈する。

宇宙船が、広大な宇宙空間をさまよっているうちに、大きな天体に近づいてしまい、それに引かれ始めたとしよう。これを「自由落下」と呼ぶ。しかし、落下しだしたとしても、宇宙船内の状態は、無重力状態と変わらない。ニュートン力学では、すべての物体には平等にその質量に比例した引力が働くから、同じように加速して、天体に向かっていくので、見かけ上、無重力状態のように現象するにすぎないのだと説明される。

ここで、落ちてなるものかと、宇宙船はロケットを噴かして落下に抵抗してある場所にとどまり続けたとしよう。すると、宇宙船内のものは、ことごとく、天体の方に向かって落ち始める。ここで、物体に掛かる力は、まさに重力なのだと、ニュートン力学では説明する。しかし、宇宙船の立場からすると、ロケットを噴かしたら、船内のものが落ち始めるという現象は、近くに天体がない慣性力の場合と、近くに天体がある重力の場合と、現象としては何も区別できないのだ。アインシュタインは、この点に注目し、それを**「等価原理」**と名づけた。言い換えると、「慣性質量と重力質量とは、まったく区別できない完全に等価なものである」という経験事実を「原理」として据えたわけである。さらに、これは、「慣性力と重力は同じもので、区別できない」とも言い換えられる。実際、先ほどの例で、宇宙船がさらに噴射を強めて天体から離れ始めたら、船内に働く力は、真の力である重力と見かけ上の力である慣性力との合力ということになるが、そんな区別を付ける意味はないと等価原理は主張するわけだ。

アインシュタインは、慣性力がまったく観測されない系は、慣性系なのだとシンプルに割り切って考える道を選んだ。つまり、いかなる加速もされていない座標系なのだと。すると、空漠たる宇宙空間で等速直線運動している系も、大きな天体に向かって自由落下している系も、ともに、慣性系だということになる。どちらも、慣性力という見かけの力は働かないからだ。

しかし、大局的に見て、両者の運動は明らかに違う。一方は、はるかかなたに向かって単調に飛び続けているだけなのに、他方は、(その天体に対する)速度を増しながら、天体に衝突しようとしている(もしくは回転軌道に入ろうとする)。

アインシュタインは、その違いは、時空の歪み具合にあると見た。実は、自由落下系と等速直線運動系とが、完全に同等であると言えるのは、空間的、時間的にある程度狭い領域においてのみなのである。大域的に考察すると微妙な違いがでてくる。物体は天体の中心方向に向うわけだから、離れた物体は、天体に近づくにしたがって、次第に近づいてくる。また、天体に近い地点と離れた地点とでは、加速の度合いに違いがあるので、次第に離れていくということもある。横方向には圧縮され、縦方向には引き伸ばされるのだ(潮汐作用と言う)。落下系は、大域的には、加速の方向や大きさが一様でないのである。

ここまでは、ニュートン力学の範囲でも理解できることなのだが、さらに相対性理論を念頭に置くと、時間についての非一様性も指摘されねばならない。つまり、自由落下系は(それ自体慣性系であるにもかかわらず)、天体に対する速度を次第に増していくわけで、速度が違う系は、同時性も違うということであるから、同時刻を表す時空断面は、天体の中心に近づくにしたがって、傾きを増していくということが言える。そして、単位時間も間延びするので、時間の進み方も変わっていく。この変化の度合いは、天体から離れた場所では小さく、近い場所では大きいわけで、つまり、天体への近づき度(すなわち重力の大きさ)に応じて、時間の進み具合は異なってくる、重力の大きい場所では、時間の進み方は遅くなる、ということが結論されるのである。

天体に向かって自由落下する物体の世界線とよく似た形の世界線を描くのは加速系である。ここでも、同時性は次第に変化していくわけで、そこが、ニュートン力学では言及できなかったところである。ただ、自由落下系と違うのは、この加速系の場合は、この系にあるすべての物体に対して、加速に抵抗するように慣性力が働くという点である（図1－5－1）。

ニュートン力学に固執すれば、自由落下系は、万有引力と加速による慣性力とが、なぜかたまたま釣り合って打ち消し合っているからだ、という解釈になるわけだが、アインシュタインはこの解釈の不自然さ、こじつけがましさに我慢ができなかったようだ。それで、どのように考えたかというと、自由落下系は、あくまで、**その時空に対して**、まっすぐに進んでいる。だが、コースが曲がっていくのは、**時空そのものが、歪み、曲がっているから**なのだ、と考えた。

例えば、地球表面。この地表に沿って、まっすぐ進むと、一周してもとの位置に戻ってきたりする。それは、地表が、全体として球面だからである。これは、曲がった二次元空間の例である。これを拡張して、三次元空間、四次元時空も歪み、曲がっているのだと考える。人間の常識的イメージの対象にはできないが、数学的な形式として、歪んだ高次元空間の扱いは複雑だが可能なのである。

このような数学は、ガウス、ロバチェフスキー、リーマンらによってすでに研究され、準備されていた。ユークリッド幾何学の平行線の公理、「一点を通り、ある直線に平行な直線はただ一つである」を否定する形で構築された非ユークリッド幾何学である。アインシュタインは、友人グロスマンの助力を得て、この新しい数学の適用を試みた。

平行線の公理は、三平方の定理（ピタゴラスの定理）を支えている。平行線の公理の否定は、三平方の定理の否定である。ところで、曲面に直角三角形を書いて、辺の長さを測って計算すると、三平方の定理は成立していないことがわかる。曲面は、非ユークリッド幾何学が成立する世界なのである。三平方の定理は、先にも少し説明したが、空間の2点間の距離を定義するのに用いられる。ミンコフスキー時空の時空間隔の定義は、三平方の定理を少し変形して拡張したものになっていた。さらに一般に、歪んだ、時空の間隔距離を定義する方法は、より複雑な方法を取る。リーマンは、この一般的には複雑な形式になる非ユークリッド幾何学についてのある特殊に単純化された一事例が、実はユークリッド幾何学だったのだという位置づけを発見した。

しかし、このような非ユークリッド幾何学は、数学者の論理的発明品であり、実在する空間や時間とは無縁のものと考えられていた。ニュートン力学を支える空間、時間は、一様に単調にまっすぐ広がる空漠とした容れ物であり、そこには、方眼紙のように正確な格子をはめ込むことができるといったイメージである。

だが、少し振り返って、自然界に、具体的に実在する事物を考えてみれば、そんなに正確にまっすぐなものは、われわれの観念的産物か、せいぜい人工的な工作品でしかないというのが現実である。一般に、自然界の物は、ごてごてと凹凸があったり、歪んで湾曲したりしている。きれいな平面や直線は、概して少ないものである。

アインシュタインは、すでに特殊相対性理論において、空間や時間を物理的対象物として扱う考えに乗り出していた。先験的な抽象的認識形式ではないのである。宇宙の空間や時間（時空）が、地表面のように具体的な物理的存在

図 1-5-1

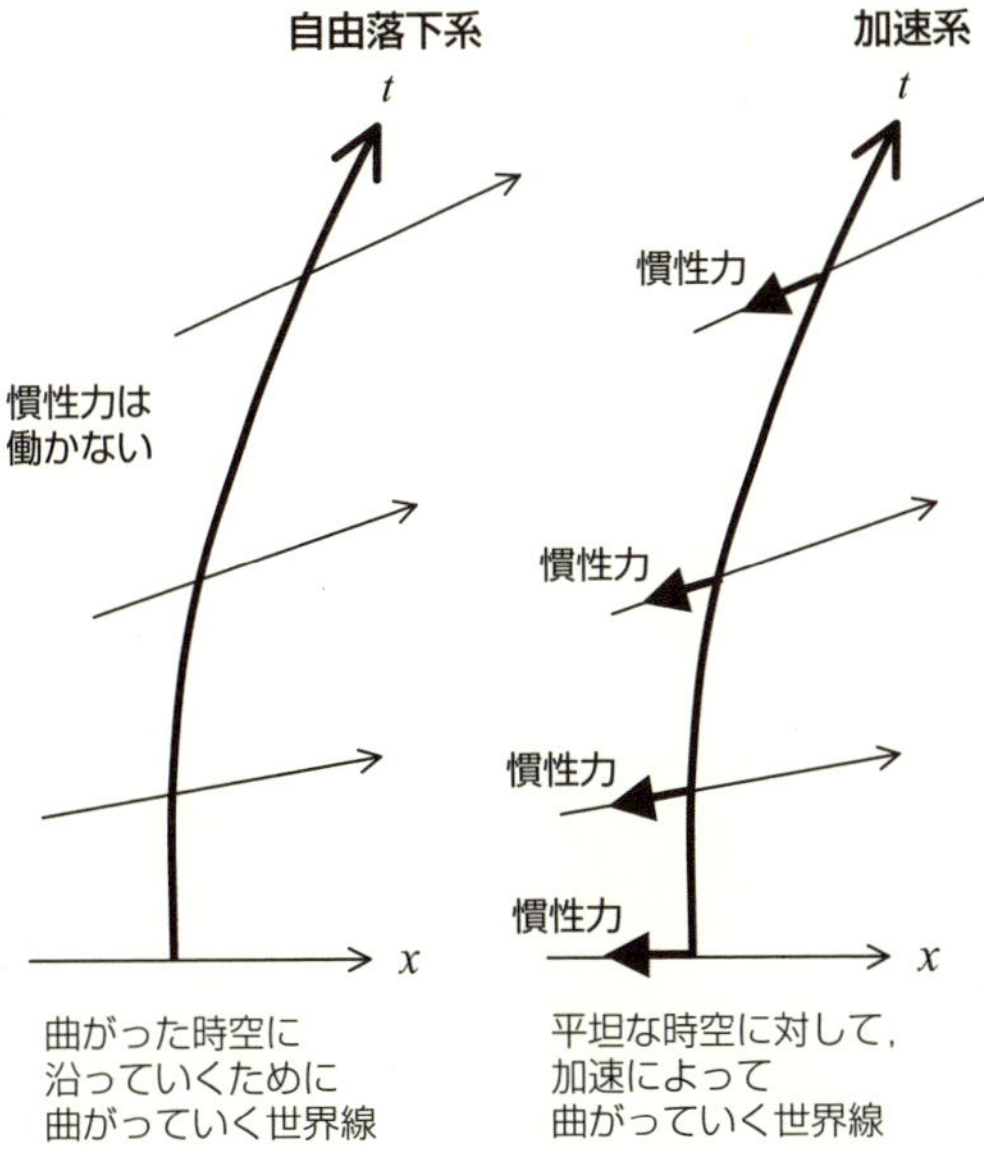

なのだとすれば、それは、純粋にまっすぐとは限らないと考えた方が自然なのである。

細かな経緯は省略するとして、彼はまず、ミンコフスキーが考案した時空を線形的なベースと考えた。つまり、なんの歪みもない状態の理想的に直線的な時空がミンコフスキー時空である、と。そして、質量（それと同等であることが証明されているエネルギーや運動量も含んで）が局在しているのか、一様に散らばっているのかで、時空の歪み方が違うというアイデアを立てた。そして、ある時空点における質量・エネルギーの存在密度が、その時空点における時空の曲率（テンソルという数学的手法で四次元的に定義された歪みの度合い）に比例のような相関関係があるという形で方程式を立てた。比例定数が具体的にどうなるかについては、ニュートン力学が成立しうる比較的単純な条件下では、方程式はニュートンの万有引力の法則に近似するはずだという前提をもとに確定した。これが、一般相対性理論の根幹をなす、重力場についてのアインシュタインの方程式である。この実際の意味内容は、かなり複雑な構造の連立偏微分方程式なのだが、アインシュタイン自身が考案した省略記法なども駆使して、形の上で、たいへんシンプルで、美しい方程式に仕上がった。彼には、自然の法則は単純で美しいものだという信念があったようだが、その信念にかなうものを、特殊相対性理論の発表以来、十年の歳月をかけて完成させたわけである。そして、その発想の基礎には、ミンコフスキー時空があったのである。

この一般化された新しい幾何学においては、慣性運動する世界線は、一般に直線とは限らず、その時空の歪みに沿って、最長の経過時間で各時空点をつなげていく曲線として考えられる。これは**「測地線」**と呼ばれる。球面の場合では、地球上の航空路線のような大円コースが測地線である。この場合は最短コースを意味するが、ミンコフスキー計量がベースになっている時空内の世界線を考える場合は、最長経過時間コースとなる。この測地線の方程式を求めることが、一般的な重力場での力学を研究する上での重要な課題となる。

当初より提起されていた相対性理論は、この理論のある条件を線形的にシンプル化し、無重力下で等速直線運動する座標系（観測者）にとってのみ成立する特殊理論として位置づけられ、ゆえに、これは「**特殊**相対性理論」と呼ばれるようになった。それに対し、重力系、加速系一切すべての座標系に適用可能となった新理論は、「**一般**相対性理論」と呼ばれる。

一般相対性理論によれば、重力も慣性力も同じものなのであり、日頃、われわれが感じている重力とは、地表が、上空方向に向かってわれわれを押して加速し続けているがゆえに生じた「慣性力」として解釈できるのである。加速的に地球が膨張していくことなく、それが可能なのは、まさに、時空が歪んでいるからなのである。歪んだ時空に沿って、自由落下する「慣性運動」を妨げるように（測地線に逆らうように）地表が押すことからくる慣性力、それがわれわれが地表に生活して感ずる重力の正体であって、われわれは、万有引力なる遠隔作用力で引っ張られているのではなく、ただ、地面から押され続けているだけなのだ。現に、地表は、われわれを押す方向に接触しているだけであり、中心方向に引っ張り込むように接触してはいない。

ところで、地表近辺の「時空の歪み」なんて言われてもピンとこない、というのは、もっともなことである。ここでは、身体のスケールとの比較で考えねばならない。まず、空間的な歪みというのは、地球サイズを視野に入れて初めて言えることである。われわれの身体サイズは、これに比較すればあまりに小さい。

次に時間単位のスケールを考えなくてはならない。われわれは通常、1秒を一瞬の時間間隔と感じる。1秒間に考えたり行為したりできることは、かなり限られるからだ。しかし、（過去の想起ではないまさに経過しつつある）1年を一瞬と感じることは難しい。その期間に多くの思考や行為が可能だからだ。

われわれが光速をとてつもなく速いと思うのは（確かに究極の高速ではあるが）、光が30万キロメートル進む時間（1秒）を、一瞬の時間として感じてしまうからなのだとも言える。もし、この時間を充分な期間として感じ取れる能力があったならば（それはとてつもなく速く思考したり行為したりする能力でもあるわけだが）、相対性理論特有の効果は、日常体験の対象になりえていただろう。

さて、話を戻して、時空の時間的歪みについてだが、地球の表面付近の時空の歪み程度では、光速が1となるような単位系で考えると、とてつもなく小さなものになる。ほとんどまっすぐなのだ。しかし、われわれは、光速をとてつもなく速いと感じてしまう、時間経過に対する鈍感さを備えているので、わずかな歪みでも大きく感じ取ってしまう。すなわち、瞬く間に、物体は等速直線運動からずれて落下すると感覚するわけだ。

われわれは、時空の空間的歪みに対しては、自らの身体が小さすぎて鈍感であり、時間的歪みについては、自らの心が時間経過に鈍感すぎて、敏感になっているのである。このアンバランスさも、時空の歪みなるものをそれとして直感しにくくさせている要因の一つかもしれない。

一般相対性理論は、他の多くの物理理論と違って、従来の理論で解けない観測事実が見つかったがゆえに、考え出されたという経緯で生まれたわけではなかった。アインシュタインの、重力理論はかくあるべきという構想理念のもとに生まれた、数理的な思弁哲学のようなものだった。しかし、理論がいかにエレガントであろうと、それだけでは単なる仮説でしかない。物理理論として、オーソリティを与えられるためには、観測事実との一致が不可欠である。しかし、通常の状況下で観測できる重力現象は、ニュートン力学で求めても、一般相対性理論で求めても、結果に違いは出てこない。そこで、注目されたのが、水星の近日点が移動していくという事実であった。ニュートン力学では、この現象の説明ができなかったのだが、一般相対性理論に基づいて厳密に計算したら、その現象を正確に説明できたのである。さらに、一般相対性理論によれば、強い重力場では、光の進行も曲がることがいわれている。ただ、光線が重力で屈曲するという理論は、一般相対性理論だけのものではなかったが、エディントンによる一九一九年の日食時における観測は、その曲がり具合が、一般相対性理論の算出した結果と充分に小さな誤差の範囲内で一致したことを確認した。ほかにも一般相対性理論を裏付ける事実はいろいろあり、現在では、ＧＰＳの精度向上にも応用されて成果をあげている。一般相対性理論は、ビッグバン理論をはじめ、現代宇宙論の基礎になっている。

ブラックホールは、名前だけなら有名になっている。光すら飛び出せないくらい強力な重力場が出来上がる質量の超高密度状態を指して、こう呼ばれる。ここでは、時間はさらにとんでもないことになっていることを、一般相対性理論は描き出す。現代物理学の最先端では、このブラックホールの中心や、ビッグバンの、最初の一瞬をテーマに研究が進められている。このような、超々高密度な状態の極微の世界では、一般相対性理論も限界にぶつかってしまうのだ。裏返せば、このような特異な状況以外なら、今わかっている限りのすべてを包摂しきれるであろう理論として、一般相対性理論は量子力学と並んで、現代物理学の基本支柱として君臨している（両者の統一は、実証された理論としてはいまだ成功していないみたいだが）。そして、より包摂的な目指すべき理論は、さらに高次元の時空概念を導入したりしているが、相対性理論が確立した同時刻の相対性や、時空の歪曲というアイデアは、基礎として継承されているのである（高次元の空間や時間が理論に導入されたとしても、われわれの宇宙のマクロなレベルでの時間の一次元性と空間の三次元性が否定されてしまったわけではない）。

コペルニクスやガリレオ・ガリレイは、同地点の相対性を発見した。そして、アインシュタインは同時刻の相対性を発見した。近世以降の物理学の発展史は、この同地点、同時刻の相対性を発見し、「ここ」が絶対でなく、「今」も絶対でないことを知る過程という大機軸のもとで、全体を見るべきではないかと私は思っている。

【後半】　哲学的考察の部

6　四次元時空は実在するか

以上、物理学――具体的には相対性理論――の中で、四次元時空がどのように登場してきたかを概説した。四次元時空が、物理学としては必要不可欠な概念ツールになってきていることは間違いないだろう。

さて、いよいよ本題に入る。問題は、では、われわれがそこに生きて生活している、実在する時間・空間は、物理学が描くように実際に四次元的に一体化しているのだろうかということである。四次元時空は実在するのか、それとも、これは物理学が問題を解くために活用している便宜上の概念ツールにすぎないのだろうか？　ここでは、それを主題に考察する。

一般に、異なる量の関係をグラフにすることは、よく行われることである。例えば、一日の気温の変化の時間的推移を折れ線グラフにしたりする。この場合、実際にこのような線が世の中に実在していると考える人はいない。これは、取得された情報の一表現形式にすぎない。理解を容易にするためのグラフ表現が可能だとしても、そのグラフの形に対応したものが直接、実在しているとは考えられない。

四次元時空も一つのグラフであり、物理学理論に対して、これをわかりやすく表現するために考えられた架空のものにすぎないのではないか、実際の時間・空間のある側面のみをとらえて、強引に図式化しただけのものではないのか、あるいは、規約上の取り決めに従って組み立てられた想像上の産物にすぎないのではないかという疑問は、当然起きることだ。私も、当初そのように考えていたし、今でもそのように理解している人は少なくないみたいだ。

だが、私はいろいろ考えているうちに、そう単純に言い切れるものではないことに気づいてきた。

ただし、ここでなされるべき批判的考察は、しかるべきレベルに踏みとどまることが必要である。例えば、現象学的な観点に基づいて、四次元時空なるものも、所詮、いわゆる「自然的態度」に基づくものだからなどと、認識論的飛躍を指摘する議論は、少なくともここでは不適切だ。現象学的思考スタイルそのものの是非について言っているのではない。このような観点では、四次元時空にとどまらないで、三次元空間も太陽系も素粒子もDNAも大脳もみな同様の問題次元で議論しなくてはならなくなってしまい、四次元時空特有の問題がぼやけてしまうから不適切だと言っているのである。

ここでは、従来多くの人にとって受け入れられている素朴な世界観、すなわち、**「運動する現在の三次元的事物は客観的に実在する」**という立場を、とりあえず前提とすることにしよう（「現在の事物」なるものは、光速の壁のため、現在は認識できないものなのだが、それを実在すると言ってしまっていいのかという問題もあるけれど、それについては、後で検討する）。

さて、相対性理論が唱える「同時刻の相対性」を前提とすると、この常識的観念は怪しいものになってしまう。以下に示すような論理が成立するのだ。

［基本命題］

（A）「今の私は、実在する。」

かのデカルトをしても、どうしても疑いえなかった事実

（B）「私から距離を隔てた場所に、他者が実在する。」

この命題を否定したら、客観性を前提とした科学が成立しない。

（C）「その他者が、私と別の速度で移動している場合がある。」

これも、認めないわけにはいかないだろう。

（D）「実在するものと同時刻に存在しているものは、実在する。」

そうでなければ、空間的広がりは実在しえない。

以上の基本命題と同時刻の相対性から、以下のことが結論される。

（１−１）　実在する今の私と同時刻に、距離を隔てて、私に向かってくる速度で移動する他者は実在する。

（１−２）　その実在する他者と同時刻に存在しているのは、未来の私である（同時刻の相対性より）。

（１−３）　実在する他者と同時刻に存在している、未来の私は実在している（基本命題Dより）。

（以上、図１−６−１(a)）

あるいは、

(2－1) 実在する今の私と同時刻に、距離を隔てて、私から離れて行く速度で移動する他者は実在する。

(2－2) その実在する他者と同時刻に存在しているのは、過去の私である（同時刻の相対性より）。

(2－3) 実在する他者と同時刻に存在している過去の私は、実在している（基本命題Dより）。

（以上、図1－6－1(b)）

図 1-6-1

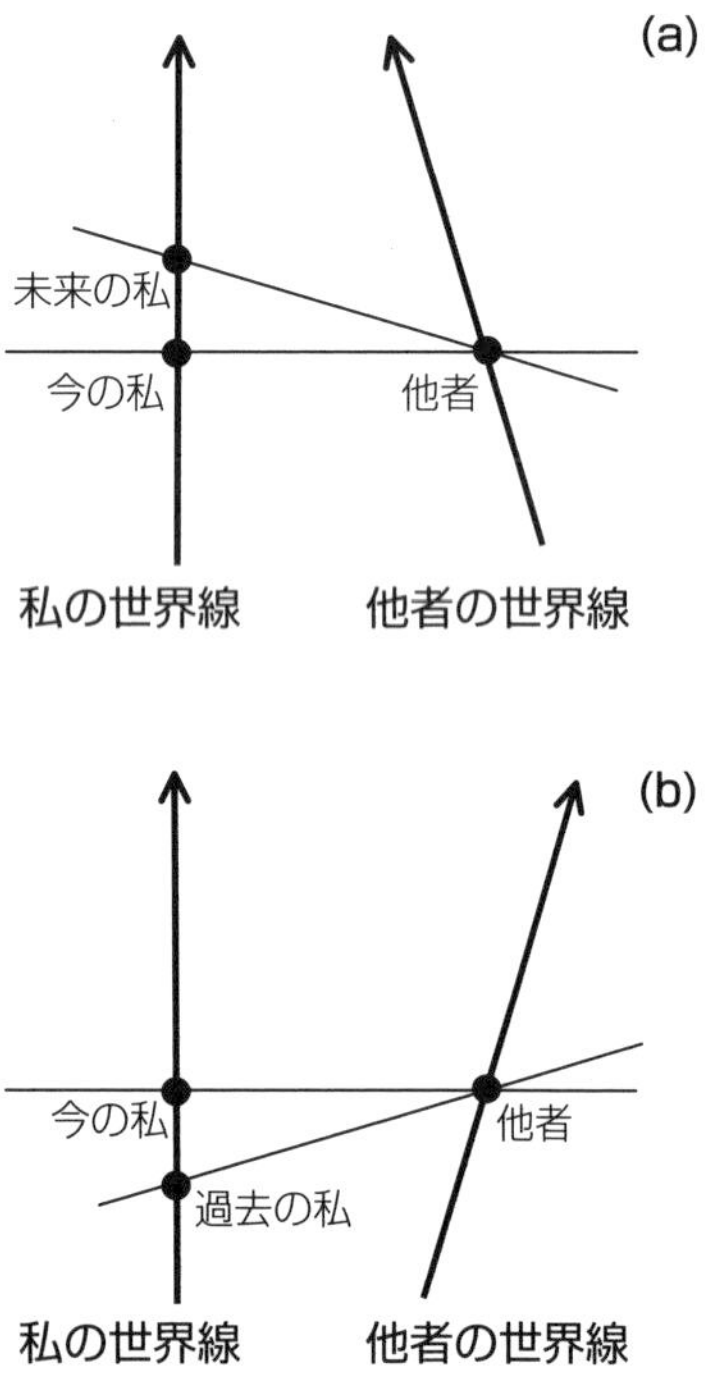

さらに、実在する未来あるいは過去の私と同時刻に存在している、先ほどの他者は、さらに、未来ないし過去の他者であり、その他者は実在していると言えるわけで、さらにその他者と同時刻に存在しているさらなる未来または過去の私も実在して……と、いくらでも遡及していける。

また、私と他者との距離は任意でありえる。また、他者の私に対する速度も任意でありえる。私と他者との距離や速度に応じて、他者と同時刻である私の時点は変わる。したがって、任意の未来あるいは過去の私は実在している、と言える。

ここでいう「私」には、すべての実在している事物が代入可能であり、したがって、実在するすべての事物の過去と未来は、実在する。

これは、とりもなおさず、「四次元時空」は実在するということを意味する。四次元時空は実在するとしか考えようがないのだ。同時刻の相対性の発見、それは実在する四次元時空の発見であったのである。

さらに、一般相対性理論を念頭に置けば、この実在する四次元時空は、抽象的な理念的な枠組みとしてではなく、質量、エネルギーの分布という具体的な物理的状況に対応した形で、具体的な歪みのある形状を備えて存在していると考えられるのである。

しかし、四次元時空などというものは、見ることはおろか、思い描くことすらできないのだ。そのようなものの実在性を実感するのは、確かに難しい。例えば、われわれの銀河系を鳥瞰できるアングルで眺めることは、今のわれわれにはできないが、そのような場所に身を置いた状況を思い描くことはできる。全体として球形をしている地球は、長きにわたって思い描くことしかできなかったが、それを実際に目の当たりにする人は、この先どんどん増えていくことだろう。では将来、科学技術が進んでいったら、四次元時空は鳥瞰できるようになるのか、と言ったら、それは無理であろう。そもそも、われわれの視覚の対象には本質的になりえないものなのだ、というより、それは視覚という現象そのものがその中で成立する場なのであって、その場外からそれを眺める（超）視覚は、少なくともわれわれには、想定不可能である。それに、見ることも思い描くこともできない物理的実在は、二〇世紀以降の物理学においては珍しくはない。粒子性と波動性をあわせ持つ素粒子は、見ることはもちろん、それの正確な描像を思い描くことは不可能である。しかし、その客観的実在性は、（通常）抵抗なく受け入れられている。

われわれにとって、四次元時空が実感できない理由として、その実在性を結論づける論拠である「同時刻の相対性」が、われわれの日常的に体験する時間感覚では感知できないことが挙げられる。われわれの生活は、まだ、互いに遠く離れることがあったとしても、せいぜい地球と月くらいである。代理に機械が、土星とか太陽系のかなたへと行ってくれたりしているくらいだが、銀河レベルで考えたら、そんな距離の隔たりは点のようなものだ。また、互いに離れる速度は、最速の宇宙ロケットを使っても、光速と比べたらほとんど静止に近いような程度の速さでしかない。だから、われわれにとって、同時刻はまだ、ほとんど絶対的なのだ。われわれはほとんど唯一絶対の同時性を共有しているわけで、ゆえに、同時刻は絶対であり、世界は運動する三次元的物体であるという共通の観念を持つことができるのだ。

これまで見てきたように、四次元時空という考えを必要ならしめたものは、相対性理論であるが、その相対論的効果が顕著に現れるのは、同時刻の相対性が顕著となるような座標系間においてである。これは、まだわれわれには、日常的になじみの薄い関係なのだ。

しかし、なぜ、われわれの意識においては、空間と時間はまったく異質なものとして現象するのだろうか、なぜ、「世界」の三次元的「断面」の連続的継起（あるいは「流れ」）という形態がわれわれの意識において生じるのだろうか、という疑問が拭い切れていない。この問題は、第3章で再び取り上げる。

少なくとも、われわれの意識も、四次元時空の内部の存在として機能しているということ、決して、われわれの意識が四次元時空を恣意的に作り出したものではないということは、言えそうである。

それにしても、この推論、本当に誤謬はないのだろうか？　そもそも、実在するとはどういうことなのか？　量子力学との関連はどうなのか？　何より、気になるのは、この考え方は、とてつもなく強固な決定論につながってしまうのではないかということである。次節では、この四次元時空がもたらすかもしれない決定論的世界像について考察する。

7　決定論的世界像

私は相対性理論を知るまでは、過去は完全に決定された事象の集合であり、未来はいまだ決定されていない世界のことだと思い込んでいた。実在するのは運動する現在の事物のみであり、過去はただ想起されるのみで過ぎ去ってもうないもの、ただし、過去がどうであったかは完全に決定されていて、そしてそれを土台に現在が次々と形成されていき、現在が形成されていく方向性として未来というものが想定されている。したがって、未来というものはいまだ存在せず、何も決定はされていない、ただ予測のような形で観念上の世界にあるだけのことでしかないという世界観をもって生きていた。

しかし、「同時刻の相対性」を知ってから、それは、どうも怪しいと思うようになった。

図1−7−1(a)は、距離を隔てて互いに接近しつつある二人、「私」と「他者」の世界線を表している。

一般に、過去とは生起済みの事象の集合のことを言うわけで、少なくとも常識的にはそれは決まっているものと考えられている。まず、少なくとも、私の座標系において、「今の私」よりも過去の事象は、生起済みであり、ゆえに決まってしまっていると認めることにしよう。大多数の人は、これに異論はないと思われる。

すると、離れた場所から私に向かってくる、「今の私と同じ時刻の他者」についても、「今」よりも過去については、生起済みで決まっているはずだ。

さて、その決まっている今の他者の立場（座標系）で、考えてみる。その人にとっての現在の私は、同時性が、私のそれとは違っているため、ある未来の私を指すことになる。その人にとっての過去は、今、ないし、少し未来の私を含んでいる。どのくらい未来なのかは、その人と私との距離や速度に応じて可変であるが、そこまでの未来までは、決まった状態にあるその人にとって過去、すなわち生起済みなのだから、決まっている。

そうであれば、そのいくばくか未来の私より過去も、生起済みで決まっていると考えねばなるまい。すると、先ほどより少し未来の他者より過去が決まっていることになり、さらにその立場で考えると、さらに、未来の私が……、と推論できるから、結局、限りなく未来の私と他者を含む全宇宙が、生起済みで決まっていると結論せざるをえなくなる。

図 1-7-1

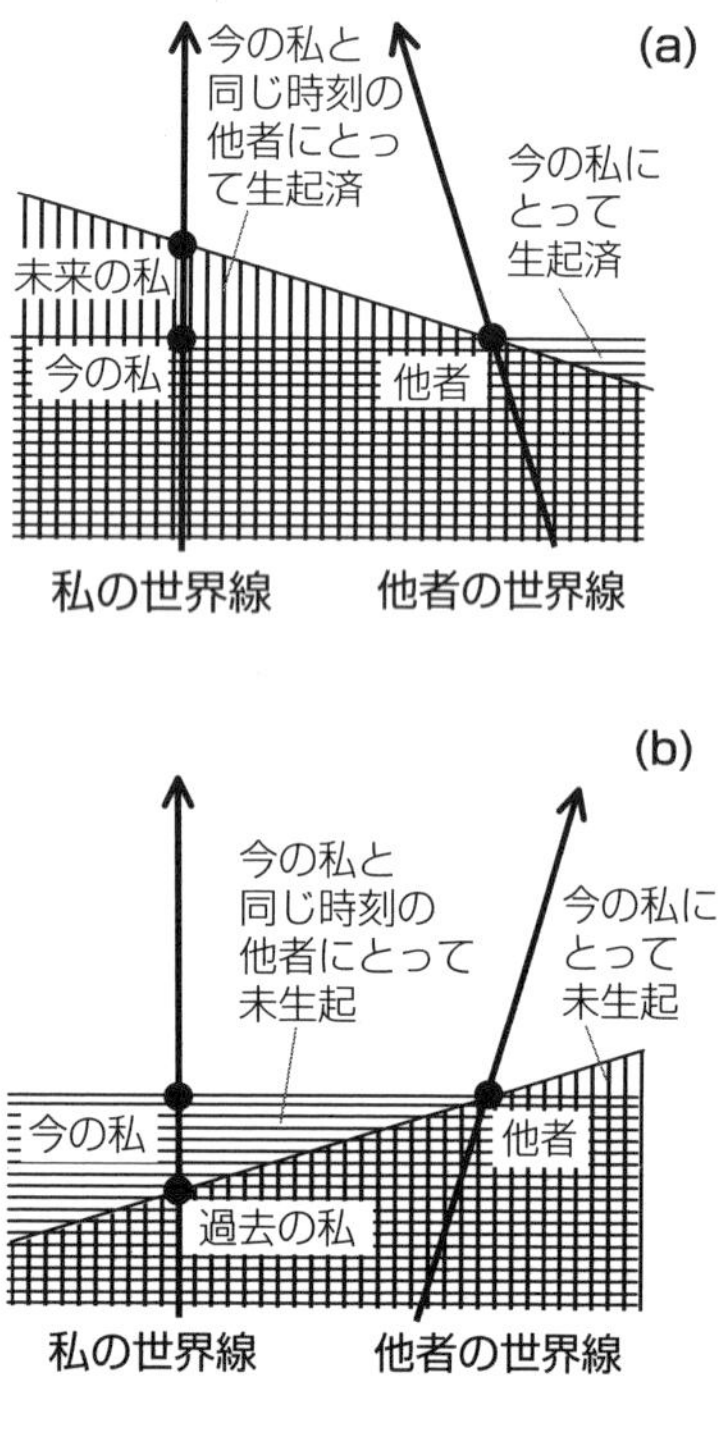

それでは次に、未来の非決定性を前提に考察してみよう。図1−7−1(b)は、距離を隔てて互いに離れていく「私」と「他者」の世界線である。

一般に、未来とは未生起の事象の集合のことを言うわけで、少なくとも常識的にはそれはまだ決まっていないものと考えられている。まず、少なくとも、私の座標系において、「今の私」よりも未来の事象は、未生起で決まっていないと認めることにしよう。

すると、離れた場所からさらに私より離れていく、「今の私と同じ時刻の他者」についても、「今」よりも未来については、未生起で決まっていないはずだ。

さて、その決まっていなくなる直前の他者の立場（座標系）で、考えてみる。その人にとっての現在の私は、同時性が、私のそれとは違っているため、ある過去の私を指すことになる。そして、その人にとっての未来は、今、ないし、少し過去の私を含んでいる。どのくらい過去かはその人と私との距離や速度に応じて、可変であるが、そこまでの過去の直後からは、その人にとって未来なのだから、未生起で決まっていない。

そうであれば、そのいくばくか過去より未来（現在を含む）の私も、未生起で決まっていないと考えねばなるまい。すると、先ほどより少し過去の他者まで遡って決まっていないことになり、さらにその立場で考えると、さらに、過去の私が……、と推論できるから、結局、限りなく過去に遡って、私と他者を含む全宇宙が、未生起で決まっていないと結論せざるをえなくなる。

今の私も過去の私もまだ決まっていない？　では、今の私とは何なのだろう？

過去の事象が生起済みで決まっていると仮定すれば、未来の事象も生起済みで決まっていると結論せざるをえない。未来の事象が未生起で決まっていないと仮定すれば、過去の事象も未生起で決まっていないと結論せざるをえない。同時刻の相対性は、**過去と未来について、生起済み（決定されている）、未生起（決定されていない）の区別を付けられなくしてしまう**のである。

「過去」とか「未来」という概念は、どうも物理学的には、ある時空点（と座標系）を基準にして言うことのできる一種の方角としての意味しかないようである。右か左かとか、北か南かといった類のものである。「過去」や「未来」にそれ以上の属性を与えることはできない。つまり、実在しているかどうかとか、決定されているかどうかとかの属性を、両者の違いを特徴づけるものとしてこの概念に付与できないのだ。

それにしても、本当に、どこかに誤謬推理はないのだろうか？　ここまでの論理をよく反省してみよう。未来は過去と同様、すべて決定されているという結論は以下の前提から導きだされている。

(1)　同時刻は相対的である。
(2)　現在の私は決定されている。
(3)　決定されている事象よりも過去の事象は決定されている。

ちなみに、(2)と(3)を次の(2')と(3')に置き換えると、過去も未来と同じくすべて決定されていないという結論が導かれる。

(2')　現在より未来の私は決定されていない。
(3')　決定されていない事象より未来にある事象は決定されていない。

(2)、(3)と、(2')、(3')が矛盾を引き起こさないようにするためには、(1)の前提が否定されていなくてはならない。すなわち、同時刻は絶対的でなくてはならない。
「同時刻の相対性」を否定することは、相対性理論の部分的修正ではなく、それを根底から否定してニュートン力学に引き戻すことを意味する。それはけしからんと権威主義的に頭ごなしに否定する態度はよくないとは思うけれど、大変難しいと思う。そういう努力をしている人は、相対性理論出現当初から繰り返し各国で現れ続けているみたいだが、成功事例はない。「同時刻の相対性」はローレンツ変換に如実に含まれてしまっている。「同時刻の相対性」を否定することは、ローレンツ変換は少なくとも世界観としては間違っていることになり、ガリレイ変換が世界観としては正しいことになるわけなのだが、間違ったローレンツ変換を使うと多くの実験や観測や開発がことごとく成功し、間違っていないガリレイ変換を使うとことごとく失敗してしまうのはなぜかということを、間違っていないガリレイ変換の世界像で説明しなくてはならない。これは絶望的に難しい課題だと思う。

私は、それでも、どこかに誤謬推理はないだろうかと執拗に考えてみた。その一つとして、光円錐に着目して考えてみた。これまでの推論では、私や他者にとっての同時性を基準に、それより過去は、未来は、という形で議論を進めた。しかし、われわれが認識できるものは、厳密に同時刻に存在しているものなのではない。なぜなら、いかなる情報も光速は超えられないからだ。「今」、見ることができるのは、過去の光円錐「面」上の出来事であり、一般に感知できるものは、その光円錐「面」から過去にある事象である。「現在」を表す時空「断面」は、それより未来に位置していて、その傾きは、座標系に依存して定まらない。そして、このあやふやな「現在」に存在する事象は、距離が隔たっていれば決して現在の私には感知できない。そんな原理的に感知不可能な事象を、決定されているものだと判定していいのだろうか、という疑問はあっても不思議はない。もし、決定されているのは過去の光円錐「面」から過去の事象だけであるとすれば、同時刻の相対性に基づく論理は成立しなくなる。光円錐「面」は、速度の違う別の座標系に移っても不変だからだ（図1−7−2参照）。

だが、この発想はただちに破綻することがわかる。なぜなら、一つの時空点「今の私」を基準にしてこそ光円錐は唯一絶対的だが、距離を隔てた他者の存在を考えたら、光円錐は無数にある。「今の私」こそが唯一の宇宙の中心であるというような世界観でも持たない限り、この考え方は不可能だ。これは、いわゆる独我論とか唯我論とかと呼ばれている立場なら可能であろう。

これまでの考察から判断すると、結局、相対性理論が許容する決定性に関しての世界観は次の三つのうちのいずれかでしかありえない。

(1) 過去も未来も完全に決まっている。**(決定論)**

(2) 過去も未来もともに決まっていない。**(多世界論?)**

(3) あるのは今の私のこの意識のみであり**(自我中心説/独我論)**、過去は決まり、未来は決まっていない。

大多数の人間にとってなじみのある「過去は決まり、未来は決まっていない」という立場を、(3)の立場(すなわち独我論のような自己中心的宇宙観)を排除する形で成り立たせるためには、同時刻は絶対的であることを要請せざるをえない。相対性理論は間違っていて、ニュートン物理学へ戻るべきだという立場に立つ必要がある。これは、先ほど述べたように、今日では無理が多すぎる。

しかし、(3)の立場(独我論)を純然たる形で主張する人は少ない。この立場は主張すること自体の意味が問われてしまう。今存在している私および私の認識する世界は、私にとってのみ存在するのだという主張を誰かにするとして、その誰かとは何なのだろう。その上、この立場に複数の人が同意しているという状況があるとすると、さらにわけがわからなくなる。Aの独我論の主張にBが同意したとしたら、宇宙の中心として唯一存在しているのは、Aなのか、Bなのか。どちらもであれば、主張そのものが自己矛盾してしまう。それゆえ、この立場は通常、主張されることはない。しかし、もしかしたら主張されないだけで、この立場に立っている人は案外に多いのかもしれない。ただ、この立場を純然たる形で貫き通すのはかなり屈強な意志が必要であろう。ここでは、物理学は私の意識の「客観的法則性」についての科学である。

(2)の立場は、過去も未来同様、決まっていないとする立場だ。それでは、「なぜ、われわれの意識において、過去は具体的な形で一意的に決まっているように現象するのか」という問題が重くのしかかってくるだろう。過去の事象に対して、私の認識は多くの他者と一致してしまうのはなぜなのか？ 私の知る他者とは私にとっての他者にすぎないので、ほかにも数多くの私の知らない同じ他者がいて、その他者にとっては、私の知らない別の私がいたりするのだろうか？ あらゆる場合の数だけ無数の宇宙が並行して存在する。この考え方は、量子力学の観測問題をめぐっての一つの立場、エヴェレットの「多世界論」に通じるような気がする。この立場はそのグロテスクさにもかかわらず、量子力学上の難問を整合的に解決する（するかのように思える）ので、近年、支持する人は少なくないみたいだ。た

図 1-7-2

光円錐「面」は，座標系に依存せず，同時刻の相対性の影響を受けない。
だが，今の私の過去の光円錐「面」上の事物から過去だけが決定されている
と仮定すると，今の私だけが特別な宇宙の中心と考えなくてはならなくなる。

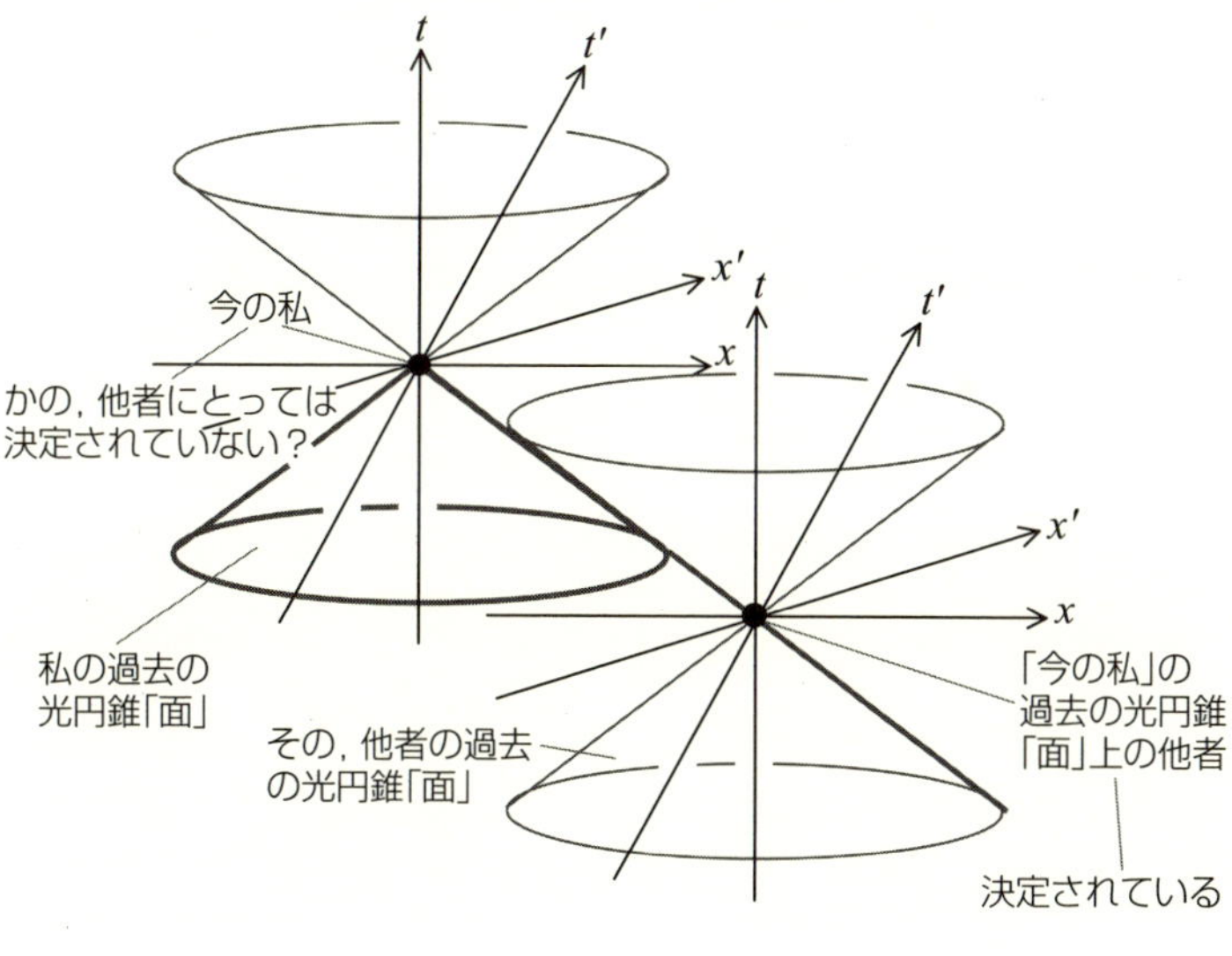

だ、実験によっては肯定することも否定することもできないので、どこまでも解釈以上のものにはなりえないようである。

それでも、複数の可能性を実現していく歴史が並行して存在していくという考え方が、SFなどに取り入れられ、ロマンティックな印象を与えていたりもする。例えば、織田信長が本能寺で殺された歴史と、彼が生き延びた歴史とがあるといったように、数えられるくらいの歴史に分岐しているなら、それもロマンティックと言えるかもしれない。しかしながら、この「多世界論」の主張する内容は、本能寺に放たれた矢の炎の一瞬のゆらぎについて考えられる限りの無数のケースを考えるといったように、歴史は、これらありとあらゆる場合のさらにすべての組み合わせの数だけ存在していると考えてゆかなくてはならないのである。これをロマンティックと思えるにはわれわれの脳の容量は少なすぎやしないだろうか。まあ、そんなことは問題にしないで、純粋に論理的な整合性のみに着目するとして、量子力学上の観測問題が解けたとしても、ほかならぬこの私の知るこの宇宙がなぜかくなる宇宙であったのか、あろうとしているのかという問題は、形而上学（メタフィジクス）の問題としてかもしれないが、ずっしりと残るような気がする。多世界論にとって、私の知る「他者」とは、たまたま、ほかならぬこの私にとっての他者でしかないわけで、私としては多世界論は「マルチ独我論」と呼べるようなものではないかという感想を持っているが、誤解であろうか。個別的具体的世界は、この私にとってのみのもので、客観的世界は、無数の可能性に広がる抽象的空間に発散してしまっているという考えは、私には大変なじみづらい。だが、いずれにせよ、これは現代の量子力学の観測問題をめぐる有力な立場の一つではある。この考えの正当性を実証することは、誰も複数の宇宙を比較体験できないから原理的に不可能なのだが、実証不可能性そのものがこの立場から導き出される以上、実証できないことをもって、この考えが誤りだとも論理的には言い切れない。ただ、ご都合主義的にこの立場に立つのは間違っている。立つなら、すべての場所のすべての瞬間において、この考えを貫かなくてはならない。

ところで、量子力学解釈との関連で言えば、(3)の立場（独我論）は、主流をなしているコペンハーゲン学派の中での最も純粋でラディカルな立場に対応しているとも言えるかもしれない。すなわち、（私の）意識が（観測が）世界を作り出す！　だが、このような過激な解釈はこの学派の中でも主流ではないだろう。そもそも大多数の物理学者は、観測問題に対する最終判断は賢明に控えているみたいだ。そのような形而上学的とも言えそうな、いつ決着がつくとも思えない難問は、大多数の物理学者には時間的にも予算的にも割く余裕は与えられていないみたいである。なにがしかの操作に対する実用上の成果への相関的な法則性が得られれば、それで、というよりも、その方が有益な結果を引き出せるし、理論を発展的に積み上げていけるのである。

量子論の観点では、決定論的に結論できるのは、確率に対応した量子的状態であって、具体的観測値ではない。だが、われわれが現実に向き合うのは、具体的観測値でしかありえない。では、この具体的観測値をなんと解釈するかで、主観的観念論の道を取るか、多世界論をとるか、プラグマティズムに徹するか、現代の物理学者の立場は分裂しているようだ。

それはさておき、(3)の立場も(2)の立場も、素朴な日常意識とはかなりかけ離れるが、量子力学とはなんとか両立できそうな気配はあるのに、(1)の立場は一見、量子力学とは真っ向から対立しそうである。何しろ、量子力学は決定論的世界像を崩壊させたといわれているのに、(1)の立場はとてつもない決定論だからだ。

だが、量子力学のことは念頭に置かないで、素直に相対論的時空像をとらえた場合、(1)の立場が最も受け入れやすい。と言うより、(1)の立場でないと、相対性理論の力学的内容の展開は非常にまどろっこしいものになってしまう。だから、この先、とんでもないどんでん返しを食らうかもしれないという覚悟はした上で、(1)の立場で考察を進めよう。量子力学上の問題は次節で再度取り上げる。

さて、(1)の立場（決定論）に立つとして、現実にわれわれの意識にとって、未来は決まっていないように思えたりするのはなぜかという問題は生じる。だが、これは現実の四次元時空においては、情報の伝達は過去から未来への一方向性しかなく、未来のありようを知ることは、一般のわれわれの意識には不可能になっているからだということで説明はつく。ここでは、「時間の方向性」の問題が絡んでくる。この問題についてはまた別途論じなくてはならないだろう。とにかく、情報は光速以下の速度で、過去から未来への方向でしか伝わらない。言い換えれば、未来の光円錐「面」から内側の領域にしか伝わらない。したがって、未来の事象からは（自分の座標系では過去や現在であっても、速度を異にする別の座標系に移れば未来でありうるような空間的領域の事象も含めて）、絶対に情報が伝わらないような構造を現実の四次元時空は持っている。少なくとも、現代の原則的な物理学においてはこれに反する事例は見出されていない（量子力学では、非局所的連関という形で、光速より速い速度が論じられたりするが、この場合も情報伝達としての光速突破が成立しているわけではない）。したがって、われわれは未来を直接知ることはできず、過去からの情報と、経験の積み上げによって獲得してきた法則的知識とによって予測するというやり方でしか未来を知ることはできない。しかもその予測が完全に正しいという保証もないのである。

ところで「同時刻の相対性」から導かれる決定論というのは、予測可能性という点についてはは実にそっけない。この決定論は、各時空点について、決定か未決定か（生起済みか未生起か）という属性値の違いとして過去と未来を区別できない、それで過去は決まっていると考えたいから未来も決まっているという結論に導く、そういうものである。未来はただ決まっているというだけであって、どのように決まっているのかについてはまったく言及されえないのである。ここが従来の決定論と大きく違っている。

従来の決定論、古くは、レウキッポス、デモクリトス、エピクロス、ルクレティウスの原子論などにまで遡るが、やはり、その典型はニュートンの後継者たち、例えばラプラスらが思い描いた世界観であろう。すべてはニュートンの力学法則に従うわけだから、世界の全物質のある時点での質量や運動状態が初期値として完全に把握できたなら、未来はすべて完全に予測できるに違いないという世界観である。もっとも、実践的には、三つの天体が相互に引力を及ぼし合う力学系についての完全な予測をするという課題すらも解くことはできなかった（今でもできない）わけだが、それは人類の技術的未熟さゆえのことと解された。原理的にはニュートンの法則に従ってすべてが決定されているはずだからだ、という信念はゆるがなかった。ここでは、決定性と予測可能性とは不可分である。そして世界の決定性は、なにがしかの因果的連関によって語られる。

このような古典的決定論を**「因果的決定論」**と呼ぶことにする。これに対して、同時刻の相対性から導く決定論をここでは**「時空的決定論」**と呼ぶことにしよう（ミンコフスキー時空に基づく決定論が「相対論的決定論」と呼ばれることもある。あるいは、「四次元主義的決定論」とか「ブロック宇宙論的決定論」でもいいかもしれない）。「時空的決定論」は相対性理論（の時空の実在性に基づく解釈）によってはじめて出現しえた考え方であって、およそこれまでの決定論というのは実質的な意味で因果的決定論であった。さもなくば、物質的因果連関を超越した神の意志に帰着させる神学的決定論であろう。

例えば、アウグスティヌスは、「告白」の中で時間論を展開している。時間表象に対するその鋭い省察は、（それのみにとどまらないが）哲学史に多大な影響を残している。彼は、神の時間を「永遠の現在」と表現し、それに対し人間に与えられている地上の時間は、次々に過ぎ去っていく継起的時間であるとする。彼は、人間の自由意志については、その無力を説き、人間の意志も含めて、永遠の現在を支配する神の意志に支配されているとする。そして、禁欲主義と敬虔な信仰を主張する（若いとき遊びすぎた反省もあるみたいだ）。

時が下って、カルヴァンやルターに代表される宗教改革期の思想も、神学的決定論の世界観である。過去から未来に至るまで、すべては神の意志によって完全に決定されている（予定説）。当時のカトリックへの批判もこめて、アウグスティヌスへの回帰が主張された。ここでも、人間の意志、信仰心は、すべて神の決められたこととされる。すると、ある人が禁欲でも勤勉でもなく、信仰心に篤くないのは、神に見下されてしまった哀れな存在だから、ということになってしまうので、そう世間から思われたくないという気持ちから、結果的にこの決定論的世界観は、個々人の熱心な信仰と、禁欲、勤勉をもたらすことになったみたいだ。決定論は、必ずしもペシミズムにつながるのみではないという歴史的事例の一つである。

あるいは、汎神論の立場からの決定論として、スピノザの世界観を挙げることもできるだろう。だが、この場合は、神学的決定論というよりは、「論理的決定論」と評価すべきかもしれない（もしかして、スピノザの「実体」概念、「唯一絶対無限の実体＝神」の概念は、考えようによっては、四次元時空概念に近いとも言えるのか？　それとも、スピノザの「実体」は、あらゆる規定を排除する無限通りの多世界宇宙に近いと言うべきなのか？　そもそもこんな議論は無意味なのかもしれないけれど。ちなみに、アインシュタインは汎神論者でスピノザに関心を寄せていたといわれている）。

神学的決定論は、神を前提とするかどうかの違いを除けば、外見上、時空的決定論と似たようなところがある。すべては決定されている。具体的にどう決定しているかは（厳密には）わからない。それは、神のみ知りたもう、もしくは、四次元時空のみ知るところなり（この場合、「知る」という擬人的表現は不適切だが）。もし、神は、四次元時空そのものを創りたもうて後は知らんぷりである、とか、四次元時空とは、実は神そのものである、と考えれば、それは「汎神論」になるであろう。具体的四次元時空は限りなく奥が深いわけだから、そこに神性を感じる人がいても不思議ではない。しかし、そんな神の概念など不要だ、そういう概念そのものが人間たちの生活の中で人間たちの意識に形成されたものなのだ、となれば、それは唯物論ということになる。さらに、そういう神の概念や、唯物論的思想を持つ人間たちそのものも含めて、やはり神が創造されたもの、ないし神そのもののたる宇宙の一側面なのだとなれば、メタ汎神論か!?　ここまでくれば、後は魂の救済とか神への愛とかの問題が残るとしても、論理的には完璧か？　……私は、神様のことはさっぱりわからない人間の一人であって、この路線ではもうこれ以上考えたくないし、考えられない。

ところで、「因果」という概念は、仏教の概念でもある。ただ、自然科学が展開してきたような、要素還元的な、ないし論理分析的、操作主義的指向とは趣が違って、総体的に連関する宇宙観（曼荼羅）を重視しているように思える。だから、縁起の理とか法（ダルマ）によって、すべてが決定（というか生成流転）されていくという宇宙観を表現する一方、過去から未来にいたる不可分な連関の自覚を通して、局在的自我への拘泥を戒める意味で因果が説かれることも多いように思われる。自然の法則的把握と支配（制御）か、涅槃への到達かで、そもそも因果概念の目的が違っている（正直、私は、全然わかっていないのだが）。

仏教の説く「無」や「空」は、文字通りの何もないことを言っているわけではない。安直な実体概念の付与を戒め、時間の移ろいに伴う変化、消滅、生成を忘れて、事物に拘泥することを戒め、自我の感覚的欲望にとらわれるあまり、真の自我や宇宙を見失ってしまうことを戒める意味で使われているみたいである（私は全然わかっていないけれど）。ところで、四次元時空の思想は、無の思想ではなく、絶対的な「有」の思想である。一見、まったく正反対のようだが、ことはそう単純ではないかもしれない。なぜなら、完膚なきまでの絶対「有」の世界観は、ある意味、「無」や「空」の思想に重なってしまいはしないか、という漠然とした思いがよぎるからだ。南無帰依四次元時空!? ……しかし、とにかく私は、宗教のことはまるでわかっていない人間だから、このあたりの問題からはさっさと逃げてしまいたい。

自然科学上の因果的決定論について言うと、決定性をニュートン力学にすべて機械的に還元させてしまうような考え方に無理があることは、早晩気づかれることであった。因果的必然性は自然の複雑な階層構造にあわせて具体的に解明していかなくてはならない。自然の法則性は、さまざまな階層に応じて下位の法則性を土台にしつつも、そこに還元できない独自の構造を出現させていく。それを地道に研究し、理論を組み立てて、自然の予測をする。それは定性的であったり、蓋然的であったり、条件的であったりするわけで、完璧な形で得られることはむしろまれである。それでも実践的には充分であったりするので、生産や生活に巧みに活用され、人類の歴史形成の一役を担ってきた。

因果的決定論はこういう人類の長い営みを通じて形成されたもので、常に現在進行形の状態にあって、その決定性については必ずしも確定的ではない。その上、さらに高次元な人間社会などの分野を対象に考えれば人間の自由意志が絡んでくるので、なおさら不確定さを感じさせる。それで、この決定論は世界観の持ち主の好みに応じて「かため」だったり、「やわらかめ」だったりする。

ともあれ、近年の科学理論の進展は、とことんかたい因果的決定論を不可能にしてしまったようだ。第一に量子力学によって、さらにカオス理論によって。量子力学は、われわれの認識事実との接点においては、本質的に蓋然的（確率的）結論しか導けない理論体系であり、カオス理論は、従来の科学的常識では無視されてしかるべき非本質的偶然的差異が平衡状態に消えることなく、大域的に重大な差異をもたらしてしまいうる自然界の姿を暴き出した。今日、われわれは、近代自然科学が確立してきた法則によって成立する自然というパラダイムそのものの意味を、かなり深いところから問わなくてはならない状況に立たされている。

そんな状況下において、実は一方でまったく別の形の決定論——時空的決定論——が出現していたのである。しかも、この決定論は「かため」も「やわらかめ」もない絶対的なものである。もし、少しやわらかめに、未来の時空点に「おおよそ決まっている」という属性値を与えたとしよう。すると、同時刻の相対性から過去もまた「おおよそ決まっている」にすぎないものになってしまう。だが、われわれの意識にとって過去は完全に決まっているわけで、結局、(2)の立場の場合と同様の問題を抱えることになる。

だから、徹底的に「かため」な決定論として扱った方がすっきりする。だが一方で、時空的決定論は、決定内容については何も語らない。ただ、決まっているはずだと言うだけで、どのように決まっているかには言及しない。もし、街角の占い師に、「あなたの運命は、完全に決まっている。だが、どう決まっているかは、さっぱりわからない」と言われて、お金を払う気になれるだろうか？　その意味で、占い師の方がよほど決定論的である。本当は、決定論とか宿命論とか呼ばれるべきでないのかもしれない。が、やはり、抽象的ではあるが、世界観としては強固な決定論に違いはなかろう。

ところで、量子力学は決定論を崩壊させたというが、それはさしあたり、因果的決定論のことである。それでは、時空的決定論と量子力学とはどういう関係になりうるのだろうか。次節では、量子論をめぐって考察を試みる。

なお、「決定論」という言葉の定義を、より過去の事象がより未来の事象を決定するとする思想、として限定して用いるのならば、ここでいう「因果的決定論」のみが決定論に相当し、ほかは別様の言い方（「宿命（運命）論」とか「目的論」など）を割り当てるべきだということになるかもしれない。あるいは、人間の意志を決定の原因として認めるか否かで、決定論と宿命（運命）論を区別する考え方もある。しかし、本書では、「決定論」という用語を「未来は決まっているとする思想」という程度の包括的な意味で用いることにしている。

8　量子論上の問題

(1)　量子力学成立のいきさつ

量子力学成立のいきさつの概略を、ごくごく、かいつまんで書いておこう。

一九世紀末から二〇世紀初頭にかけて、物理学では**「連続性神話」の崩壊**が起きた。どこまでも無限に一様に分割可能であるような、微積分学が対象とするようなモデルは、実在する物質やエネルギーには適用できないことが判明した。物質は原子や分子という基礎単位を持ち、さらに、エネルギーさえも離散的な値を取ることが、黒体輻射の研究などから明らかになった。

それから、一般にミクロの物質は、**波動性と粒子性**という、巨視的な概念モデルでは矛盾して相いれないような性質をあわせ持っていることが、光電効果やコンプトン効果の研究や、電子の回折現象の発見から判明した。

二〇世紀初頭は、**原子の内部構造の研究**が深められ、電子が非連続的に遷移する原子モデルが波動方程式に基づいて考案された。

さらに、微視的対象の観測においては、その位置と運動量、あるいは時刻とエネルギーのような組み合わせにおいて、一方を極端に精確に確定すれば、他方は曖昧にならざるをえないという**「ハイゼンベルクの不確定性原理」**が明らかにされた。

微視的現象を記述する方式はいくつか考えられたが、シュレディンガーの波動関数による方式が一般に定着した。このミクロ粒子の波動性を典型的に示しているのが、**二重スリットでの電子の干渉実験**である。波は、その波長より短い隙間の格子状の壁を通り抜けると回折現象を起こし、その結果、干渉作用を起こして縞模様が観測されることがわかっている。微細な二重スリットに電子を放射すると、やはり縞模様が観測された。

マクロな世界で知られている波というのは、多くの粒子の集合が作り出す現象である。だから、電子一つでは波は起こらないはずだということで、二重スリットに電子を一つずつ放射する実験がなされた。すると、一つ一つの電子の観測された地点を重ねあわせてみると、干渉縞が現れたのだ。たった一つの電子なのに、同じ条件で放射される可能性としてしか存在しない架空の多くの電子とあたかも干渉作用を起こしていたかのような不思議な結果が得られた。ところが、電子がどちらのスリットを通ったかを観測してしまうと、干渉縞は現れなくなるのである。

マックス・ボルンは、シュレディンガーの波動方程式にある**確率解釈**を与えた。電子は観測されないでいる限り、ある複素数（の組）で表される「状態」として伝播していく。それは、重ね合わせができ、波動性を実現する。そして、その「状態」の複素数値とそれに複素共軛な値とを掛け合わせるという自乗に似た演算を施して正の実数にした値を求めると、それは、電子が確定した存在として観測される確率に対応するというものである。電子のようなミクロ粒子は、単なる粒子ではなく、といって、何かの媒質が振動する波動でもなく、存在確率に対応した「状態」の濃淡（確率分布密度）が周囲全体に茫洋と広がっているような描像をせいぜい思い描くしかないようなものなのである。この「状態」については、厳密には、その対象の無際限な自由度に対応した無限次元のヒルベルト抽象空間を考えていかなくてはならないわけで、人間の想像力が描像として思い描ける範囲を完全に超越している。こうして、量子力学は、個別的な現象については、確率しか予測はできないが、確率の時空分布については、条件が与えられれば、微分方程式を解くなどして完全に決定論的に予測できるという理論体系として完成したのである。

量子力学の理論と実際の観測事実とを結びつけるものは、もはや確率でしかない。理論が厳密に予測可能なのは個々の粒子の位置や時刻などの状態の確率分布なのである。だが、これによって、なぜ、離散的なエネルギー値しか取らないのかなど、ミクロの世界で確認されてきた従来の力学では不可解だった諸現象が、ことごとく説明できるようになった。そして、従来のマクロな世界で成立している物理法則の必然性とは、ミクロに見たらさまざまな場合として区別されうる無数の場合を、マクロ的には区別できない同じ一つの状態とみなすことによって成立する、ほとんど一〇〇パーセントに近い蓋然性（確率の高さ）のことだと解釈されることになる。

量子力学はさらに、ポール・ディラックらによって、特殊相対性理論と整合するように整えられ、場の量子論として、基礎理論のおおよその完成を見るに至る。ここで、質量が負の値を持ち、電荷が逆の物質、反物質の存在が予言される。ディラックは、電子がその反物質である陽電子の海に浮かぶ泡であるような描像を示した。その後の素粒子物理学は、実験で反物質の実在を確認する。

量子力学は、二〇世紀を通じて、化学や生物学をはじめ、物理学を超えたさまざまな自然科学分野に大きな影響を与え、またさまざまな応用分野に輝かしい成果を残した。エレクトロニクスをはじめ、現代の文明生活の多くの分野が、量子力学に支えられていると言える。

（2）観測問題

このように、輝かしい発展と成果を示した量子力学なのだが、その一方、根底のところで、つまり、その理論の意味をめぐるところで、ずっと悩まれ続けてもいるのである。その難問は**「観測問題」**と呼ばれる。

先ほどの二重スリットを電子が通り抜ける場面なのだが、電子が観測されない限り、その電子は量子的な確率波として、そのスリットを通り抜けていると考えられる。この場合、スリットのどちらを通ったかは原理的に言えない。そして、この電子は干渉縞になる分布の一役を担うことになる。だが、電子をスリットのところで観測してしまうと、どちらを通ったかは確定できるが、もはやそこで確率波としての性格を失い、単純な粒子のような分布の一役を担うことになる。

この事態に対し、次のような解釈が与えられた。観測行為を行うと、一個の電子としての波動関数は崩壊し、観測装置との相互作用を行う複雑な量子系に変わってしまう。どちらのスリットを通るかは半々の確率を示す波動関数が、観測行為によって、一瞬に特定のスリットを通る波動関数に変貌してしまうのだと。これは、「波動関数の崩壊」とか「波束の収縮」などと呼ばれている。

観測行為をしない限り、その対象は、純粋に、いずれでもない状態を保つのだが、観測行為はいずれかである状態に変えてしまうのである。

このような解釈に対し、量子力学の確率解釈に釈然としていなかったシュレディンガーは、次のような思考実験を提示した。

ある閉ざされた箱の中に、猫を閉じ込めておく。その中には、放射性元素が入っていて、そのある原子が分裂して放射線を出すと、毒ガスが入ったビンが空いて、猫が死んでしまう装置が仕組まれている。放射性原子の分裂は量子的現象なので、波動関数として、崩壊する状態としない状態とが、ともにそれぞれの確率で混在しているということになる。いつ分裂するかは、その放射現象を観測しない限りわからない。

ところで、放射現象を感知する装置も、原子で出来ていて、それぞれは量子力学の法則に従っている。だから、その装置を含んだ量子系も（大変複雑だが）ある種の波動関数で表現されうると考えられる。するとこの波動関数は、放射現象を感知した状態と、していない状態との重ね合わせとして存在している。装置が作動して毒ガスを放出する部分、さらにはそのガスを吸ったら死んでしまう猫も、原理的には、原子、分子で出来ているわけだから、そう考えると、猫も、死んだ状態と生きている状態とが、放射性原子の分裂する確率に応じて、重ね合わせになっていると考えられる。

「観測者」は、箱を開けて観測する。すると、その観測によって、その重ね合わせ状態の波動関数は崩壊し、猫が生きている、もしくは死んでいるといういずれかの状態を表す波動関数に収束してしまうのだ、と解釈される。猫は、観測されてはじめて、生きているか死んでいるかが確定するのである。

そんな、馬鹿な、である。では、猫の代わりに、観測者が箱の中に入ったらどうなのか。箱の中の観測者にとって、放射性原子は重ね合わせ状態だとして、自分はどうなのか？　少なくとも、彼がまともに観測できている限り、生きている状態でしかありえないだろう。だが、箱の外の別の観測者にとってはどうか？　その人にとっては、箱を開けて中の観測者の生死を確認するまでは、重ね合わせの波動関数であるわけで、中の観測者は、生きている状態と死んでいる状態が、それぞれの確率で混在しており、箱を開けて、波動関数が崩壊してはじめて、原子の分裂如何と、中の観測者の生死が確定するのである。しかし、よくよく考えてみると、外の観測者とて、原理的にはある種の量子系であり、波動関数である。外の観測者を囲むさらに大きな箱があって、その外にいる観測者にとっては、先ほどの観測者も、最初の箱の中の観測者の生を確認した状態と死を確認した状態との重ね合わせとして存在しているのではないか。これは、どこまでも後退して考えていける。

そもそも、状態が確定するとはどういうことなのか、それは、自我の意識に関わることなのか、そういったことにまで問題は及んでしまう。

ニールス・ボーアは、それでも、極微の世界を追求すれば、こういうことになってしまうものなのであって、統計的法則を素直に受け入れて、深い実在を形而上学的に問いつめるべきではないという立場をとった。彼は、コペンハーゲンの出身で、コペンハーゲン大学の理論物理学研究所の所長に就任し、そこに多くの精鋭が集まったため、一九二〇年代後半は理論物理学のメッカとなった。それで、ボーアを中心とする量子力学の観測問題上の立場に対して「コペンハーゲン学派」と呼ばれることが多い。

一方、アインシュタインは、観測問題でこんな不可解な事態に陥ってしまう量子力学は、まだどこか不完全であり、何か隠れた変数のようなものがあって、われわれは、まだそれに気づいていないから、統計的な予測しかできないのではないかと考えようとした。それで、量子力学の総本山に君臨するボーアに幾度も論争をもちかけた。ボーアもそれに誠実に考察し、応え続けた。この有名な論争は、結果的にはボーアの勝利で終わっている。アインシュタインの求めた隠れた変数は、ついに見出すことはできなかった。

その過程で提起された有名な問題に、**「EPR問題」**がある。アインシュタインは、ポドルスキー、ローゼンと連名で、あるパラドックスを提示した。これは、非局所的連関をめぐる問題である。

二つの粒子A、Bがあるとしよう。それらのある属性はaかb、二種類の値しか取らないとする（例えば、スピンの向きとか光子の偏極属性のようなもの）。そして、二つの粒子は一方がａなら他方は必ずｂであり、一方がｂなら他方は必ずａであるという力学系を形成しているとする。これは現実にありうる仮定である（例えば、スピンが、一方がある向きなら、他方は必ずその逆向きであるといった具合）。これらの粒子がａであるかｂであるかは二分の一の確率で決まるとする。量子力学によれば、観測しない限りはこれらは二つの状態の重ね合わせの状態として存在している。

だが、一方の粒子Ａを観測すれば、波動関数の崩壊が起こり、ａかｂかが決定する。それと同時に、他方の粒子Ｂも観測はしなくてもｂかａかが決定するのである。これは粒子ＡとＢとが何億光年離れていようとも成立する。するとＡの波束の収縮の情報は超光速でＢに伝わったことになる。しかし、光速を超えてエネルギーや情報が伝わるということは許されないのだ。**非局所的連関（遠隔作用）**はありえない。これは長い間の物理学者の確固たる信念であった。これに矛盾してしまうような量子力学は、どこか不完全であるに違いない。これは「神はサイコロを振らない」と言って量子力学の確率解釈に抵抗し続けてきたアインシュタインの晩年の最後の抵抗であった。

しかし、結果はその信念そのものを覆す形で量子力学に勝利が与えられた。ジョン・スチュアート・ベルは局所性を仮定してある不等式を導いた**（ベルの定理）**。ごく簡単に説明すると、情報はローカルな経由でしか伝わっていかない、いきなり時空を超えて関連してしまうことはありえないということを仮定すれば、ある種の系の相関度は、所定の値を上回ることはありえないという定理を導き出したのである。もし、これが実験事実に反すれば、局所性仮定そのものが間違っていたことになる。まもなく、ジョン・クラウザーやアラン・アスペによってこの不等式は実験事実に合わないことが確認されてしまった。われわれは非局所的連関を認めざるをえないところに追い込まれたのである（これで、量子テレポーテーションなどが議論されていたりするが、ただし、現実に超光速通信が可能になったわけではない）。

「波束の収縮が同時に伝わる」。同時刻の相対性に注視していた私には、この同時とはどの座標系にとっての同時なのだろうかという疑問が生じた。そこで、私は次のような思考実験を考えてみた（図1－8－1参照）。

先ほどの相関的2粒子系A、Bを考える。そして、互いに速度を異にする観測者S_1、S_2、S_3がいるとして、三人と粒子Aはある時刻にある一箇所で出会うとする。その時点で、彼らはAの測定をして属性値aを得たとしよう。この時、波動関数の崩壊が起こったことになる。ところで、崩壊したのはAだけでなくBの波動関数も崩壊して属性値bが確定したはずだ。だが、粒子Bのどの時刻で崩壊は起こったのだろうか。

各観測者は、Aの崩壊と同時刻だとして、自分の座標系を基準にして判断したそのBの時刻を、属性値の観測結果と一緒に、粒子Bに対して静止しているもう一人の観測者S_4に向けて電磁波信号を送って報告したとしよう。S_4は、その三者からの報告を時刻t_4で受け取り、Bの属性値bを知る。誰からの報告も、その属性値に違いはないが、波動関数が崩壊してBの属性値が確定した時刻については各々の判断が異なっている。観測者S_1は、時刻t_1でBの属性値は確定したと主張する。観測者S_2は時刻t_2で、観測者S_3は時刻t_3でと言う。いったい、波動関数の崩壊はいつ起きたと考えればよいのだろうか。それとも、S_4にとってはt_4で報告を受けることによって属性値がわかったわけだから、崩壊の時刻はt_4だと考えるべきか。だとすれば、逆にAの方の崩壊は、観測が実行されてしばらく経ったあ

図 1-8-1

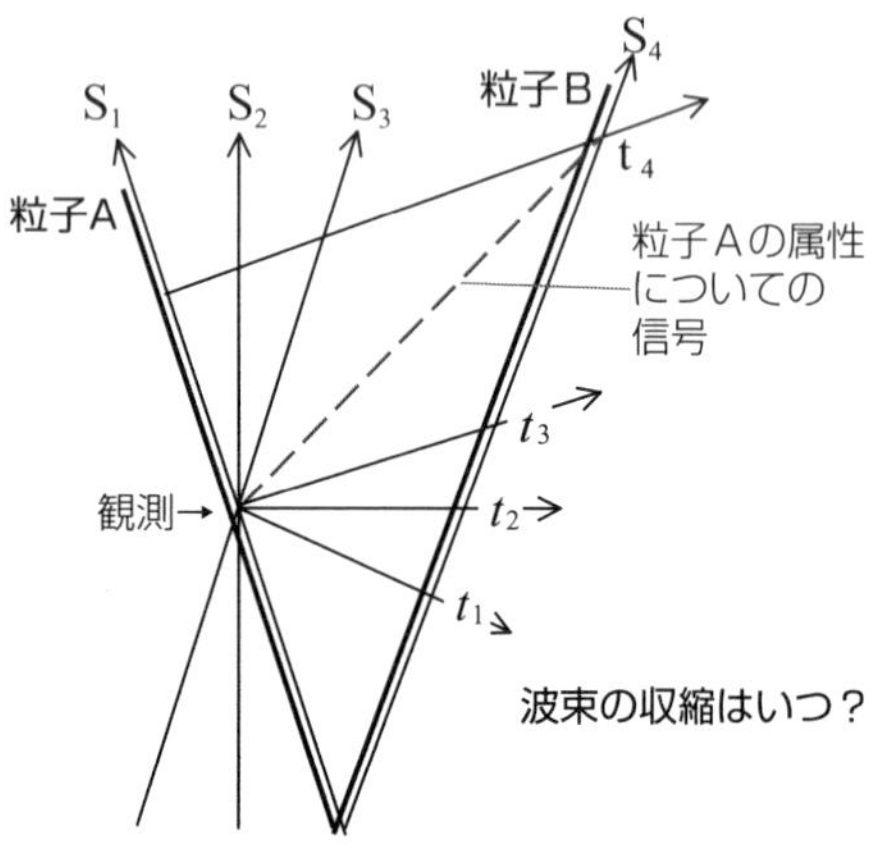

とだということになってしまう。観測されたのに、波動関数の崩壊が起きていない時間が存在することになる。これはおかしい。それとも、観測者S_4にとっては、彼が報告を受けるまでは、観測者S_1、S_2、S_3は、Aの属性値をaとして観測した状態と、bとして観測した状態との重ね合わせの波動関数として存在し、S_4が報告を受け取った瞬間に、三者の波動関数は崩壊して、属性値aを観測した状態に収束するのだろうか？　その時刻は、観測者S_4にとっての同時性で判断するべきなのか？　この場合は、遠大な距離に位置する三人の観測者は、観測者S_4にとって、粒子Bの属性値を知るための観測装置だと位置づけられる。

こう考えていくと、この局所的連関をめぐる議論も、結局、「シュレディンガーの猫」と同様の問題に収斂していってしまう。「波動関数の崩壊」という量子力学上の解釈は、観測者の観測こそが、宇宙の具体的に何たるかを決定するという思想に導かれていく。では、いったいどの観測者が宇宙を決定するというのか？

「波動関数の崩壊」解釈が、特殊相対論と照らして、どうも具合が悪いのではないかという指摘は、もちろん私ごときが説くまでもなく、専門の物理学者が指摘してきたことである（＊3）。

だが、意外かもしれないが、現代物理学の主流は、概して主観的観念論なのだ。そこまで言い切らなくとも、少なくとも、単純に意識から独立な実在を認める素朴実在論には懐疑的である。観測者の観測が宇宙を決定すると考えたくなる実験事実がそれを支えているのである（量子がどのようなタイプの属性を持つのかということすら、観測者がどの観測装置を選ぶかに依存していたりするのだ）。

だが、主観的観念論には納得できない物理学者も、もちろんたくさんいる。そう考える人たちの一部は、エヴェレットの「多世界論」を支持していこうとしている。観測者の観

＊3　例えば、マイケル・ロックウッドは、次のように述べている。「しかし、ここで「ただちに」というのは何を意味しているのだろうか。われわれは、相対論から、同時性は座標系に相対的であることを知っている。どの座標系が、収縮の起こる同時平面を決定すべきであろうか。ふたたび、量子力学それ自身には、答えをあたえる能力がないように思える。」(Michael Lockwood, *Mind, Brain and the Quantum*, 1989. ＝マイケル・ロックウッド『心身問題と量子力学』奥田栄訳、産業図書、一九九二年、二九八頁)

あるいは、ブロック宇宙観の立場の哲学者ヒュー・プライスも、EPR問題で私がここに指摘したようなこと、すなわち、状態関数の崩壊には、なにか特権的な座標系を持ち出さないことには整合性がとれないということを指摘している。(Hue Price, *Time's Arrow and Archimedes Point*, 1996. ＝ヒュー・プライス『時間の矢の不思議とアルキメデスの目』遠山峻征・久志本克己訳、講談社、二〇〇一年、三〇九頁「8章　EPRと特殊相対性理論——非局所化の代償」)

測が宇宙の何たるかを決定するとなると、どの観測者の観測が真なのかということになってしまう。もし、観測者の観測可能性の数だけ無数に宇宙が存在しているとすれば、特定の観測者を宇宙の中心に据える必要はなくなり、理論は、客観性を確保できるのだ。

一方、先ほどのヒュー・プライス（前掲註3）は、因果連関における時間の逆向きを考える方法、すなわち、未来の相互作用が逆に過去のありようをも規定しうると考えることで解決を図るというアイデアを前掲書で展開している。実在する単一の四次元時空を前提にした彼の立論は、私のこれまでの考察と一番馴染みやすそうな気がするが、物理学（量子力学）での因果関係における過去と未来の方向性の問題などをめぐった彼の理論について、明確な評価をする能力は正直、残念ながら私にはない。だが、時間の向きの問題については、本書の後半で、あらためて取り上げようと思う。

まあ、しかし、最大の多数派はというと、やはり、そういうことには深入りしないで、現象と数式との対応関係を地道に求めて、有用な知識や技術の蓄積に日々努める、謙虚なプラグマティストたちなのだろう。実際に、人類に現実的な科学技術力を与えているのは、彼らの営みである。それには世界の何たるかについての解釈は必ずしも必要ではなかったのだ。これはこれとして、大いなる事実として受け止めておかねばなるまい。

（3）抽象的普遍と具体的個別性について

正直言って、私のような門外漢は、ただ、専門家の難解な議論からもれ聞こえてくることを、よく理解もできないまま、ただ首をひねっているしかない。これが、私に与えられた現実的な立場である。とにかく、世界中の精鋭が長きにわたって考え抜いてきて、なお未解決な難問なのだ。そうは言っても、やはり私は私なりに一人の人間として考えを進めたくなる衝動を抑えきれないでもいる。これはこれでまた、私の一つの現実である。

前にも述べたように、私は、やはり「多世界論」を支持できないのだ。とは言っても、主観的観念論も支持できない。私は、具体的な歴史的事実の客観性を確保したいと考えている。それは、究極的に間違いなのかもしれない。その可能性を全否定はできないとしても、これは、所詮は、願望にすぎないと評価されるかもしれないけれど、具体的な歴史的事実は、私の意識だけにとってのものではなく、客観的なものなのだと思いたいのである（何をそんな当たり前のことを、と思う人が多いかもしれないけれど、事態は深刻なのだ。こんな当たり前のようなことが大いなる危機に直面して久しいのだ）。

だからと言って、理論物理学で得られた事実から目をそむけて、ただ拒絶し、時代遅れになった考えにしがみついているような立場もとりたくないのだ。理論物理学で議論されている対象は、何も理論物理学者だけの専有物ではない。いわずもがな、すべての存在者が共通して関わるものなのだ。だから、そんなことは自分たちには関係ないと開き直れない。正しいかどうかはともかくとして、よくわからないなりに、私は、次のような具合に考えていこうとしている。

一般に、電子のような素粒子には、原理的にアイデンティティ（自己同一性）がない。パチンコ玉のようなマクロな物体は、いくら互いにそっくりでも、この玉、あの玉とそれぞれを個物とみなすことができるが、それはマクロな物体特有の性質であって、電子は、電子一般の一つとしてしか現れない。個々の電子それ自体のみに注目する限り、あの電子が、この電子が、という議論は原理的に成立しえない。しかし、電子とそれを取り巻く環境との相互作用などの関係に注視すれば、それぞれは、つまり電子の存在が確認されたそれぞれの事件は、完全に個別的であり、いわば、物質界の歴史の一部を形成している。

ある電子が、二重スリットを通って、スクリーン上のある位置に痕跡を残したこと、これは、完全に個別的な歴史的事実である（ただし、多世界論を取らない限り。もしその立場なら、「これは、私の宇宙にとって、完全に個別的な歴史的事実である」と言い直す必要があるだろう）。それはマクロな事象であり、歴史上、一回きりのことである。一つずつ飛ばされて、二重スリットを通り抜けて、スクリーン上に姿を現した電子（少なくともそれがスクリーンと相互作用した痕跡）は、確認された歴史として、完全に確定している。各々の電子が、スクリーン上のどの位置に、どういう順番でプロットされていくかは、それぞれの実験ごとにまちまちであって、それは、量子力学の法則から導き出すことはできないある種の歴史的事実である。量子力学は、その歴史を包括的に抽象して、統計的法則を提示した。そして、それによって統計的予測を可能にした。だが、個別的な各実験ごとの具体的予測はできない。それでも、実験結果の歴史的事実は確定している。

では、この二重スリットの実験を実行している最中において、それまで観測済みの電子の痕跡位置は確定済みだとして、その後、放出される各電子が、具体的にどうプロットされるかは確定しているだろうか。もちろん、予測はできないのだが、それでも確定しているのだろうか？

電子が放出されてからスクリーンにたどり着くまでの過程がどうなっているかは、観測の対象外なのだから、原理的に議論はできない。通常、量子力学では、さまざまな場合の重ね合わせ状態（「コヒーレントな状態」と表現されたりする）と考えられている。しかし、結果的に未来の電子たちがスクリーンのどの位置に現れるかは議論できる。これは、確定したことなのか、未確定のことなのか。

ここで、四次元時空の同時刻の相対性に基づいた議論を思い出そう。それによれば、過去の実験結果が確定したものという立場をとるならば、未来の電子の出現位置も確定したものと考えざるをえない。実験者の今と同じ時刻に、遠く離れて、実験者の所に向かってくる他者にとって、実験者の未来は、過去であり、確定していなくてはならないからだ。その遠く離れた他者にとっては、その後の電子の観測位置も、実験がいつ終了するかも過去の事象に属し、確定済みである。その実験のやり方を切り替えて、スリットのどちらを通ったかを観測するようにしたとして、それも、ある歴史的事実として、やはり、確定済みである（ただし、光速の限界のため、その結果の情報をその時点で取得はできないけれども）。

私は、こう考えるにいたって、中世のスコラ哲学の**普遍論争**、すなわち、唯名論か、実念論かの議論を思い起こしてしまう。**「実念論」**というのは、「普遍は、個物に先立って実在する」という立場で、プラトンのイデア論を継承している。エリウゲナ、アンセルムスなどが代表だといわれる。一方、**「唯名論」**とは、「真に実在するものは、ただ個々の物だけであり、普遍概念は、個物に後から付けた一般的な記号、名前にすぎない」とする立場で、ロスケリヌム、オッカムらが代表だといわれる。

真の実在は、普遍なのか、個物なのか、という議論は、量子力学の法則に照らして考えてみれば、次のような問題として提起できる。すなわち、果たして、抽象的普遍的な量子力学の法則なるものが実在し、それが、個々の素粒子のあり方、動きを実現しているのだろうか、それとも、個々の素粒子のあり方、動き、すなわち、四次元的な具体的存在が実在し、それを人間の思考が抽象化し、法則として定式化したものが、量子力学の法則なのだろうか、と。

唯名論の立場は、概して唯物論につながっていった（主観的観念論や不可知論とも無縁ではないようだが)。しかし、普遍的法則性の客観的実在性を否定し、それを人間の認識が与えたものとする立場は、カント主義的であり、唯物論は、普遍的法則性を客観的実在の属性として認める傾向できている。確かに、物理法則を人間の認識、思考の枠組みに還元してしまうわけにはいかない。だが、具体的実在を離れて、抽象的法則性が、純粋理念のようなものとして実在し、それが具体的な諸々を創り出していると考える立場は、私は取りたくない。やはり、実在するのは具体的諸事象なのだ。そこには、人間などの認識主体がある抽象化を施して、普遍的法則性として把握できるようなある何かが客観的に備わっていると想像はできる。ただ、それは、個物の属性として備わっていると考えるべきではなく、全体の中の相互関連性を通して備わっていると見るべきではないだろうか、というような立場を取りたいと私は考えている。

現在、ならびに過去の事象に対してならば、前記のような立場は、ごく普通に科学的な観点に立つ人なら、取り立てて言うほどのこともない、ごく常識的な立場だと言えるだろう。問題は、「未来の事象」についてである。「未来の事象」についても、前記の立場を貫けるか、である。

過去は、具体的に確定した知識として、われわれに与えられる。したがって、過去に対しては、具体的な経験事実を抽象化し、法則性を見出すということができ、実際にしてきたわけである。だが、未来が、確定した知識として与えられることはない。情報伝達の方向性は、過去から未来という一方通行しか(少なくともわれわれが現在知る世界においては)可能ではない。光速の壁がそれを頑強に阻止している。したがって、われわれは未来の具体的に確定した知識を抽象化するという作業は一切しない(できない)。それで、われわれは未来に対しては、過去の経験を総括した知識をもとに推測ということをする。われわれは頭の中で、頭の中にある法則から、具体的な事実を生成するのである。そして、実際の未来の事象が予測どおりの形で、現在、過去という時間様相にたどり着くと、その法則は正しかったと判断する。その法則は、客観的な真理であり、その真理にわれわれの認識が（少なくとも未知のなにがしかの限界を超えない範囲では）到達したと解釈する。

すると、われわれは、頭の中にある法則なるものが、実は頭の外に、客観的に存在していて、それが、未来の諸事象を具体的に生成しているというようなイメージを持つに至る。だが、それはイメージ以上の何ものにもなりえない。客観的存在を確認できるのは、現在より過去方向に分布している具体的な諸事象であり、そこには、抽象的法則なるものが、そのまま純粋な形で存在していることはない。

砂浜の個々の砂粒の形、どれひとつとっても個性的だ。その形状のなんたるかをことごとく導出できる一般法則を求めるのは、まず、不可能だろう。個々の具体的な形状は、個々の砂粒のたどった歴史が関与している。そこには数多くの他の砂粒や水流などとの相互作用が積み重ねられてきた。その歴史的事件をことごとく語らないことには、個々の砂粒の形状がなぜ、かくたる形状になったかは説明できない。

ただ、ある砂丘のある場所のある季節のある時間帯について限ると、砂粒の集団である砂山の形状について、ある種の法則性が見出される、などということは、大いにありそうなことである。

われわれは、法則性があることをもって、そこになにか、神の意志とか宇宙の根源的本質などが隠されているのでは、と思いがちなことが多いが、法則性などというものは、ごく自然に現れるものである。何の法則性もないように、完全にでたらめな数値の並びを出すコンピュータプログラムを作ろうとしたら、少なくともでたらめなプログラムを作っていては駄目である。どんなにでたらめで複雑怪奇なプログラムを作っても、どこかの局面で、なにがしかの法則性が現れてしまうものだ。実用上差し支えない程度のでたらめさの数値列を生成するには、擬似乱数という、数学的に研究されたアルゴリズム、言い換えればしかるべき法則に則ってでないと実現できない。かくも法則性から逃れきることが難しいことの一例である。

時間的、空間的になにがしかのレベルで、ある種の構造がコピーされる機能があれば、そこには法則性は生じるし、どんな不規則なものも、集合すれば、なにがしかの抽象レベルで一般性が現れたりするものなのだ。さらに、システムの複雑さがある閾値《いきち》を越えると、自己組織化が創発され、そこでまた別次元の法則性が出現したりする。

なにか、実体化された法則なるものが、具体的諸事物を生成していくという発想は、それ自体が一種のわれわれの思考活動に現れた現象としてとらえた方がよさそうである。

ここでまた、同時刻の相対性の論理を思い起こそう。もし、過去の事象が、具体的に確定したものであるならば、未来の事象もそれと区別なく具体的に確定したものでなくてはならない。そもそも、四次元時空の客観的実在性が前提されるならば、「生成」ということは、客観的世界の事柄には属さないと考えるべきである。これは、意識の作用としての現象であって、客観的には、過去から未来までのすべての事象は、具体的に確定した形で存在している。だから「生成」ということはありえない。意識というものは、それらの事象を、過去方向から未来方向にむけてスキャンしていく性質を持ったもののようである。それゆえ、意識下においてのみ、「生成」という概念が成立する。そもそも、「過去」、「現在」、「未来」という時間様相自体、それは、意識との関わりにおいてのみ成立する事柄であって、客観世界の属性ではない。この点については、権威のある物理学者は大体そう判断しているように見受けられる。

とにかく、こう考えることによって、量子力学上の問題は、論理的にはすっきりするのではないだろうか。量子力学の法則は、過去に対しても、未来に対しても、素粒子の具体的な発現事象を理論的に抽象化したものである。そこからは現象の確率が導かれる。その導出過程においては、重ね合わせ（コヒーレント）状態の論理モデルが適用される、と。真の存在は、具体的な諸事象であり、理論的法則はその総括的な抽象モデルなのだ。

物理学者は、個々の電子やら分子やらを愛してはいない。彼らの愛するものは、全宇宙を貫く普遍的な法則である。アインシュタインなどは、それを使えば、どこまでも具体的に諸事象を完全に演繹できるというような、そういう究極の普遍法則の存在を信じていたみたいだ。量子力学を支えてきた多くの物理学者たちも、量子力学の法則の方に真の実在性を付与しようとしてきたのではないだろうか。それを重視するあまり、具体的観測事実の方の客観的実在性までも犠牲にしてきたのではないだろうか。二重スリットのどちらも通りぬけている重ね合わせモデルこそが真の実在であり、個々の電子が、どのような位置に観測されるかという個別事象は、観測者の観測行為が創りだすものであるという考え方は、個別の実在性、客観性を捨ててまでも普遍の実在性、客観性を守ろうとする思想なのではないだろうか。

門外漢が外野で何をほざいているのだ、という声が聞こえてきそうだ。無責任な感想の吐露でしかないかもしれないが、門外漢は門外漢なりに、物理学者が神学論争のような議論を闘わせている脇で、悩んでいるのである。量子力学における、普遍論争の提起などをしてみたくなるのも、そういった背景があるからなのだ。

なお、過去から未来までの完全決定モデルが、量子力学の観測問題における論理的困難を打開するというアイデアは、なにも私がオリジナルだと主張する気は毛頭ない。実は物理学者の間でもそれはとうに話題に上っている。そんなことは承知されているのだ。承知されているけれど、なかなか受け入れられがたいものとして扱われているみたいだ。

一般に、自然科学は、同一条件下で同じ実験を繰り返せば同じ結果を得られることが前提になっている。というか、そういう反復性のある事柄に対しての法則性の探求を行う。そして、そういう一般的法則性を具体的条件に適用する形で、具体的状況への推論を行う。ここでは、「もしこうであれば、こうなる（なった）であろう」という形の推論が行われる。このことは、量子論の研究者の間では、「反事実的確定性（counterfactual definiteness 略してCFD）仮定」と呼ばれているらしい。こういう前提に基づく形式の推論は、ごく一般に妥当なものと受け入れられ、用いられている。ところが、この仮定を否定すれば、ベルの定理をめぐった困難な問題が解決するのではという議論は提起されているみたいである。これについて、ニック・ハーバートは、『量子と実在——不確定性原理からベルの定理へ』(＊4)で、次のように述べて反論している。

ベルの定理に対する非CFD的反論のもっともらしさを測るもう一つの方法は、次のように尋ねることである。「想像可能などんな種類の世界で、CFDは明らかに無効な仮定となるのか？」このような非CFD世界の一つは、たった一つの歴史しか可能でないような宇宙である。一本道の世界では、仮説的結果について語るのは無意味である。この種の非CFD世界は、ニュートン風の時計様式であり、厳密に決定論的である。真の選択が欠けているために、厳格なニュートン的宇宙では、ベルの定理は定式化すらできない。

＊4　Nick Herbert, *Quantum Reality*, 1985. ＝ニック・ハーバート『量子と実在——不確定性原理からベルの定理へ』はやし・はじめ訳、白揚社、一九九〇年、三四一頁。

「自由意志の否定」につながってしまいかねないこのような議論は受け入れがたいという骨子のようだ（ちなみにこの本は、量子力学の観測問題について一般にもわかるように丁寧にまとめられていて、とても参考になった）。

前出のヒュー・プライスの場合は、宿命論につながるのではと懸念されて避けられてきた「先進作用」（未来から過去への作用）の登用を積極的に主張しており、ユニークである。だが、「自由」概念そのものについての問題言及は、物理学上の問題からあまりにも弾けすぎてしまうためか、さりげなく避けられてしまっている感がある。

私の場合も、この自由の問題には私なりに苦悩してきた。だが、物理学において、二〇世紀を通じてかくも時間や空間や決定性などという根源的概念に対するドラスティックな批判が展開されたのに比して、「自由」概念のとらえ方は、あまりにも素朴すぎやしないだろうか、とも思ってしまった。

ちなみに、同時刻の相対性に基づく時空的決定論は、非局所的連関の原理がベルの定理とその後の実験によって否定されたことと矛盾はしない。これは、ニュートン的というかラプラス的な因果的決定論ではないからだ。もちろん、世界に分布する諸事象間の因果的連関の存在を否定はしていないが、決定論の根拠を因果関係に求めていない。

本当に、この決定論的世界観が自由の否定と単純に言って片づけられるものなのだろうか、そこは、もっと、冷静に多角的に熟考してみる価値はあるのではないか。しかし、自由概念をめぐっての考察は、後の章で行うことにする。

電子のような素粒子が、それ単独で特定の時刻と位置に厳密に存在し、かつ一定の運動量をもっているような描像、パチンコ玉のようなマクロなイメージをそこに押しつけること、これが完璧なまでに破綻していることは明白であり、否定のしようがない。といって、重ね合わせ状態の確率的な波動関数モデルが真の実在だとして、押しつけるのも勇み足のような気もする。

量子力学上の問題は、もとよりここで論じきれるテーマではないし、また私のかなう問題領域でもない。それでも、次のことは最低限言えるのではと思っている。

問題の真髄は、過去の事象をどう解釈するかにかかっていると思われる。過去の事象は、すべて具体的に定まっているのか、無規定に無数の場合としてあるのか、それとも、それは世界を観測する私の意識の事実の連なりでしかないのか。そして、そこで下された判定は、現在、未来にも同様に適用されざるをえない。それが、同時刻の相対性の論理から帰結される。**同時刻の相対性と共存できる世界観は、（時空的）決定論と、多世界論と独我論の三択しかない。**ずっと考えてきたけれど、どう考えても、このことは否定のしようがないのだ。

そして、私は、とにかくも、多世界論や独我論はいやなのだ。たとえ宿命論的な解釈をされるかもしれない決定論を取らざるをえないことになったとしても、こんな孤独な世界観を採用するよりはまだましだと思っている。だから、物理学的な唯一のオーソライズはないとしても、決定論をまずは選択して思索を推進させる。それでどうにも破綻したなら、またここに立ち戻って、次は多世界論路線でも模索しようか。ただし、中途半端なSF的ご都合主義の立場は取らないつもりだから、常識的世界観は、はるかに遠のくことは覚悟しておかねばならないだろう。そしてそれでも駄目なら、また立ち戻って、最後は、独我論路線だ。ただし、その場合は、私は何も語らないかもしれない。語ることの意味を黙ってひたすら問い続けているだけかもしれない。さらに、もしかして一番可能性が考えにくいのだけれど、そうこうしているうちに、実は相対性理論は間違いで、同時刻なんて相対的なものではなかったのだということになるかもしれない。その場合は、私はアインシュタインらとともに潔く葬り去られよう。それでも人生に悔いはない。

しかし、どうしても抵抗し続けたい立場、それは、物理学は物理学、日常生活は日常生活で、世界観をのっけから完全分離させてしまう立場だ。分離できる境界条件が明確化できるとはとても思えないからだ。もちろん、安易な還元主義には批判的であらねばならないし、物理学が描ける世界が世界のすべてでもないわけだが、物理学をただ単に世界の基底部分でしかないと宣言するだけではなくて、それが具体的にどのような意味で基底をなし、どこまで規定的たりえるのかを明確にしていくのは、やはり哲学の重要な役割ではないかと思うのだ。もちろん、その解釈にもいろいろな立場はあるだろうし、本書もその解釈例の一つでしかない。あるいは、物理世界と日常世界をきれいに分離できる境界条件をあえて明らかにしようとする探求路線だってあっていけないことはないだろうし、さらに、体系的統一性を備えた一元的世界観の追求自体を拒絶するというのもまた一つの立場であろう。ただ私は、哲学的思索を遂行する上での統整的原理として、体系的な一元論にはこだわり続けたいのである。

第2章 連続性と矛盾の問題について

本章は、まず、有名なゼノンのパラドックスについて考えてみることから始めようと思う。

実は、私が四次元時空について真剣に考えるようになった一つのきっかけが、ゼノンの飛ぶ矢のパラドックスでもあった。これを、弁証法的矛盾の実例のようにしてヘーゲルなどが掲げているのだが、私は実在する矛盾、運動の根本原理としての矛盾というものが、さっぱり理解できなかった。ここで登場する矛盾は、単なる対立、拮抗などに対して比喩的な意味で用いられているものではなく、正真正銘の論理矛盾なのだ。

論証というのは、一般に矛盾を排除する形で進められる。でなくてはそれは論証になどならない。なのに、最初から矛盾を前提に置いて論じるということは、何なのだろうということが引っかかって仕方なかった。

一方で、時間・空間論に興味があった私は、これを現代的水準で考えられるようになるためには、相対性理論を理解しておく必要性があると思い、これを学ぶようになっていたのだが、そこで、四次元時空という考えがでてくる。四次元時空の観点では、時間は基本的には空間と同質のものとして扱われる。そこで気がついたのだが、もし時間が空間と同質に扱われたならば、ゼノンのパラドックスは消えてしまわないかということだった。もしそうでないなら、ゼノンのパラドックスは、すべての空間的実在についても言及されねばならず、空間的広がりそのものの実在性を疑問視しなくてはならなくなるが、ゼノンはそこまで主張していたとは思われない。

そんなわけで、前章で展開したように、私は四次元時空の実在性について考えるようになった。ここでは、時間にまつわる重要問題の一つである「連続性と矛盾の問題」に焦点を当てる意味で、ゼノンのパラドックスについて、私なりに考えてみたことを述べてみようかと思う。

まずは、有名な「アキレスと亀」の問題から。ここの論理が時点と地点を使った論理であることを指摘し、距離概念が不可欠になることを示す。しかし、距離概念の導入によってもゼノンの提示したパラドックスは全面的に解決するわけではなく、本質的には、無限小についての考察へと導かれる。私はここで、従来型の無限小への数論的アプローチをしないで、四次元時空での考察を提起する。その上で、そもそも、論理と時間との関係について問う形で、問題を提起してみた。

四次元時空において、時間と空間は、同じような形式でまとめられてしまったわけだが、一方で、両者はあきらかに違うものだと誰もが認識している。時間と空間との違いがどこから生じるのかについて、ここでは、幾何学的側面から論じてみた。ただし、これで充分だとは思っていない。この議論では、われわれの時間表象について謎を残したままだと思う。時間表象についての考察は次章で行う。

また、四次元時空の実在性は、時間の連続性を、運動、変化の実現に不可欠な事柄でなくしてしまっている、ということも、本章での重要指摘事項である。ただ、では、連続性は単なるわれわれの思考のもたらした観念モデルであって実在の属性ではないと言い切れるかというと、そこも疑問で、それは速度についての考察から別角度の連続性の要請が見えてくるからである。

1　アキレスと亀

アリストテレスは『自然学』において、ゼノンを論駁する目的で、以下のように紹介している。「第二の議論はいわゆる「アキ゠レウス」の議論である。すなわち、走ることの最も遅いものですら、最も速いものによって決して追い着かれないであろう。なぜなら、追うものは、追い着く以前に、逃げるものが走り始めた点に着かなければならず、したがって、より遅いものは常にいくらかずつ先んじていなければならないからである、という議論である」(＊1)。

言い換えると、これは以下のような論法である（ここで、「走ることの最も遅いもの」とは亀のことで、「最も速いもの」とはアキレスのことだと伝統的に解釈されている）。

アキレスは、亀の後を追いかけている。ある時点に亀のいる地点に、アキレスが到達するとしよう。すると、その時点では、亀は少し前進しているはず。それで、さらにその時点で亀のいる地点に、アキレスが到達すると、その時点でも、やはり亀は少し前進しているはず。したがって、これを無限に繰り返しても、アキレスは永久に亀に追いつけない（図2－1－1）。

アキレス（ギリシア名アキレウス）は、トロイ戦争のギリシア軍側のヒーローで、大変足が速かったといわれている。常識的、経験的に言って、アキレスが亀を追い越せないわけがないのだが、ここでは、運動というものがそもそも論理的に立証可能かどうかが問わ

＊1　アリストテレス『アリストテレス全集3　自然学』出隆・岩崎允胤訳、岩波書店、一九六八年、二五八頁。

れているのである。

ここで留意すべき点は、アキレスは速く、亀は遅いということは、言葉では述べられてはいるが、速さとは何か、速いとか遅いとかとはどういう意味なのかということについては何の説明も定義もされておらず、したがって、速度とか距離の変化などの概念はこの論理の中では一切使われていないということである。あくまで、その時点、その地点での到達如何をのみ問題にする形で、議論が進められている。この前提に立って考えると、確かに難しいパラドックスのように思えてくる。

よく見かける、模範解答的解決法として、無限等比級数が、一定値に収束することを示すというやり方がある。例えば、アキレスが（1／2）メートル進む間に、亀は（1／4）メートル、アキレスが（1／4）メートル進む間に、亀は（1／8）メートル進むという割合でアキレスが亀を追いかけた場合、この過程を無限に繰り返したとしても、アキレス、または亀が進む距離（メートル）は、

$$\frac{1}{2}+\frac{1}{4}+\frac{1}{8}+\frac{1}{16}+\cdots\cdots+\frac{1}{2^n}$$

となるのだが、その値は、無限に足しこまれているにもかかわらず、アキレスが亀を追い越す所の1メートルに限りなく近づいていくだけで無限大にはならず（ある種の演算処理を施せば1に等しいことも示せる）、そしてまた、所要時間についても、アキレスが先に亀のいた地点に行くというその1行程にかかる時間は限りなくゼロに近づいていくため、一定値に収束していくわけで、結局これは、アキレスが亀に追いつく限りなく微小に直前のところまでのことを言っているに

図 2-1-1

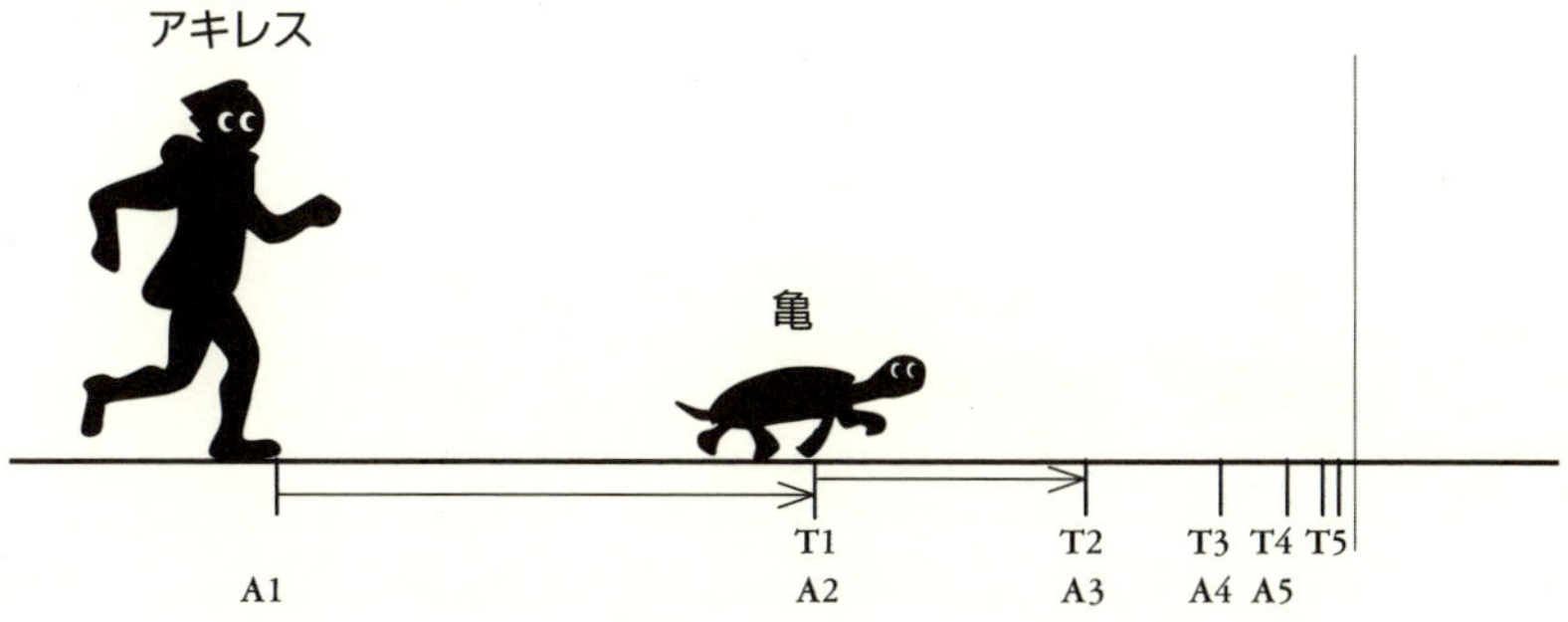

（アキレスの位置Anは常に亀の位置Tnより後ろ，つまり追いつけない。）

すぎないのだという説明である。つまり、近代の微積分学が確立した無限小の概念をゼノンは把握していなかったというわけだ。

しかし、これでは、ゼノンのパラドックスの克服にはなっていないという指摘もよくなされることである。ゼノンは、無限の行程が必要とされるような運動というものは、ありえないということが言いたいわけで、それに対して無限の数列の和の性質について論じたところで、論駁になっていないというわけだ。

いずれにせよ、西洋哲学史を貫くようなタイムスパンで、この問題は論じ続けられてきた。そして、今に至ってもなお論じられている。

時間空間の問題を扱う上で、このような伝統的な問題を無視するわけにはいかないだろう。私も、私なりにこのパラドックスにどう立ち向かうべきか、いろいろ考えてみた。

何が、パラドキシカルにさせているのだろうか。ここの論理に何か誤謬があるのだろうか？　ここで、少し発想を変えて、亀とアキレスを、亀1と亀2に置き換えて考えてみよう。

亀1は、亀2の後を追いかけている。ある時点に亀2のいる地点に、亀1が到達するとしよう。すると、その時点では、亀2は少し前進しているはず。それで、さらにその時点で亀2のいる地点に、亀1が到達すると、その時点でも、やはり亀2は少し前進しているはず。したがって、これを無限に繰り返しても、亀1は永久に亀2に追いつけない（図2―1―2）。

どうだろうか。こう言われたら、なるほど、そんなものかもしれないな、なんて気にな

図2-1-2

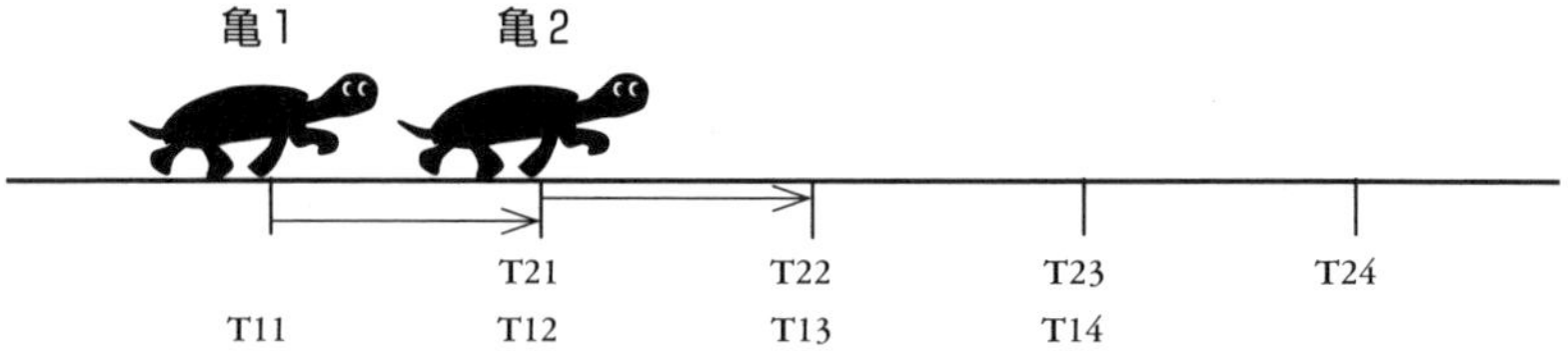

（亀1の位置T1nは常に亀2の位置T2nより後ろ，つまり追いつけない。）

らないだろうか。

では、今度は、亀とアキレスを、逆に入れ替えて考えてみよう。

亀は、アキレスの後を追いかけている。ある時点にアキレスのいる地点に、亀が到達するとしよう。すると、その時点では、アキレスは少し前進しているはず。それで、さらにその時点でアキレスのいる地点に、亀が到達すると、その時点でも、やはりアキレスは少し前進しているはず。したがって、これを無限に繰り返しても、亀は永久にアキレスに追いつけない（図２―１―３）。

今度はどうだろうか。こう言われたら、何を当たり前のことを言ってるんだ、という気にならないだろうか。あるいは、最初の議論のままでもよいのだが、事前に、アキレスはすごいのろまで、亀より遅い、と言い聞かされた後で、この論理を読んだらどう思うであろうか。

つまり、ここでパラドキシカルに感ずるかどうかは、論理そのものの中にあるのではなくて、登場する主体、それについてわれわれが持っている先入観（「アキレスは速く、亀はのろい」など）に関わっていることなのである。もし、このパラドックスを解決しようとして、この論理そのものの誤謬性を見つけ出そうなんて態度で論理分析など始めたら、その時点で、ゼノンのトリックに嵌ってしまったと言えるだろう。

要は、アキレスと亀のパラドックスが示していることは、このような、二者間の「地点」「時点」の観点のみからでは、追い着き、追い越すといった現象の説

図 2-1-3

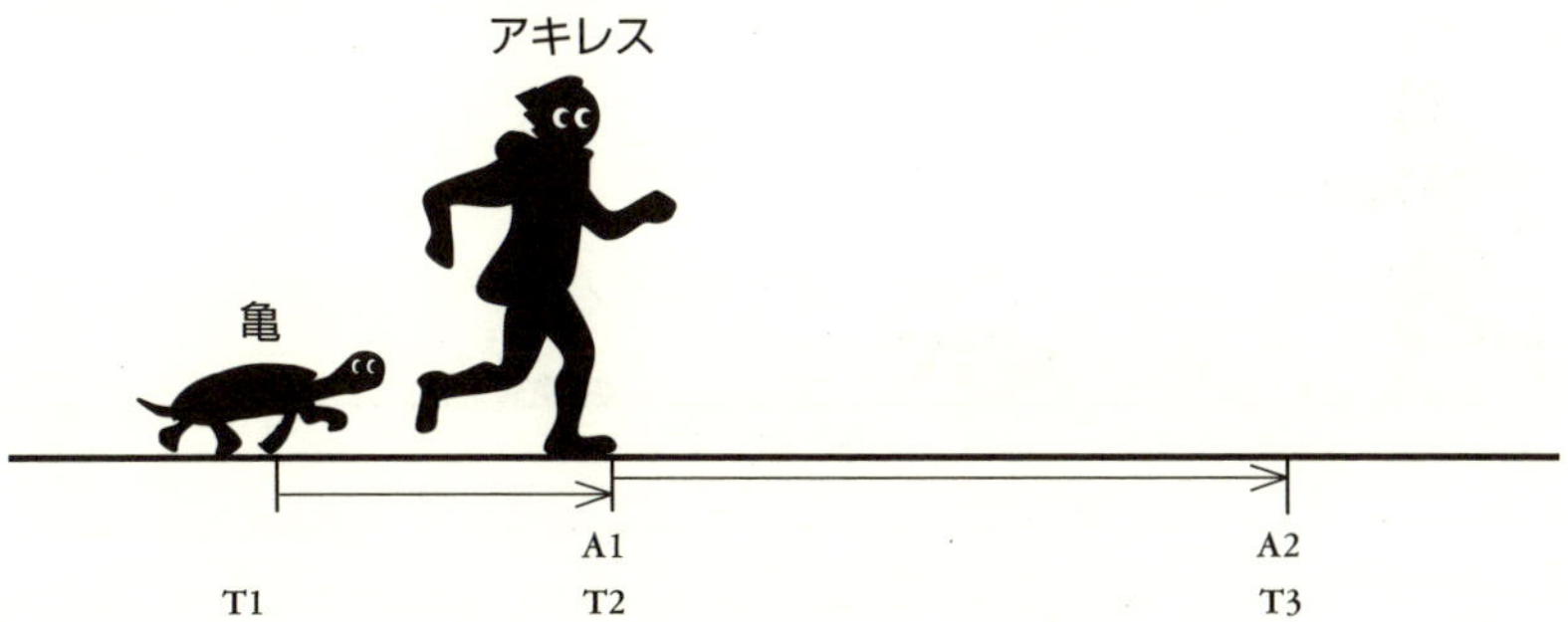

（亀の位置Tnは常にアキレスの位置Anより後ろ，つまり追いつけない。）

明はできないということなのだ。

　では、三者ならばどうだろう。

　亀の前をナメクジが前進していて、亀はそのナメクジを追いかけているという状態を想定してもらおう。そしてさらにその亀の後方からアキレスが追いかけてくるとしよう（図2—1—4）。

　ここで、亀とナメクジとの関係で考えると、先のアキレスと亀の議論と同様のことが言えて、亀は永久にナメクジに追いつけないことになる。これは、よしとしよう。それで、アキレスはどうか？　亀が、先ほどナメクジがいた地点に到達したその時点で、ナメクジは確かに少し進んでいるから追いつけていないのだが、まさにその時点でアキレスは、亀よりもナメクジよりも前に行ってしまっているかもしれないのである。

　ただ、その保証はない。アキレスが追い越すのは、次の時点かもしれないし、次の次かもしれないし、あるいは、やはり永久に追いつけないかもしれない（亀がナメクジに追いつくまでの時間にアキレスが彼らを追い抜けなかった場合はそうなる）。

　アキレスが亀を追い越せるか否かは、論理のみによっては解決不能だ。これは観測に依存する。どこかの時点でアキレスが追い越していたら、それは追い越せたのだと言うことができるのみである。

　どうも、「地点」「時点」にのみ執着したゼノンの論法は、実は、追いつき追い越すという現象の解明に対しては、およそ役に立たないもののようである。

図 2-1-4

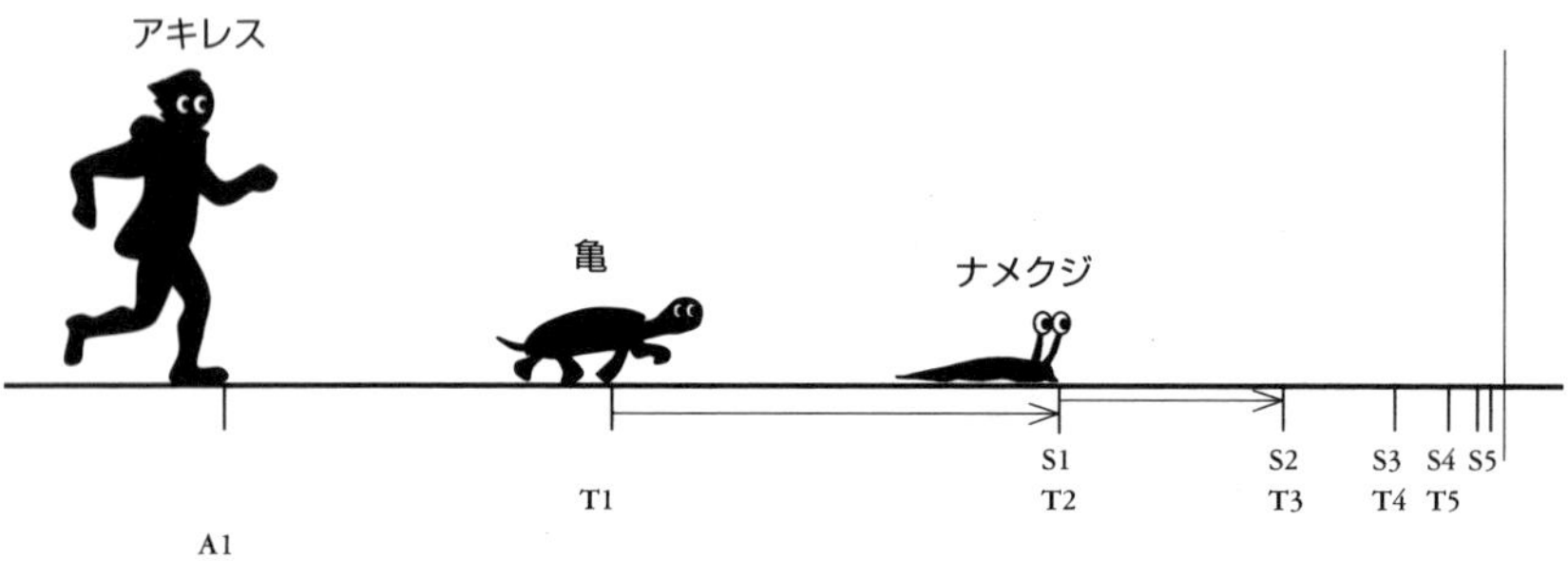

（亀の位置Tnは常にナメクジの位置Snより後ろ，つまり追いつけない。
それでは，アキレスはどうか？）

2　相対性原理に基づく「アキレスと亀」

ところで、ゼノンの時代はもとより、アリストテレスにおいても、慣性の法則は自覚されていなかった。何も力を加えなかったら、物体は静止してしまうと思われていた。だが、ガリレオ・ガリレイの出現でその考え方は変えられた。何も力を加えられなかったら、物体は等速直線運動をするのだ。この考え方は、アインシュタインにおいても発展的に継承されてきている。

それで、このような近代的観点で、アキレスと亀の問題を考えてみよう。そのためには、地表との摩擦のような複雑な要因を考慮しなくてもいいように、アキレスと亀には、宇宙に行ってもらうことにする。ついでに、アキレスと亀を観測するゼノン博士にも宇宙に行ってもらおう。

亀田飛行士は、宇宙船亀号に乗ってゆっくりと地球を離れて、例えばシリウスの方向に旅をしている。加速はしていない。はるか後方から、アキレス飛行士が宇宙船アキレス号に乗って亀号を追いかけている。これも加速はしていないが、亀号よりは速く地球から遠のくスピードで、追いかけている。この様子を、ゼノン博士は宇宙船エレア号に乗って観測している。エレア号は地球に対してほぼ静止した状態にある。こうしてゼノン博士にも宇宙船に乗ってもらったのは、地球の自転、公転という複雑な条件を考慮しなくてもよいようにするためである。ここで、地球のことは忘れてもらおう。方向を同じくする直線上において運動する（または静止する）三つの宇宙船のことだけを考える。さて、エレア号のゼノン博士は考える。亀号がいる地点にアキレス号が到達した時、亀号はその先を飛ん

図 2-2-1

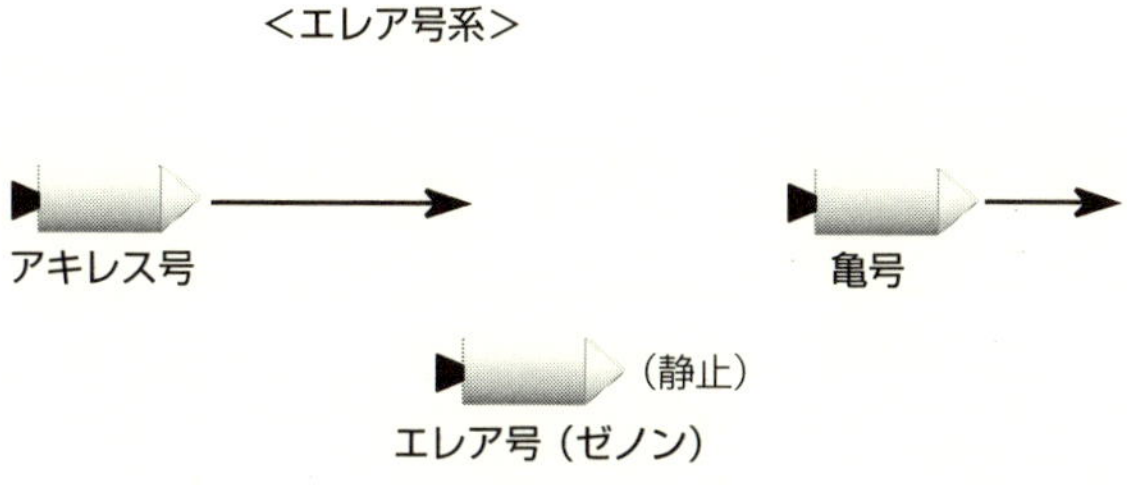

でいる。さらにそこに到達してもやはり亀号は進んでいる。これを無限に繰り返しても、アキレス号は、亀号に追いつけない。

ここで考えてもらいたいのは、エレア号の座標系のみが絶対ではないということだ。運動の観測結果は、他のどんな慣性座標系に基づくものでも同等の資格を持つ。これが、ガリレオ以来、物理学を貫いている相対性原理である。

それでは、この状況に対して、アキレス号にいるアキレス飛行士は、どう観測し考えるだろうか。自分はもちろん静止している。エレア号は後方に走り去っていく。そして亀号は、こちらに向かってくる。そう判断する（図2−2−2）。一方、亀号の亀田飛行士は、エレア号は立ち去るが、アキレス号は近づいてくる。そう判断する（図2−2−3）。それだけのことだ。このように、自分が静止した基準系で判断すると、ゼノン博士のパラドックスは生まれてこない。あるいはもし、エレア号がアキレス号と同じ速度で飛行していたり、亀号と同じ速度で飛行していたら、ゼノン博士にとっても、パラドックスは生じない。

さらに、エレア号がアキレス号よりも速く地球から遠ざかるように飛行したらどうなるか。今度は、亀号がアキレス号を追いかける状態が発生する。すると、またパラドックスは可能となるが、今度は亀号がアキレス号に追いつけないという話になる（図2−2−4）。つまり、基準となる座標系次第で、パラドックスは現れたり現れなかったり、逆の形で現れたりするのである。すなわち、アキレスと亀のパラドックスは、座標変換に対して不変に保たれない。物理学では、座標変換しても変わらないような関係、性質を本質的なものとして位置づける。このパラドックスは、観測者の座標系に依存した非本質的な事柄なのである。では、座標変換に対して普遍的に保たれるものとは何だろうか。この場合、それは、アキレス号と亀号との距離、およびその変化である。アキレス号と亀号との距離が次第に縮まるという事実は、どの立場からも同じように判定される（ちなみに相対性理論の場合は、アキレス号と亀号のどの時点をもって距離を計るかが、座標系によって微妙に異なってくるのだが、互いの距離の値は、どの座標系でも等しいことは保証されている）。

　アキレスと亀の問題は、両者の距離について言及してこそ、追い着き、追い越しが論じられるのである。ちなみに、アリストテレスも、このパラドックスについては、「もし有限な距離を〈有限な時間〉に通過することを許しさえすれば追いつかれるのである」と、距離について言及することによって論駁を試みている。そもそも、どの地点にいるかということ自体、距離という概念を媒介にしてこそ、厳密に定義できるのである。

　アキレスと亀のパラドックスにおいて、空間は地点の集合、時間は時点の集合にすぎず、地点間、時点間には前後関係のような順序関係が定義されうるのみで、距離や時間間隔については定義されていない。ここでは、空間や時間はそういう単純な点の集合にとどまっている。だが、

図 2-2-2

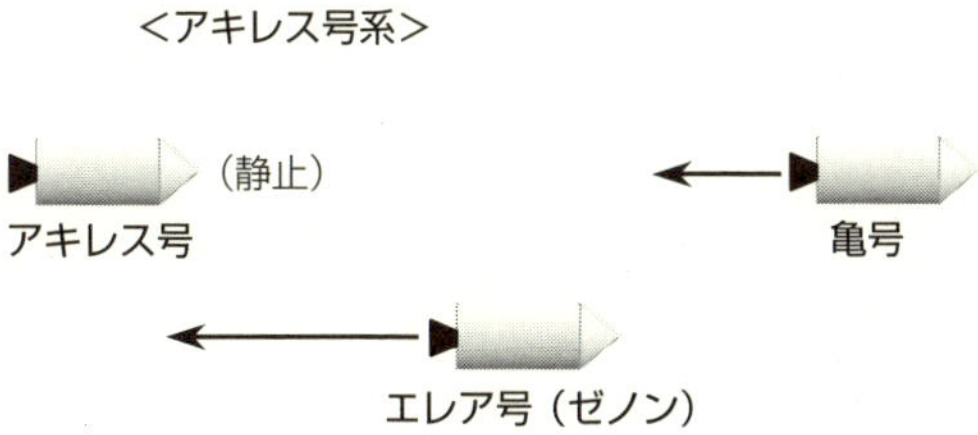

図 2-2-3

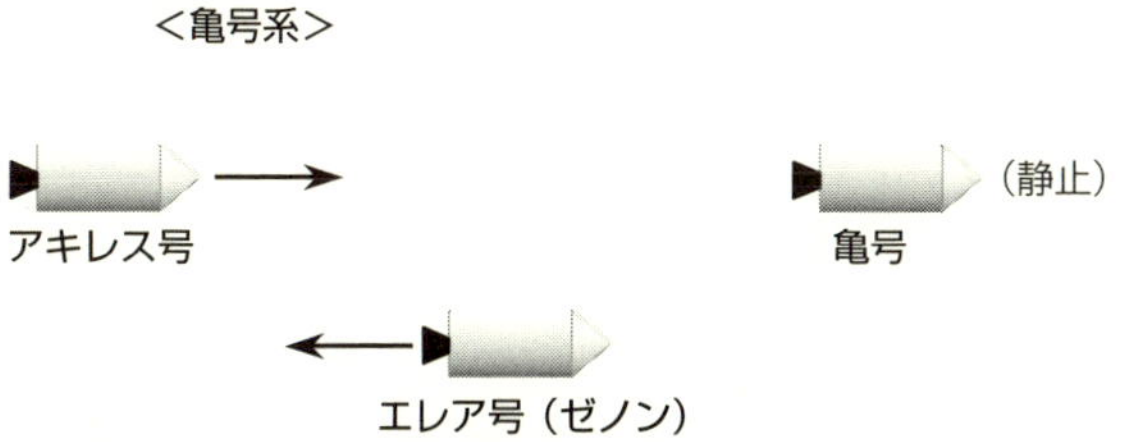

図 2-2-4

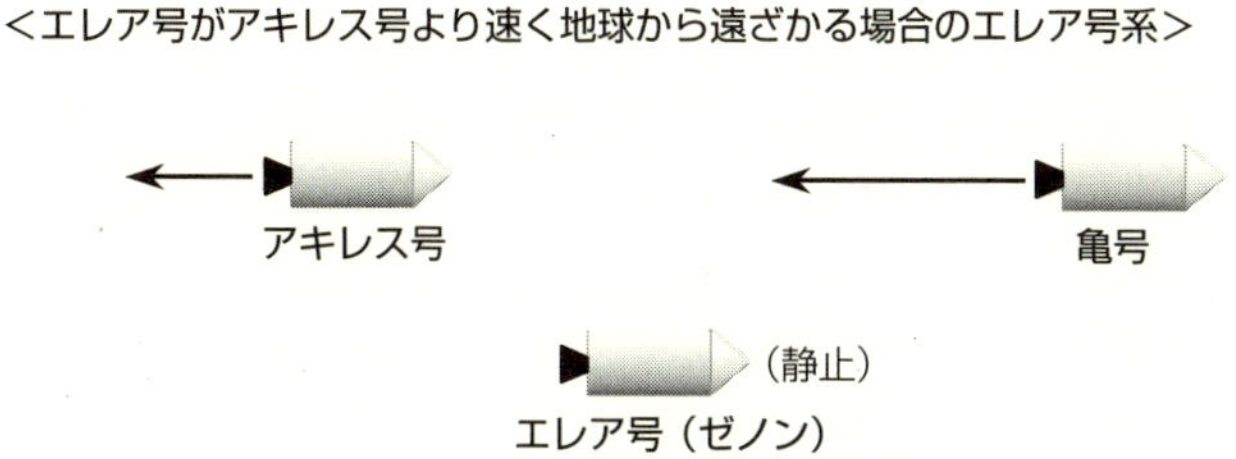

このような集合においては、点と点との距離については言及できないのだ。現代の数学では、物理学的な空間や時空を扱う場合、点は座標で表されるベクトルとして定義され、群論のような抽象代数学による演算関係を用いてベクトル空間を定義する。そして内積の定義を媒介にして、計量ベクトル空間を定義する。距離（ノルム、メトリック）については、しかるべき規則に従う、二点の座標から得られる関数として定義される（厳密な記述はしかるべき数学のテキストを参考にしてほしい）。つまり、しかるべき構造を持った点の集合として空間を定義しないと運動学を展開できる空間（時空）は得られないということが、現代数学では自覚されている。単なる点の集合では距離などについては語れないのだ。

重要なことは、アキレスと亀との距離がどう変化するか、なのだ。もし、その距離が次第に縮まるのなら、アキレスはやがて亀に追いつき、追い越すことができる。もし距離に変化がないなら、同じ速度で追いかけているわけで、永久に追いつけない。もし距離が大きくなっていくのなら、追いつけないどころかどんどん離れていってしまう。

さらに、変化の仕方が一定かどうかも重要だ。最初、距離はどんどん縮まるのだが、しだいに縮まり具合が鈍くなって、そのうち距離が伸びていってしまうような運動をアキレスが行えば（アキレスが疲れてきて亀より遅くなる、あるいは、反対方向に引き返してしまうような場合）、アキレスは亀には追いつけない。当たり前のことで、距離の変化という視点さえあれば、そこには何もパラドキシカルなものはない。

ちなみに、「アキレスと亀」のゼノンの議論は、論理としては何ら誤謬はない。アキレスと亀との距離が縮まるケースにおいても、両者の間の距離がゼロになる直前において、限りなく正しい（もちろん空間、時間が無限に分割できるという前提においてだが）。これは、数学的には一定値に収束する無限級数として扱えるケースである。

もし、時間・空間が、単なる「時点」「地点」の集合であり、計量空間としての定義が与えられていなければ、無限等比級数的な取り扱いもできないわけで、ゼノンの「アキレスと亀」のパラドックスは、時間・空間の持つ計量属性の重要性を裏側から指摘したものなのだと理解しておくのがよろしいのではないだろうか。

以上、アキレスと亀のパラドックスは、両者の距離の変化の問題としてとらえれば、完全に解決する。これにて、一件落着……。

3　距離の変化と「分割のパラドックス」「飛ぶ矢のパラドックス」

——本当にそうだろうか？　いや、実はそうではない。いや、むしろ問題はこれからだと言ってもいい。ゼノンは、おそらく、ほくそ笑んでこう言うだろう。

「よろしい。アキレスと亀の距離が問題だというなら、それでもよかろう。しかし、考えてみたまえ。アキレスと亀との距離が無くなってしまう前に、その半分の距離になっていなくてはなるまい。さらに、その半分の距離になる前には、さらにその半分の半分の距離になっていなくてはならない。これは、どこまでも無限に言える。つまり、距離が縮まるためには、無限の距離の場合を通過せねばならない。こんなことが有限の時間にできるものかね。結局、アキレスは亀に追いつくどころか、微塵も亀には近づけないのだよ」

そう、これは、ゼノンの第一のパラドックス、いわゆる「分割のパラドックス」に相当するものである。つまり、「アキレスと亀のパラドックス」は、変化する距離の概念を導入しても、「分割のパラドックス」に帰着してしまうのである。

あるいは、ゼノンはこうも言うかもしれない。

「いいかね、縮んでいる距離は縮んではいない。何となれば、縮んでいる距離も各瞬間には一定の長さの値を占めている。一定の長さの値を占めているものはその瞬間は縮んでいない。ところが、ある距離の状態から別の距離の状態までの時間はその間のそれぞれの瞬間から成り立っている。だから、縮んでいる距離と言っても、実は縮んではおらんのだよ」

これは、「縮んでいる距離」を「飛ぶ矢」に置き換えれば、第三の、「飛ぶ矢のパラドックス」である。「飛ぶ矢のパラドックス」というのは、「飛んでいる矢は飛んではいない。何となれば、飛んでいる矢も各瞬間には一定の位置を占めている。一定の位置を占めているものはその瞬間は飛んでいない。ところが、ある矢の状態から別の矢の状態までの時間はその間のそれぞれの瞬間から成り立っている。だから、飛んでいる矢と言っても、実は飛んではいない」という話である。つまり、「アキレスと亀のパラドックス」は、「飛ぶ矢のパラドックス」にも帰着してしまうのである。

こうなると、やはり、これまで多く語られてきたように、ここから先は「無限とは何か」、「連続とは何か」について、緻密に論及していくという展開になっていくべきなのだろうか。

ニュートン、ライプニッツらの極限概念、カントールの無限の濃度、デデキントの切断……、これらは、不思議でやっかいな数、0（ゼロ）との格闘の歴史とも言えるのだろう。無限小を無矛盾な公理体系の中に収めるため、近代、多くの論理学的、数学的探求が発展した。

これらの理論構築が多大な価値をもたらしたことは、言うまでもないことである。ある意味で、ゼノンのパラドックスの価値は、こうした数学の発展を促す一つの誘引にあったのだと評価することもできるかもしれない。しかし、私は、ゼノンのパラドックスの解決を、果たして、無限性、連続性の問題に還元してしまっていいものなのだろうかと思っている。なぜなら、無限性、連続性は、なにも、運動、時間の問題に特有の事柄ではないからだ。ゼノンは、空間の広がりまでも矛盾に満ちて認められないとは言っていないように思われる。

もし、連続的な空間の広がりにも矛盾を指摘するならば、空間は存在しない、曲がったものは存在しないなど、およそこの世のすべてを否定しにかからねばならなくなる。あるいは、空間の場合、すべてを離散的な存在の集まりとみなすことも可能である。デモクリトスで代表されるような原子論的考え方である。空間の広がりは、連続を前提としなくても存立可能なのだ。だが、これが運動、変化するとなると、とたんに連続性が問題になってきてしまう。なぜなら、ある状態から別の状態への移行にあたって、無限にその中間過程を考えざるをえなくなるからである。ゼノンのパラドックスがもたらしている問題提起の本質は、この移行に伴う無限分割にあるのだ。連続性、無限性の問題はこの意味で、運動、変化の問題と強くリンクしていると言えるだろう。

連続性、あるいは無限性というのは、それ自体を計測して確かめることは、原理的に不可能である。もしもできたら、それは無限ではないことになる。これは、論理的に考えられる対象でしかありえない。つまり、終局、限界点といったものを想定できないがゆえの論理的要請によって措定された概念である。ゼノンは、その点をこそ強調したかったのではなかったのだろうかと私は想像する。現実問題として、無限なんて実現できやしないのだからと。

4　四次元時空の存在

ここで、相対性理論に登場する、四次元時空の存在を考えてみる。

四次元時空では、運動する点は、一本の世界線と呼ばれる線となる。運動する円盤は、一本の棒であり、運動する球体は、一本の超円筒というか、われわれにはイメージ不可能なある種の四次元立体になる。そして、（ここが重要なのだが）ここにもはや運動はない。もし世界線などが運動するものだとしたら、今度はさらに超時間を考えなくてはならなくなるが、その場合は五次元時空を考えれば運動はなくなる。ただ、われわれは、一次元より多い時間の次元を考えなくてはならない必要性に迫られていないので、さしあたり、三次元の空間と一次元の時間を合わせた四次元時空を考えれば充分なのである。

この四次元時空を、単なる便宜的な仮想の概念的構築物にすぎないととらえるのか、三次元空間と同じように実在する世界の抽象モデルととらえるのかで、これからの議論が意味をなすか否かが決まってくる。この点は大変重要なのだ。もし、時空が仮想のものにすぎないとすれば、四次元時空を基礎にしたゼノンアポリアの解釈は、ほとんど説得力を持たないと思われる。だが、三次元空間と同じくらいに実在性があるとするならば、これからの議論は、充分、注視する価値がある。ちなみに、三次元空間もそれ自体としては抽象概念の一つにすぎないわけで、その意味でなら、四次元時空も当然、概念的構築物である。しかし、三次元空間は、われわれは実在世界の客観的なモデルとしてごく自然に受け入れており、それと同等の実在性が、四次元時空に与えられうるか否かが問題なのである。単なる便宜上考えられたグラフにすぎないのかどうかということなのである。

これについては、現在、四次元時空を、単なる便宜的な仮想の概念的構築物にすぎないととらえている人も少なくないことは、私も知っている。しかし、相対性理論が明らかにした同時刻の相対性に立脚して考えていくと、前章で述べてきたように、やはり、四次元時空に対して、三次元空間に認められているものと同程度の実在性を認めざるをえないというのが私の達した結論である。

　ということで、世界は四次元なのだ、という前提で、議論を進めよう。すると、アキレスと亀のレースはどうとらえられるかというと、アキレスと亀をそれぞれ空間内の点として抽象化するならば、それは、傾きを異にする二本の世界線となる。アキレスの世界線と亀の世界線が交差した所が、アキレスが亀に追いついた瞬間の時空点である。

「飛ぶ矢」はどうなるか。四次元時空の中に、飛ぶ矢の世界線が存在している。それに尽きるということだ。飛ぶ矢と平行な時間軸を持つ座標系（つまり飛ぶ矢と同じ速度で移動している観測者）以外の基準からは、飛ぶ矢が運動していることは一目瞭然である。

「まず、世界線ありき」ということの観点では、少なくとも存在論的には、無限に中間過程を実現することをしなくても、運動は完成されているのである。運動の始まりから終わりまで、そのすべての過程が確定して存在しているのだ。そこに、無限の数の生成局面が連ならなくてはならない理由はない。四次元時空における四次元立体や世界線は、それ自体としては生成も消滅もない。運動、生成・消滅、発展・衰退、それらすべては完成されたものとして存在しているわけであって、運動がなぜ可能かなどと問う余地はないのである。少なくとも、空間的広がりがなぜあるのかと問う余地がないというのと同じ程度において。

図 2-4-1

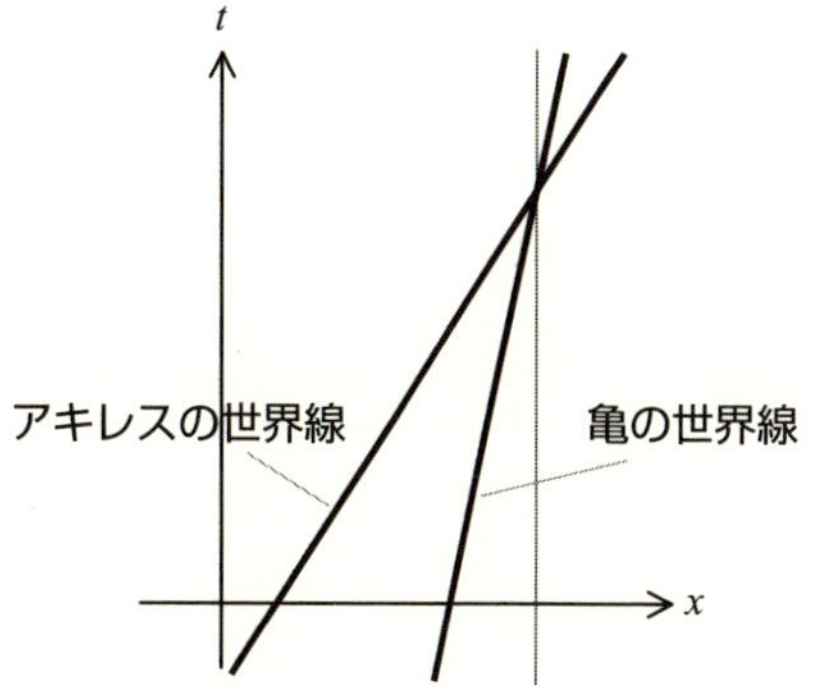

そして、三次元的な「断面」の運動や、生成・消滅、発展・衰退という様相は、すべて、世界を認識する側の持つ形式に由来するのであり、われわれ（この「われわれ」に、人間を超えたどの範囲までが含ませられるかは難しい問題ではあるけれど）の認知能力の属性として、もしくは、われわれの観念に生じた現象として解釈する必要がある。すると、なぜ、このような表象として認識主体には世界が把握されるのか、という問題は残る。

この問題は、次の章であらためて取り上げてみたい。とにかく、四次元時空の考えは、無限分割を媒介にしないで運動するものの存在を基礎づけられるということ、ここでは、まずその点を強調しておきたい。それこそ、映画のフィルムのように、世界が時間的に離散的な存在形式であったとしても、運動する存在そのものは揺るがないのだ。運動すること、すなわち、四次元時空幅をもって四次元世界に存在することなのである。「静止」とは、その対象を構成する世界線が互いに平行な構造をもった四次元物体を、それと時間軸が平行しているある座標系から見た特殊な表現をさしているにすぎないのであり、静止はこれもまた運動（＝四次元存在）の一形式であって、運動と根本的に対立する概念ではなくなるのである。

逆に、「三次元世界の運動」という観点は、無限小なるものに、何か神秘的な機能を求めなくてはならなくならないだろうか。例えば、「力」のようなものを。いずれにせよ、「三次元世界の運動」という世界観は、ゼノンの亡霊になにがしかの形でずっとつきまとわれてしまうのではないかと私は思っている。

5　時間と空間の差異について

とは言っても、である。とは言っても、少なくとも、われわれの意識にとって、空間と時間は、明らかに、質的に異なるものである。**少なくとも、われわれの意識にとっては、**時間は、一方的に流れ続けるかのようにとらえられるものであり、「今」という時空断面を順次、連続的に体験していく形でしかとらえられないものであるのに対して、空間は、自由に行き来できて、全体を一度に見渡せるものである。この歴然たる違いをなんとするか？

いわゆる「時間の流れ」の問題については、次の章でまた考えることにして、ここでは、相対性理論が明らかにした四次元時空構造そのものから、時間と空間の差異性がある程度導けるということを、次の二点の疑問に答える形で提示してみようと思う。

［疑問その１］

なぜ、ある一時点（これは厳密な幅のない点ではなく、ある幅をもって考えてよい）において、空間は広がりのあるものとしてとらえられるのに、時間は「今」と呼ばれる局在化した形式でしか認識されないのか、つまり過去から未来までのある広がりとして事物が認識されることがないのか？

［疑問その２］

なぜ、空間的には、同じ地点に戻ってこられるのに、時間的には、同じ時刻に戻ってこられないのか？

　これらは、時間と空間の違いを大きく特徴づけている。では、まず、［疑問その1］について考えてみよう。

　この四次元時空構造とは、ミンコフスキー時空を線形的な基礎とした、リーマン時空なのだが、ここでは、重力場で、歪んだ状態は考慮しないで、単純なミンコフスキー時空で考えれば充分である。この四次元時空は、三次元の空間と一次元の時間で成り立っており、単純化のため、空間次元を一つ減らして描いた図で考える（図2—5—1）。

図2-5-1

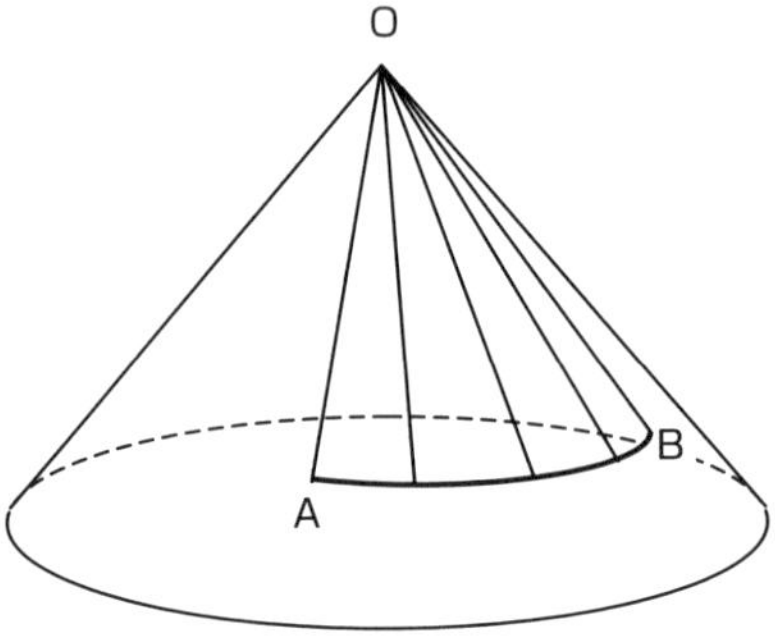

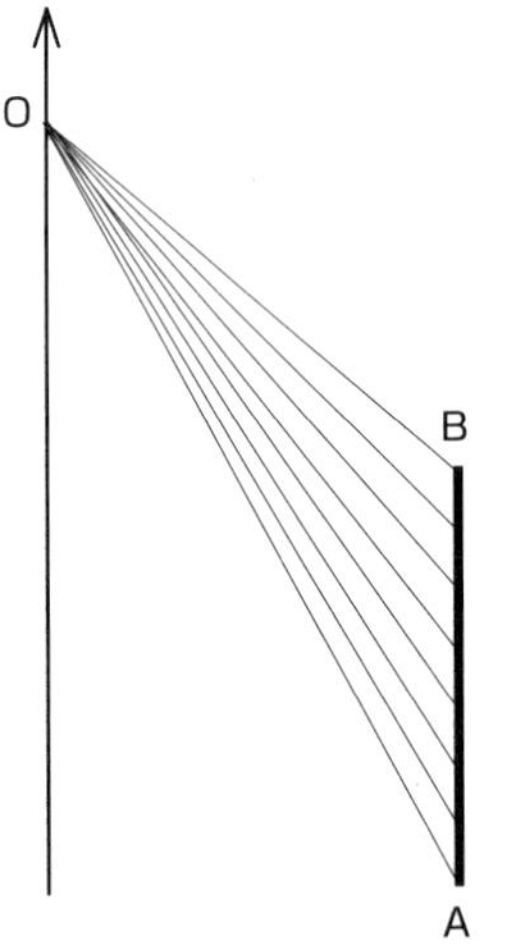

図2-5-2

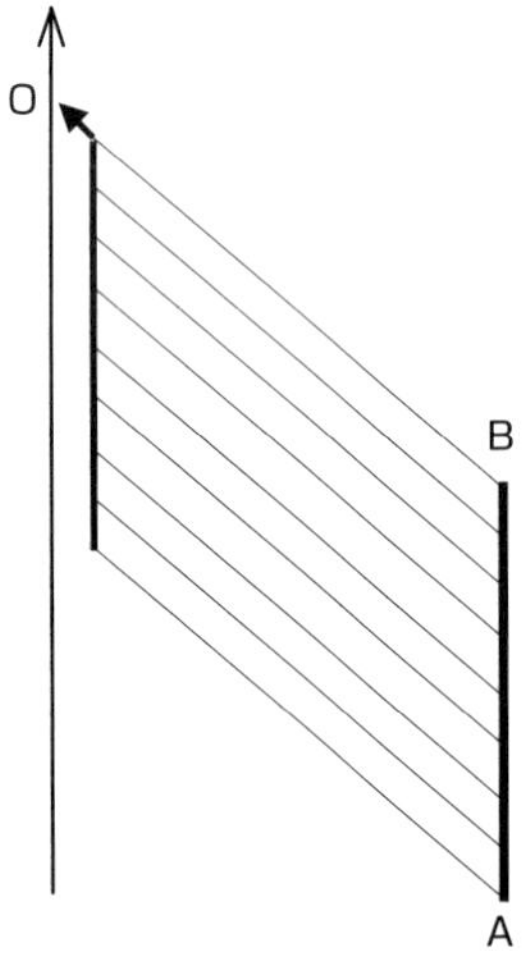

図2-5-3

　図で、原点Oは、現在の認識主体を表しているとしよう。曲線A—Bは、空間的に広がった時空点（事象）の集まりである。それぞれの事象からは、原点Oに同時に届くような情報を伝達する伝達手段が存在する（例えば光）。つまり、空間的な隔たり（広がり）は、それを同時把握することが可能な構造が現実に存在しており、ゆえにわれわれは、空間を広がりのあるもの（延長のあるもの）と認識することが現実に可能なのである。

ところが、一方、時間はどうだろうか。図2―5―2の世界線A―Bは、時空内に時間的に広がった時空点（事象）の集まりである。そして、原点Oは、現在の認識主体を表している。ここに、同時に届くような情報を伝達する伝達手段が存在するだろうか。これが、可能であるためには、徐々に連続的に速度を異にする光のような伝達手段が各事象から発せられて、認識主体は、より遠い過去のものはより遅い伝達手段、より近い過去のものはより速い伝達手段を選択して構成するというとてつもなく複雑な処理をしなくては、世界線A―B上に時間的に広がる事象を同時に認識することはできない。しかし、現実には、このような連続的に速度を異にする伝達手段など存在していないし、そもそも、より近い過去から来たものなのか、より遠い過去から来たものなのかの判定をどうするのかという問題にもぶつかり、およそ不可能なことである。あえて考えられるのは、図2―5―3のように、受け取った情報をしばらくため込んでまとめて認識するような、遅延認識機構を認識主体が持った場合、認識主体は、時間的広がりを一度に把握できるかもしれない。コンピュータ・グラフィックスの世界で、こんな仕組みを実現して、奇妙な映像を楽しんだりしている例はあるけれど、現実の生物界には、このような能力を持ったものはいない。もし出現したとしても、このような懐古趣味的機能が生存競争に有利に働くとは思えないから生き残れなかっただろう。

つまり、われわれの認識においては、空間的広がりは一時点で把握できるが、時間的広がりは把握できないということは、そのように、時空構造そのもの、ならびに認識機構が成り立っているということで説明ができるのである。

なお、ここで付言するならば、情報の伝達方向は一方的であり、未来から過去に向かって情報が伝達されることは、（少なくとも巨視的なレベルで、われわれが知る限りの宇宙では）ないことになっている。もしこれが可能になると、因果律に重大な問題を引き起こす。これも、何らかの時空構造がもたらしていることではないかと思われる（「時間の向き」の問題については、第3章で改めて取り上げる）。

では、次に「疑問その2」について。

図2―5―4で描かれる二本の曲線は、時空点の連続体である世界線である。まず、曲線Aについて。この世界線は、左側に向かって行き、途中で引き返して元の地点に戻ってくる世界線である（元の地点で引き返して過去に向かう。このような世界線は、現実の四次元時空には存在しえない。

図 2-5-4

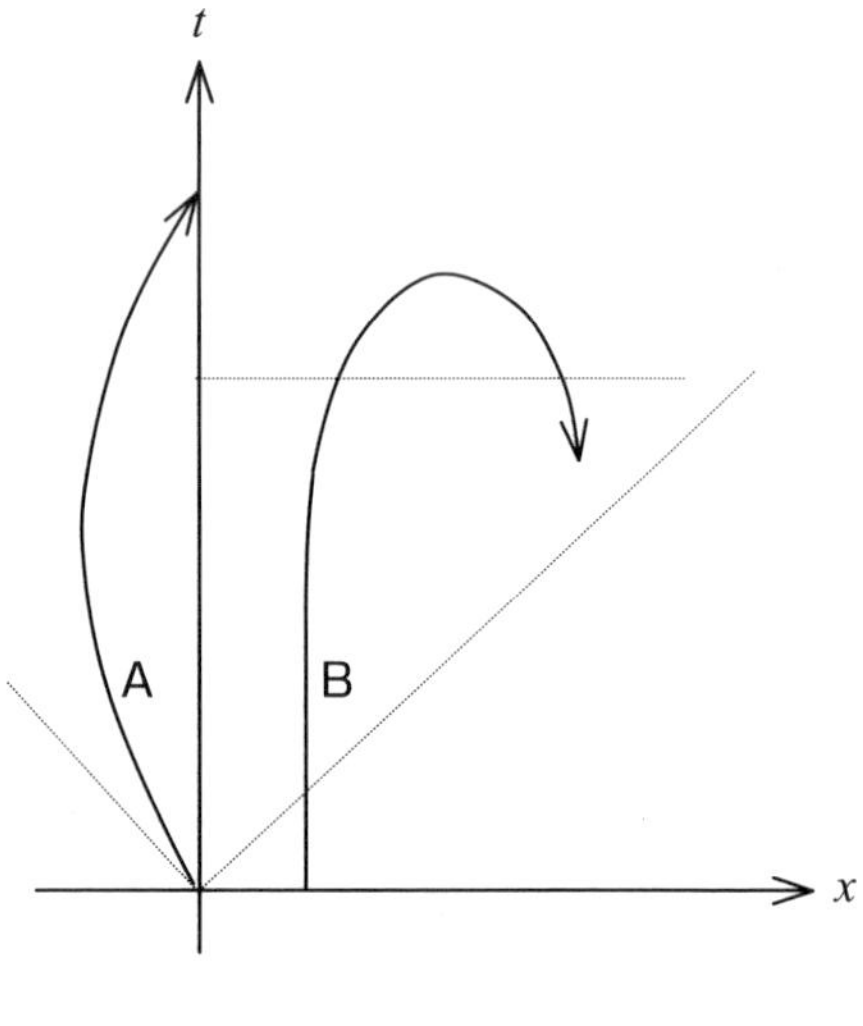

が何かは、座標系に依存するけれど）。当然、こういう世界線は、現実の四次元時空の中にごく普通に存在している。一方、曲線Bはどうか。未来方向に向かう世界線は、ある時点で引き返して過去に向かう。このような世界線は、現実の四次元時空には存在しえない。なぜなら、このようなことが実現するためには、世界線Bは、光速の壁を突破し、無限大の速度からマイナス無限大の速度を経て、さらに超光速から光速以下になるという経緯をたどらなくてはならないのだが、そのようなことは不可能であることを相対性理論は示している。空間的に行ったり来たりはできても、時間的に行ったり来たりはできない最大の理由は光速の壁なのである。

それに、世界線Bのような形をしたものが仮に存在できたとしても、外部の通常の観測者からは、これは、離れた二つの物体が速度を増しながら近づいていき、光速を超えて無限大の速度で衝突した瞬間に、跡形もなく消えたとして観測されるだろう。もちろん、このような物理現象は観測されてはいない。

あと、補足的に述べるが、この世界が四次元だといっても、数学的に抽象的に考えられる四次元ユークリッド空間ではない。四次元ユークリッド空間ならば、あってしかるべきはずの四次元幾何学的性質が、われわれの世界であるミンコフスキー四次元時空では存立不可能である点をいくつか指摘できる。

例えば、図2−5−5で示す、左手系（x—y—z）と右手系（x'—y'—z'）は、三次元ユークリッド空間内で、どんな回転&平行移動を行ってもぴったりと重ね合わせることはできないが、四次元ならできるといわれている。わかりやすく二次元で説明すると、図2−5−6で示す、左手系（x—y）と右手系（x'—y'）は、二次元平面内でどんな回転&平行移動を行ってもxとx'、yとy'を重ね合わせられないけれど、三次元空間を使って「裏返す」という回転移動を行えば、重ね合わせ可能なのである。同様にして、三次元的に重ね合わせ不可能でも、四次元空間を使って「裏返」せば、重ね合わせられるはずだということは、数学的にいわれていることなのだが、現実には、右手を左手に取り替えてしまうなんてことはできない。これも、やはり、光速の壁ができなくさせていると考えてよいだろう。図2−5−6で、裏返すような回転移動を行うには空間軸を反転させるように傾けなくてはならないが、空間軸の傾きはせいぜい、光速を表す傾きに近づけるこ

図2-5-5

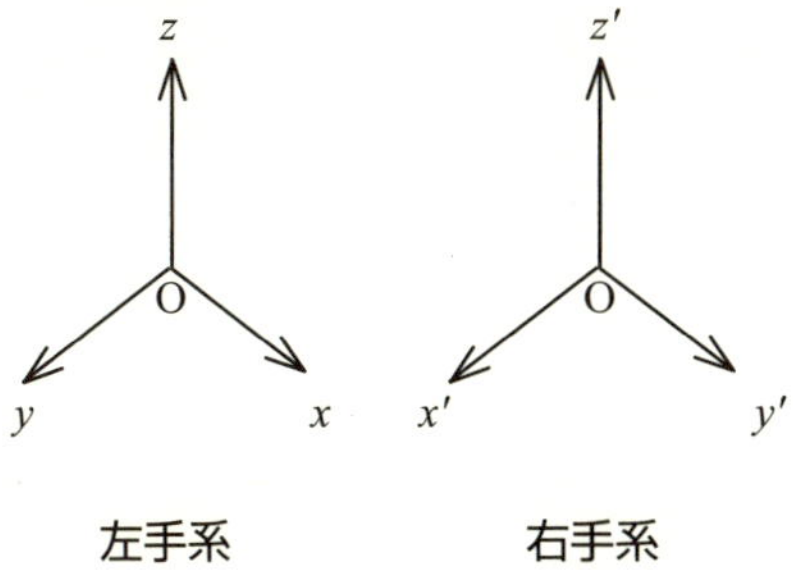

図2-5-6

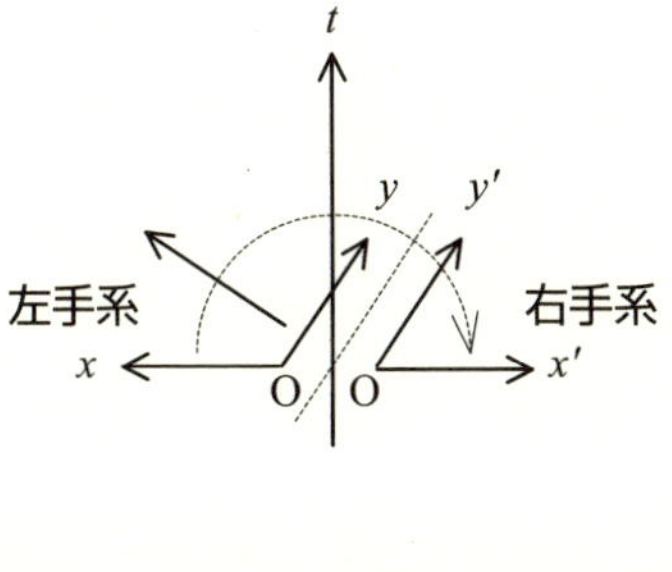

としかできない。相対性理論が提示する、現実のミンコフスキー四次元時空では、単純なユークリッド四次元空間に比べて、回転移動に制限が与えられているのである。

われわれの意識にとって、空間と時間は、明らかに質的に異なる。だが、意識に現れるがままに、客観的な空間や時間のありようもその通りなのだと信じるのは、ナイーブすぎやしないだろうか。色が、物体そのものの属性と単純に結論できないように、直接的な認識事実を素朴に実態の属性として決めつけてしまうべきではない。それが、科学的批判的近代精神が培ってきた基本姿勢である。空間と時間は、同質の四次元時空の異なる断面にすぎないけれど、その幾何学的構造から、質的に異なるように意識されるにいたるのだという説明は、充分可能なのだ。

しかし、ここで述べたことで、この問題が語り尽くせているとは思っていない。一体なぜ、意識は、過去と呼ばれている方向から、未来と呼ばれている方向に、時空をスキャンしていくようなあり方として発現しているのだろうか？　正直、よくわからないのだが、それでも、はっきり言える（言いたい）ことは、「時の流れ」は、四次元時空内における、意識の発現形式なのだという捉え方をするべきだろうということである。時の流れの中の意識が四次元時空を概念的に構築したというとらえ方をする人もいるだろうけれど、私はこの立場をとらない。

6　速度の連続性について

先に、四次元時空の考えは、無限分割を媒介にしないで運動するものの存在を基礎づけられると述べた。これは、言い換えれば、時空が連続的でなくても、離散的であっても、運動は成立する可能性を示唆している。

実際、物理学の歴史は、原子の発見、量子論の確立に見られるように、概念的には、連続したもの、無限分割可能なものだと考えられてきた物質やエネルギーが、構造的に最小単位を持っていることを暴き出してきている。それで、当然、時空そのものも、非連続で、量子化されうる何かではないかということは、考えられるわけだ。それが現代物理学の目指すべき目標として掲げられていることも、しばしば目にする。

相対性理論は、とりあえず三次元の空間と一次元の時間を統合した四次元時空で立論されているが、現代物理学は、さらに高次元の時空モデルを用いて、統一理論を模索している。超高密度エネルギー（質量）下での超微細構造に言及した場合、どこまでも四次元モデルに拘泥しているわけにはいかない。ただ、通常のマクロ的条件下では、四次元モデルで事足りるような具合に理論モデルは構築される。四次元性そのものも条件的であって、より普遍的にはもっと高次元の時空モデルが成立しており、特定の（われわれには馴染みの深い）条件下でこそ、通常の四次元性は、充分な構造モデルたりえるにすぎないのだという形で理論モデルは進化し続けている（超弦理論では、十一次元の時空連続多様体が考えられている）。

ところで、時空の連続性についてだが、これは、相対性理論にとっては、とりあえず理論上の前提になっている。言い換えれば、時空の連続性を前提にして差し支えない範囲においてのみ成り立つ理論として、現代物理学の中に位置づけられているとも言えるかもしれない。だから、本当のところ、時空の連続性をどの程度まで前提としていられるのかはよくわからない。しかし、だからと言って、そう単純に時空の離散モデルが妥当になるとも言い切れない。時空の連続性という前提をなかなか捨て切れにくくさせている要因の一つが「慣性系間の同等性」ではないだろうか。

相対性理論、というより、近代以降の物理学の根底にある基本前提は、同等の条件下であれば（例えば歪みのない時空での慣性系であれば）、すべての座標系は互いに同等であって、なにか宇宙に特権的座標系や原点というものが存在しているわけではないという考えである。宇宙はみな平等であって、今、われわれの立つ視点のみが全宇宙の中で特別なのではない、これは、天動説から地動説に移行して以来の基本的な考え方であって、この先、この前提が覆されることは、まず考えられない。

図 2-6-1

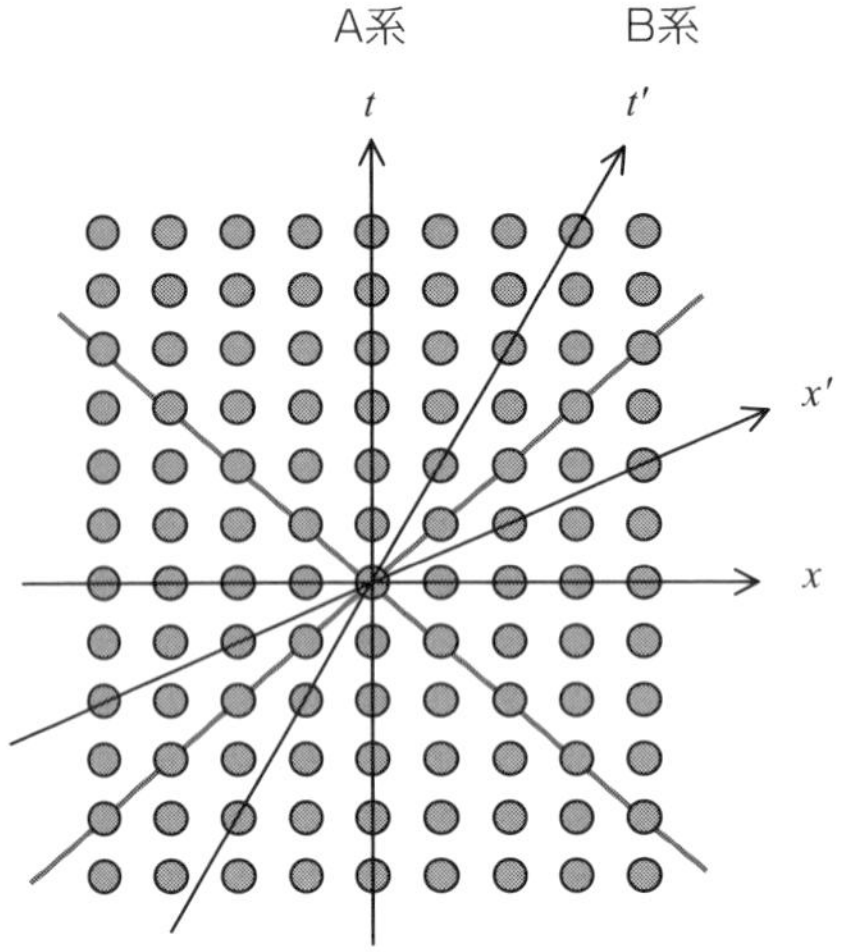

図 2-6-2

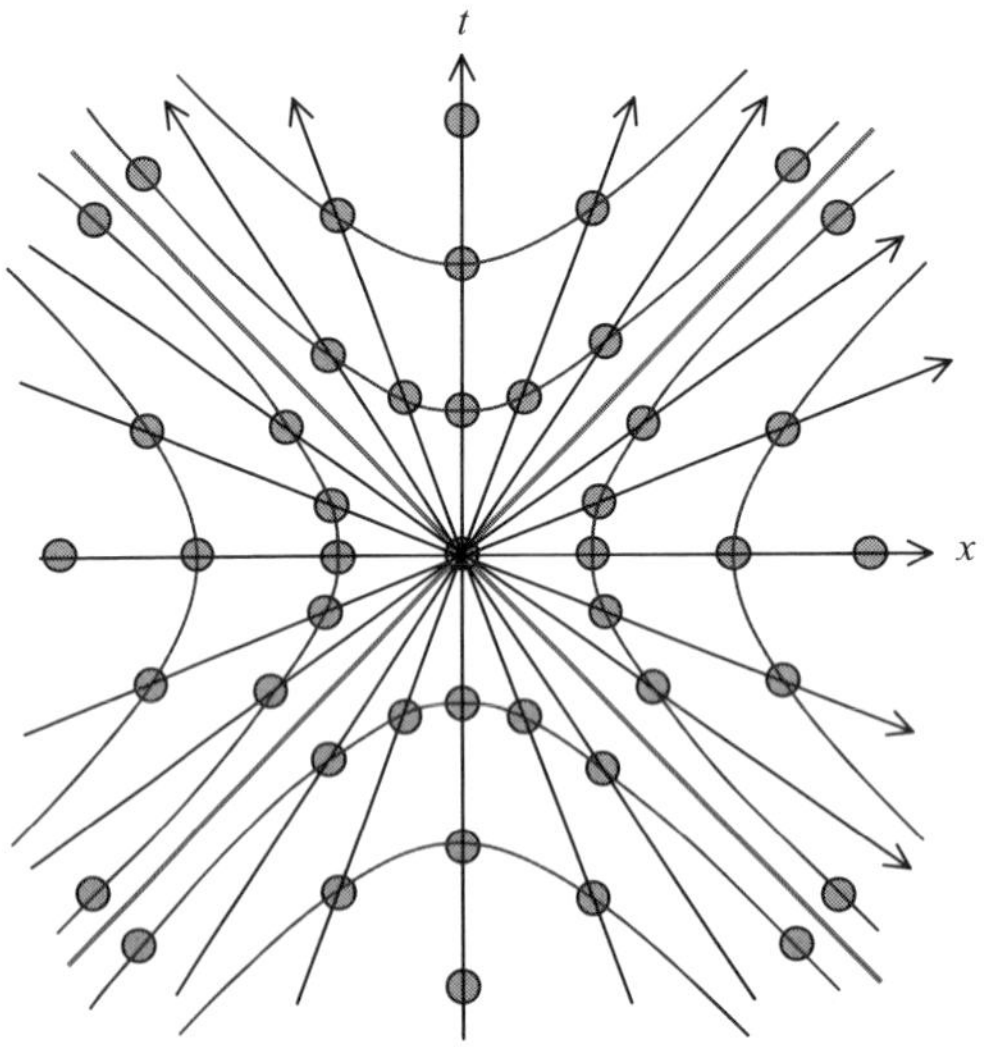

その上で、時空の離散モデルを考える。図2―6―1は、単純な格子状の離散モデルである。四次元世界は、超微視的にはこのような離散構造をしていると仮定してみよう。ここに、互いに速度を異にする二つの慣性座標系A系とB系を考える。すると問題が起こる。A系では、時空要素四つが経過する間に、B系では二つしか経過しない。もっと一般的に考えても、この格子状離散モデルは、異なる慣性座標系間で対等ではない。

それでは、ミンコフスキー時空構造を加味して考えた、図2―6―2のような時空離散モデルではどうだろうか。この場合、原点から等距離ないし等時間にある時空点を結んだ軌跡は、双曲線を描く。この双曲線に沿って時空要素が存在していると考えた場合、速度を異にするどの座標系からも、時空要素の存在する密度は同等になる。つまり、原点を共有する座標系間でのローレンツ変換（速度変更）に対して、不変の構造だと言える。しかし、このモデルでは、原点から遠ざかるにしたがって、時空要素の密度がまばらになってしまう。言い換えると、平行移動を含む座標変換に対しては、不変な関係を保てないのだ。これは、ある時点のある地点が宇宙の絶対的中心であると考えねばならないことを意味しており、このような時空離散モデルは、やはり受け入れがたい。

このように、時空の離散モデルは、単純には成り立たない。時空の連続性は、そう、簡単に捨てられるものではないのだ。実際、量子力学について考えてみても、すべてを単純に離散化したわけではない。なぜなら、量子力学の方程式が扱う（観測前の）「状態」は、n次元複素ベクトルで表されるわけで、複素数は、連続濃度をもった実数と虚数の組み合せだから、連続数である。世界は、それほど単純な連続体ではないのと同じくらいに、それほど単純に非連続ではないのだ。

それでは、「速度の連続性」についてはどうなのだろうか。図2−6−3は、非連続速度モデルの一例である。非常に微小なある究極的単位時間という仮定をし、その時間においては、速さ（速度の絶対値）は、ゼロ（静止）か、ある一定値（例えば光速）のいずれかしかありえないとする。実際の具体的な速度は、この二種類の速さの適当な組み合わせで実現されると考える。この時間単位は非常に微小であるために、マクロ的には、あらゆる速度が連続的に可能であるかのように現象すると考える。このモデルは、ミンコフスキー時空構造に矛盾しないで立論可能であろうか。絶対的な時空要素の離散配置を想定する図2−6−2の場合と違って、時空の長さ（固有時間／固有距離）の量子化なので、特定の原点を特別視する必要はなさそうだ。しかし、そもそも、究極的微小単位時間という考えが可能なのか。また、世界線のある部分が、どちらの速度要素であるかを任意の座標系で一意的に保てるのか。そもそも、速度も観測されない限り、不確定なある量子状態にすぎないのではないか。いずれにせよ、簡単な問題領域でないことだけは確かなようだ。実際、時空（多様体）の量子化については、当然、大いなる課題としていろいろ研究されてきていて、候補となる幾何学の提唱もなされているみたいだが、正直、私の理解力の範囲を超えてしまってコメントできない。

ただ、この節で、私が提示してみたかったことは、四次元実在世界観のもとでは、時間・空間の連続性、あるいは速度の連続性は、運動というものを成り立たしめるための要請として現れるのではなく、座標系間の同等性の要請など、別の次元からの要請として現れそうだということである。運動は生み出されるものではない。それは認識主体の観念形

図 2-6-3

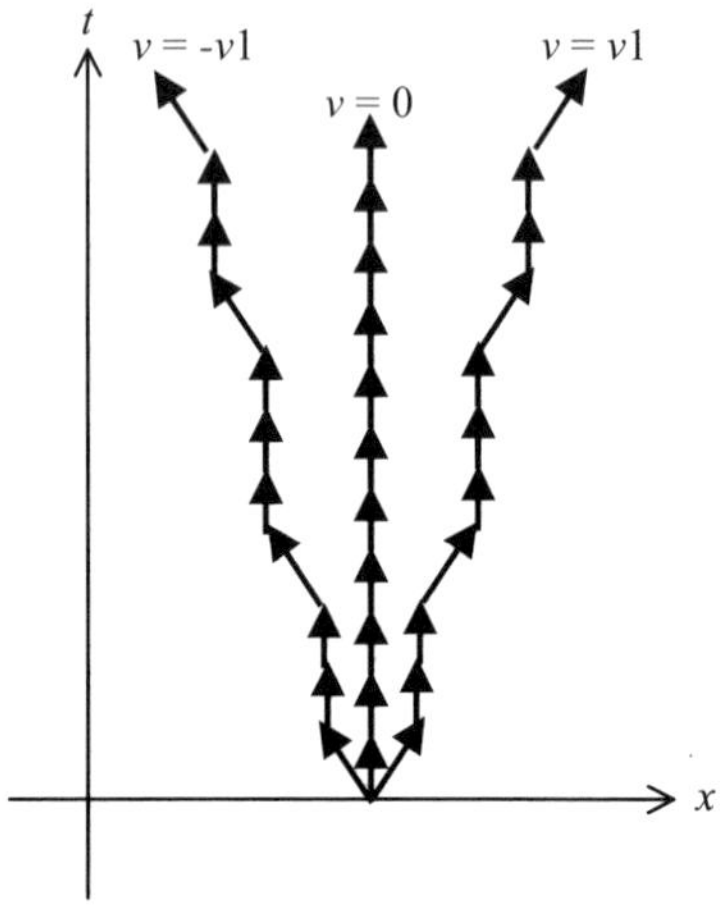

式であって、運動は存在しているのである。

ここで、「速度の連続性」ということで、やはり想起されるのは、最後に残ったゼノンの「競走馬のパラドックス」であろう。

これは、同じ長さの静止した物体と移動する物体とがすれ違う時間と、互いに反対方向に移動する同じ長さの二つの物体がすれ違う時間とが等しいという、今日の相対運動についての常識からして明らかに誤っているとしか思えない前提で立論されているので、黙殺されることが多い。だが、これについて中村秀吉は、時間と空間の最小単位という前提で考えると、このパラドックスのパラドックス性が明白になり、このパラドックスの誤りは、大きさを持つ最小単位の合成として時間・空間をとらえたことにあると、『時間のパラドックス』(＊2)の中で指摘している。

このパラドックスをどう評価するべきかについては、いろいろな意見があるのだろうが、とにかくも、時間・空間の量子化問題さえ思い起こさせるような考察までもゼノンが残していたことに、私は少なからぬ驚嘆の念を抱かずにいられない。

「連続性は、実在の属性なのか、論理思考の要請によって観念の中に築かれたものにすぎないのか」。この問題は、深く長く続く哲学的アポリアの一つであろう。

7　論理は時間を鳥瞰する

本章は、ゼノンのパラドックスを足がかりに、時間と論理の問題を考察していくことがテーマである。ここであらためて、論理というものが時間にどう対峙する関係にあるのか、考えてみたい。

＊2　中村秀吉『時間のパラドックス』中公新書、一九八〇年、一六八頁。

さて、ある命題が正しければ、その対偶命題も正しいという論理法則がある。例えば、「それは、人間であるならば、（それは）動物である」という命題が真であるならば、「それは、動物でないならば、（それは）人間ではない」は正しい。前提と結論のそれぞれを否定して逆にした命題を対偶と言うが、これは、元の命題と真理値を等しくすることがわかっている。論理学のごく初歩的段階で学ぶことである。

それでは、命題「彼は、叱られないならば、勉強しない」について考えてみよう。これは正しいとしよう。すると、この対偶命題は、「彼は、勉強すると、叱られる」となり、これも正しいはず……、え？　なんか、変だぞ。

実は、これの正しい対偶命題は、「彼は、勉強したなら、（その前に）叱られた」である。ちなみに、「投資しなければ、儲からない」の正しい対偶命題は、「儲かれば、投資する」ではなく、「儲かったなら、投資していた」である。投資しなければ、儲からないからといって、儲かれば必ず再投資してくれることまで、論理学は保証してはくれない。

何が言いたいかというと、そもそも論理というものは、本質的に時間を超越し事象を鳥瞰できる立場に立ってこそ成り立つということである。前者の「それは、人間であるならば、動物である」という命題は、包含関係に関する論理で、基本的に時間を貫いて不変な関係を表している。こういう論理は、対偶を取るような形式変換をしてもなんら問題は生じない。しかし、後者の命題は、因果関係を表している。つまり、前提（原因）と結論（結果）は、時間的に前後していることが暗黙のうちに含意されている。したがって、因果関係を表現した命題の対偶を取る場合は、時制に配慮しないと誤りに陥る。時制に配慮するとは、「今」の束縛から自らを解き放つことであり、任意の時刻に身を置ける、時間を鳥瞰する立場に立つことである。

＊3　ただし、ヘーゲル哲学における「概念」は、それ自身が、自己運動、自己発展していくものと

すなわち、論理とは、時の流れに身を任せていたのでは、成り立たないのである。時の流れの外に身を置いて、時空を鳥瞰しなくてはならない。だから、因果関係の論理を吟味したければ、過去と未来を眺望できる位置にいなくてはならない。力学は、動く物を動くがままに見るのではなく、(関数を用いるなどして)運動体の軌跡を描く形で、経過を全体として眺望しなくては、微積分学を適用して解析などできない。あるいは、音楽は、ただ感じるままに歌い奏でるならば、時の流れの中に内在していられるけれど、ひとたび、その構成を論理的に吟味しようとしたら、時間を貫いて変わらない楽譜という形式に置き換えないといけなくなる。楽譜は音楽という時間彫刻に対する空間模写である。論理思考が直接対象にできるのは、このように空間化し固定化したものなのである。

ここから導かれるひとつの教訓というか、留意事項がある。論理は、本質的に物事を固定化して把握するものであり、それゆえ、変化することへの対応が苦手なのである。

なにより、論理の基本構成要素は、名辞、すなわち「概念」である。概念 "concept" は、ラテン語 "conceptus"(取り入れること、心に抱くこと)から来ている。ドイツ語の "Begriff" は、"begreifen"(ものをつかむ、把握する)という動詞から派生した。いずれにせよ、自分のところに引き寄せて、ばたつかせないように押さえ込む、というニュアンスが感じられる。つまり、対象をあるがままに自由に羽ばたかせていたのでは、概念にはならないのだ。動かないように固定化させてこそ、それは概念としての地位を獲得できるのである。それでは、本質的に動くものはどう概念把握するかと言えば、時間の流れの外に身を置いて時間を鳥瞰するかたちでそれをつかみ取るしかない(*3)。

なぜ、われわれは概念把握や論理思考を行うのか? 世界の真理を知るため? それを独立した自己目的にできるようになるのは、ずっと文化が成熟してきてからのことであっ

された、特別な意味が込められる。物事を固定化させていく概念への対抗として、概念そのものを、宇宙史、少なくとも人類史を貫く生き物のようにとらえていく考え方は、ユニークであり、またその内容の展開力の豊かさに驚かされ、惹きつけられもするのだが、ただ、これは、客観的精神の存在という世界観が前提となってしまう。基本的に、私は客観的観念論の立場は取らず、「概念」を人間(たち)の意識の機能(ただし、社会的に組織されていくもの)として理解する立場を取る。したがって、概念そのものに自己運動、自己発展の能力ありとはみなさず、それは、世界そのものの自己運動、ならびに、それを認識していく人間たちの活動がもたらす結果だと考える。ヘーゲルは概念を自己運動するものとらえようとするので、時間については、それを「否定性(Negativität)」として理解する。だが、このような把握や表現からは、否定(ひいては矛盾)という契機を与えられ続けなくては、自己運動を具現できない「概念」(ヘーゲル哲学の文脈では、「悟性」のような用語が妥当か?)の持つ宿命的固定性を逆に裏付けているように私には思われてしまう。

て、何よりも、われわれはまず、生きるために概念把握や論理思考を行ってきたはずだ。われわれは、現象を見聞きし学習し法則性をつかんだ上で、より有利な行動を選択する。これは、ある程度学習能力を備えた動物ならば、程度の差こそあれ普遍的に行ってきていることであって、高度な社会組織と言語処理能力を備えた人間は、この戦略を著しく発展させたわけだ。概念や論理は、まず、このような生命活動の所産として存立しているのであって、世界の真理に到達するために生まれたわけではない。

つまり、過去の知識を法則化して後の行動に有効利用できるような形で世界を把握してこそ、意味があるのである。だが、これは事物を固定化させることと不可分なのだ。

単純な位置の変化をする運動について考えてみよう。われわれは、物体の位置についてまず認識しないことには、そもそも状況認識は微塵も進まないから、物体がどこにあるか把握する。これは、とりあえず位置を固定化させるのだ。「そこにある」として。だが、運動する物体は、時間とともに位置を変える。それで、「別の時間にはあそこにある」とも認識せねばならない。これも位置の固定化認識なのだ。それから、単位時間における位置の変化する割合「速度」という概念に到達する。ところが、ここでは速度を固定化させる。が、これでも正確な状況把握には不充分だと判断されると、速度の変化率「加速度」という概念を生み出す。やはり、ここでも加速度は固定化される。現実には、等加速度の運動は、ごく限られた世界でしか起きていないことで、一般的には、位置も速度も加速度も、常に変化して止まないのが現実の世界である。近代の解析学は、極限的な微小構造を想定し、その変化に連続関数を対応させることで、とりあえず実用上問題のない形で、常に変化して止まない現実の世界を把握することにある程度成功した。しかし、その極限的な微小構造そのものを考察する局面では、固定化された概念把握が根底にあるのだ、ということは忘れるべきでない。これは論理思考の宿命なのだ。

そうすると、論理思考にとっては、曲がりくねった現実の四次元世界に直面して、「矛盾」を避けられなくなる局面がでてくる。「そこの位置にあって、そこの位置にない」、「その速度にあって、その速度でない」……等々。

ヘーゲル哲学からマルクス主義にいたって強調されてきた「弁証法」というものは、これを何かある確立した方法論なり論理学のように解釈するよりも、連綿と続くある種の思想運動の形態として解釈した方がいいように私は思っている。つまり、宿命的に固定化作用を持っている概念把握、論理思考が常に直面せねばならない現実との乖離という陥穽に対する警鐘運動として「弁証法」をとらえるのが生産的ではないか、と。われわれは、一度把握した概念、法則性といったものを、無限定、無条件にごり押ししてしまう傾向がある。だが、現実の四次元世界は、複雑に曲がりくねって入り組んだ構造をしている。それに気づかないでいると、例えば、一連の「社会主義」のように硬直化して自己崩壊を招きかねないことにもなるのだというような警鐘として。

8　ゼノンの思想とアインシュタイン

ゼノンは、「万物は一つである」というパルメニデスの思想を擁護するために、パラドックスを考案したと伝えられている。アインシュタインは、パルメニデスの思想など、およそ関心の対象外だったであろうと推測されるが、その相対性理論がもたらした四次元時空の世界像は、「万物は一つである」という思想だと解釈することも、できないこともない。万物は、ただ一つ、全体が四次元時空的広がりをもって存在していることによって成り立っているのだ、とも解釈できるのだから。物体の運動というのは、われわれの感覚がもたらしているものにすぎないわけで、真実は、ただ一つの四次元世界がそこにあるのみなのだ、と。アインシュタインは、奇しくも、パルメニデスの思想を完成させたのか？

相対論的に見て、万物は一つであるかもしれないが、無数に分割して考えることも可能な局面を多く持つ何かでもある、と言うことも可能だろうし、そもそも、パルメニデスの言おうとしていたことの真意は何であり、どのような文脈からその思想は説かれたのか、詳しいことはもうわからない。だから、こんな議論をしてもあまり意味はないだろう。

ちなみに、四次元時空の存在論の議論において、このパルメニデスの思想は、時空の実在性を主張する四次元主義（ブロック宇宙論）の立場を表すのに使われ、その対極として、「万物は流転する」と言ったと伝えられているヘラクレイトスの思想が、三次元主義（現在主義）の立場を表すのに使われることがある。ただし、四次元主義は、万物は流転することを否定しているわけではなく、流転する万物をどう解釈するかをめぐって、三次元主義と対立しているのである。この点は、誤解をしてはならない。また、実際のパルメニデスやヘラクレイトスの思想とは区別されるべきだろう。

ゼノンは、時の圧政者ネアルコス打倒を謀る一味に加わったが発覚し、拷問にかけられた。彼は共謀者の名を明かすと言い、王が耳を傾けた時、その耳に嚙みついて、殺されるまで離さなかった、などというエピソードが伝えられているらしい。そんなことからしても、ゼノンの自らの思想を貫き通そうとするその意気込みには、ただならぬものを感じる。何か、われわれにはわからない深い思想的背景があったのかもしれない。少なくとも、単なる論理的謎かけ遊戯を楽しんでいたわけではなさそうだ。

ただ、私として、気を留めておきたいことは、「万物は一つである、運動はありえない」

などという一見なんともスタティックな思想を堅持しながら、彼がかくも大胆な政治運動に身を投じたことである。そのすさまじいまでの情熱は、パルメニデスの思想とどう関わっているのだろうか。それを思想の一貫性のなさととらえるのか、思想そのものにそれがあったと見るべきなのか。確かに、アインシュタインだって、政治に無縁ではいられなかった。と言うか、いやがうえにも大きく関わらざるをえない状況に彼は立たされてしまった。それは、決して、彼の相対性理論や量子論や統計力学から導き出されたものではない。それと同じで、一定以上の正義感を持ち合わせていたものが、偶然のっぴきならない政治状況に立たされて起きたことにすぎないのかもしれない。そして、そういうことは、あっていいことだ。思想の一貫性を前提としてすべてのことを解釈しようとするのは、哲学嗜好人間の悪い癖だとも言える。しかしそれでも、そうではなく、その姿勢は彼のパルメニデス思想と深く関連があったという可能性も否定はできない気がするのである。もちろん、もはや確かめようのないことなのだけれど。

ともあれ、ゼノンは、彼の投げたパラドックスによって、数千年の長きにわたってその名を残すこととなった。その真意は謎のまま。

第3章

時間表象の問題について

実在する四次元時空、その世界像には、われわれが表象する「時間」、われわれが表象する「運動・変化」はない。相対性理論を前提にすれば、論理的にはこちらの姿こそが真であろう、というのがこれまでの展開であった。だが、現実にわれわれは、これとは違った時間表象、運動し変化していく三次元世界という世界像を持って生きている。あるいは、「持続」している自覚意識のようなものを持って生きている。この事実は、それはそれとして否定のしようがない。

「時間の流れ」とか「運動・変化する三次元世界」という表象が、あるいは、「持続」と呼ばれているようなものが、ではなぜ、われわれの意識に生じるのか、ということが当然、問題になってくる。あるいは、時間についての「われわれの表象」と言った場合の「われわれ」とは、一体、どの範囲までを含むのだろうか？　そんなことも疑問になる。

本章では、このようなわれわれの時間表象について考察する。そして、これに付随して、タイムトラベルの問題や、時間の方向の問題についても考察する。

1 時間の内省的考察

(1) 哲学的時間論で想定される時間について

これまでの議論は、あまりにも、物理学で扱われている時間概念を無反省にそのまま取り入れすぎていはしないか？　そんな批判もあるかもしれない。この章では、あらためて時間というものについて、反省的に考えてみよう。

哲学的思索においては、「もの」一般が対象になることが多いわけだが、人間は、なかなか具体例を挙げないと思考も理解も進まないので、具体的な「もの」が引き合いに出される。「もの」一般の一例なのだから、別に何でもいいわけだが、哲学者の想定する「もの」の事例は、どうも、机とか本とか、ペンやペーパー・ナイフのような文房具とかに偏りがちな気がする。哲学者が、鍬とか鉋《かんな》とかメスとか魚雷とかを例にして、「もの」一般について語る例を私は知らない。

このような偏りは、時間に対する考察においてもありがちなのではないだろうか。客観的、物理的時間については、しかるべき理論に基づいて、天体や原子、素粒子の運動過程などが想定されるのだろうが、そうではなく、過去・現在・未来という時間様相を伴った、心に直接自覚される時間について省察している時、哲学者は、具体的にどんな時間を想定しているのだろうか。

静かに、コーヒーを飲みながら、時間について考えている時の時間だろうか。川岸に佇んで、かつ消えかつ結ぶ、よどみに浮かぶうたかたを眺めている時の時間だろうか。あるいは悠久の時を刻む洞窟を探検している時の時間だろうか。それらは、確かに内面的な時間の一例ではあるが、人間の過ごす時間の例としては、かなり特殊である。世の中の大半の人にとって、時間について考えているような時間などそもそもなかったりするし、たとえ川岸に佇んでいたとしても、川面のうたかたではなく、浮や毛鉤《けばり》の動きを注視していたりする。

客観的時間を考察する場合は、普遍的運動過程は何か、という問題意識で進んでいけば一般性に至る成果が期待できる。だが、内面的時間について、抽象的、一般的時間なんてどう求められるのだろうか。むしろ、内面的時間のその内面性は、個別的具体的であることにこそあるのではないだろうか。

　人間にとっての時間、それは、千差万別だ。その中には哲学的な思索に耽る時間ももちろん含まれる。しかしもっといろいろある。時々刻々変わる株価を睨みながら取引を続けるディーラーの時間。積荷到着の遅れの連絡を受けていらついている物流担当者の時間。不渡りを出すまいと、必死で方々に電話したり駆けずり回ったりしている経営者の時間。あと一時間と一二分で休憩時間になる、と時計を睨みながら製造ラインで作業を繰り返す工員の時間。彼はこの時、間違っても過ぎ行く時の儚《はかな》さを嘆いてはいない。あるいは、時の経過を忘れてしまうほど没頭している研究者の時間。秋の実りに祈りを込めて種を蒔く人の時間。わずかな望みにかけて困難なオペに挑む脳外科医の時間。刻々と進行する肉体の衰えと闘いながら最期の時を待つ末期ガン患者の時間。A案かB案かの決断に迫られたプロジェクトリーダーの時間。「最後のお願いに参りました」と連呼する投票日前日の政治家の時間。後半ロスタイム時、ゴール目指してドリブルしつつパスの機会を窺っているサッカー選手の時間。五時間並んでチケットを手にしたロックコンサートに熱狂している時間。在りし日の思い出にすがっている時間。ただ、ぼうっとしている時間。処刑のその時を待つ死刑囚の時間。敵の戦車をロックオンした戦闘機のパイロットの時間。敵の戦闘機からロックオンされた戦車に乗る兵士の時間。食事をしながらお茶の間のテレビで爆撃のシーンを見ている時間。人体実験をしている七三一部隊の隊員の時間。人体実験をされている側の時間。原子爆弾の投下を決断する時間。原子爆弾が落とされた時の時間。いろいろ、いろいろ、……。さもなくば、大好きな人とキスをしている時間とか。本当に、人間にとっての具体的時間は千差万別だ。

時間の経過など意識すらできないくらい時空内に即自的に没入しているような時間、時間の過ぎ去るのが惜しくてたまらない時間、時間がただ過ぎ去ることをひたすら願っている時間。そんな時間があること自体が信じられないような時間。物理的には等しいと判断される時間の長さも、心理的には状況次第で永くも短くも感じられ、ほの甘くも、残酷にさえもなりうる。

また、時間経過の体験は、哲学的省察にかかる場合は、一個人の内面における時間経過の形式で考察される場合が多いように見受けられるが、実際には、人間たちは、集団で時間経過を体験するわけで、人間間の緊張関係が大きく時間意識に影響しているはずだと思われる。その集団の規模も、二者間の関係から、大きな社会組織にいたるまでさまざまなレベルがあることにも留意すべきだろう。人間は社会的な動物なのだから、当然、時間認識も社会的に行われる。

抽象的時間論で、時間の問題など語りつくせるわけがない。その思いは、それはそれとしてここで噛みしめ保持しておきたいのだが、本書のテーマは、あくまでも、抽象的時間論であり、一般的普遍的形式での考察しか展開されない。だが、個別的具体的なことに活き活きとラディカル（根本的）に迫りたいなら、抽象的考察を媒介にしてこそ可能だと私は思っている。実現の可否は別として、少なくとも願望的位置づけとしては、時間についての哲学的省察は、そういう大きなパースペクティヴの礎でありたい。

ところで、哲学的時間論の現況についてみると、概して、大きく二つの潮流に分裂して、なにか穏便に棲み分けをしてしまっている。一方の潮流は、物理学などを基礎にした客観的時間をのみ扱い、人間の具体的に体験する時間を、単に主観的時間と位置づけるのみで、あまり深くは追求しない立場である。もう一方の潮流は、物理学的時間は、自然科学での理論においてのみの課題であって、過去・現在・未来という時間様相、持続という心理実感などは、内省的考察においてのみ解明可能だとして、物理学が提起する時間の問題を拒絶か、さりげなくあしらうかしてしまう立場である。

生物学では生物的時間が、社会科学では労働時間などの社会的時間が取り上げられるように、時間については、さまざまな関心領域から、さまざまな角度や切り口で考察される。そういうさまざまなアプローチの仕方があること自体はいいし、当然のことだとも思う。だが、いかなる分野であれ、そこで扱われている時間は一つの同じ時間なのだ。別個の対象ではない。そこで語られる時間が、物理学的時間や個々人の心理的時間とまったく別のものであるわけではない。

だから、先ほど述べた二大潮流が穏やかに共存している状態というのは、どこか腑に落ちない。一元論的追求がはなから放棄されてしまっていやしないだろうか。物理的時間も心理的時間も統一的にとらえられた上で、それぞれの階層独自の特徴が追求されていくあり方が本来のあるべき姿ではないのだろうか。

そのためには、物理的時間から心理的時間様相が描きだされるか、心理的時間概念から物理的時間概念が基礎づけられるか、いずれかが追求されてしかるべきであろう。ニュートン力学までは、後者の取り組みは、カントに代表されるような時間を先験的認識形式としてとらえる方法などで成功を収めていけた。だが、相対性理論の発見した「同時刻の相対性」や「時空の歪み」、これらを、内省的に構成された時間概念で基礎づけられるだろうか。私は、これはきわめて無理があると思う。だから、私の追求する路線は、やはり、物理的時間から心理的時間様相をどう基礎づけるか、ということになる。

以下で、客観的時間概念と主観的時間概念の成立根拠や背景を考察し、統一モデルを模索していこうと思う。

（2）客観的時間（普遍的時間単位の探求）

まず、客観的な時間概念がどのようにわれわれに獲得されてきたのか考えてみよう。

一言で、「時間」といっても、それは、**「時刻」**と**「時間」**に分けて考えねばならない。**「時刻」**は、誰それが生まれたとか、死んだとか、太陽が地平線から顔を出したとかの諸々の事件に対応させて付けられた記号である。ただし、その記号は前後関係を表現できるものでなくてはならないから、数値、ないしそれに準ずるものが使われることが多い。二つの時刻は、より先か、より後か、同時かのいずれかである。一般に事件は、瞬時で成り立つことはあまりないから、その開始時とか終了時とか、何らかの代表する時点をその事件の時刻とする。

一方、**「時間」**は、時刻と時刻の間の長さを指す。したがって、数値が使われる。二つの時間の間には、一方が他方より長いか、短いか、同じかという関係が成立する。より長い時間というのは、ある同じ時間がかかるとみなせる事柄が、より多くの回数実現されることである。したがって、時間の長短の比較には、基礎となる単位時間を確定しておく必要がある。そもそも、数値を使うためには単位の確定は不可欠だ。

単位時間が確定されれば、ある代表的な事件に割り当てられた時刻を起点にして、そこからどれだけの単位時間が繰り返されたかとか、どれだけの割合かとかで、任意の時刻の表現が可能になる。その数え方では、十進数や六十進数などの記数法が採用されてきた（六十進数は古代バビロニア起源である）。

時刻の起点は、歴史的には権力者の意向などによってさまざまであったが、二一世紀では、国際的に事実上もっとも普及しているものは、西暦（グレゴリオ暦）の起点で、イエスが生誕した年と思われていた年のある時刻である。実際はその年にイエスが生まれたわけではなかったことが判明してしまったらしいが、要は、どこか共通の起点が定まっていることが重要なわけで、起点にどんな事件があったかはまったくどうでもいいことである。この暦が全世界に普及した背景には、非ヨーロッパ地域における悲惨な歴史があったかもしれないが、それでも、この種の暦は権力者の交代などで頻繁に起点が変わることがなく、過去から未来にいたるすべての事件に統一的に時刻を付けられる点において優れている。この点では、イスラム圏で使われているヘジュラ暦も通時的で優れているが、ただ、暦法としては、これは太陰暦であり、それよりも、古代ローマがエジプトから取り入れて以来、西洋で使われてきた太陽暦を採用している方が季節の周期性と符合し、農作業の管理などにおいて合理的である。太陰暦は、月の満ち欠けに基づいていて感覚的にはわかりやすく、それに比べて、太陽暦の採用は太陽軌道観測の技術が前提とされたりする。しかし、毎年の季節の反復性を確保した上での通時的な連続性という点では、閏《うるう》月の設定に苦労することなどがなく、運用が簡潔である。あえて不満を述べれば、ゼロを忌避した民族によって確定された記数法に従っているので、起点がゼロではなく、現在、通常用いられる数値の概念に対する対応が不完全なところであろうか。あと、一年を一三分割するマヤ暦も、高い天体観測技術に裏付けられてグレゴリオ暦に勝るとも劣らぬ精密性を備えていたといわれているのだが、ディファクト・スタンダードを勝ち取るために不可欠な軍事力などを備えていなかったので歴史から葬られてしまった（ちなみに、マヤには長短異なる日数を周期とする数種類の暦があったらしい）。なお、これらいずれの暦法も、将来、地球や太陽系から離れて生活する人には、何の合理性もないだろうことは言うまでもない。

かつて、アリストテレスは、時間を運動の数としてとらえた。その運動は、普遍的であることが要求される。でないと、単位として役に立たない。**普遍的単位時間を表す運動現象の実数倍**、これが古くから使われ培われてきた人類の客観的時間概念についての考え方である。

さて、その単位時間をどう決めるかが問題である。それには、なんらかの等時間で繰り返される周期的な現象が好ましい。身近なところでは、自分の脈拍などが、手ごろに使える単位時間基準である。だが、脈の打ち方は人によっても、さらに同一人物でも、その時々によって異なり、普遍的でないということに気づくことになる。もっとも、何を単位時間の基準にしても、純論理的には時間基準の確定は可能である。もし、私の脈拍は常に一定であり続けるものだと定義すれば、走ったり、緊張したりの場合は、脈が速く打つのではなく、私の意識も含めた全宇宙の進行が遅くなると解釈することも、純論理的には可能である。だが、このような私の脈拍中心宇宙観は、他人との共同生活をしなかったとしても不便この上ないから、採用されることはない。やはり、宇宙が遅くなるのではなく、私の脈拍が速くなると解釈する。すると、すべての人が共通して使える普遍的な時間単位をもっと別なところに求めねばならない。

歴史的には、天体の運行、特に太陽や月の動きが不変の周期運動として古くから採用され、ごく最近まで、時間の世界基準になっていた（地球自転に基づく平均太陽日、地球公転に基づく平均太陽年）。それと並行して、同じ時間を刻むとみなされる現象、一定量の砂や水が一定の隙間から落下する時間とか、ガリレオによってその等時性が発見された振り子の周期とかが、基準時間を刻む時計として利用された。

日本は江戸時代までは、日の出と日没を境に昼と夜を分け、それぞれを分割して時間を区切っていた。そのため、一時《いっとき》の長さは昼と夜で異なり、季節によっても異なってくるのだが、日常生活に支障をきたすようなことはなかった。しかし、産業が発達して正確な時間管理が必要となり、外国との交易も盛んになってくれば、この差は無視できない。機械的に正確に等間隔で時を刻む時計が日常においても不可欠になっていき、人は、お日さまではなく、時計に合わせて活動するようになっていく。

さらに、自然科学は、地球の自転や公転運動が、完全に大昔から、まったく変わらない速さであったわけではないことを知るようになる。いや、これも、先ほどの議論と同じで、地球の公転周期は不変と定義してしまってもよいが、それだと、地球以外の天体や、あるいは、もっとミクロな周期現象とかの方が一律に変わっていったとみなさなくてはならなくなるから、やはり、地球の公転周期を究極の時間基準の地位から下ろさなくてはならない。一九六七年以降、普遍的時間尺度は、原子に依存している。国際単位系で、1秒とは、「セシウム133（^{133}Cs）の原子の基底状態の二つの超微細準位の間の遷移に対応する放射の周期の91億9263万1770倍に等しい時間」と定義される（磁場零、絶対零度の条件下で）。水素のような大昔から宇宙に存在したポピュラーな原子を使わずに、セシウムにしたのは、原子時計がセシウムを使っているという人類の技術的都合による（水素原子時計は高精度だが、寿命が短いので実用に適さない）。日本の標準時は、一〇万年に1秒しか狂わない一〇台の原子時計の平均値を使って定められ、一日に二度、さらに高精度な世界に七台しかない、五百万年に1秒しか狂わない原子時計で調整をしている（二〇〇五年現在、最高精度の原子時計は三千万年に1秒の誤差）。二〇〇五年五月一九日付「asahi. com」によると、「東大の香取秀俊・助教授らは、絶対零度近くまで冷やしたストロンチウム原子をレーザーで10万分の2ミリ程度の空間に閉じ込めた〝光格子〟と呼ばれる原子配列を作製した。これに光を当て、原子が吸収する光の振動数を数えて時計として使えることを確かめた」とあり、「一三七億年で誤差0・4秒」という超高精度時計の実現に一歩を踏み出したようだ。現在、長さの定義は、（相対性理論に基づき）時間と物理定数である光速を使って定義されているから、長さの精度も高くなったと言える。

このような高精度な時計は、天体や、ミクロ粒子などの精密観測、測定といった科学研究上の要請のみならず、精密加工や、超高速制御の産業技術上の要請も背景にあって、開発されてきている。現在、計測可能な時間幅は、フェムト秒（千兆分の1秒）の単位を下回り、さらにその千分の1のアト秒に至っている。1アト秒は、光が1千万分の3ミリしか進まない時間である。このような微小な時間を取り扱うようになるということは、相対論的効果を無視できないようになることも意味する。

かつて、ニュートン力学の時代では、空間や時間は、実際の物質の諸過程とは独立に存在しているある種の枠組み、ないし容れ物のようなものと考えられていた。時間は純粋な等間隔の数直線に対応し、空間はユークリッド幾何学が成立する絶対的理想的存在である。その前提で、物理法則の数学的表現（時間や空間を陰なり陽なりにパラメータとして含む関数表現）も整備されていった。カントは、それらを引き受けつつ、空間や時間を先験的な感性の形式として体系づけた。つまり、それは、諸々の物質についての経験に先立って存立する、人間の感性の普遍的形式として理解された。

しかし、相対性理論以降、時間も空間も、具体的な物質の存在と切り離して考えることはできないことが認識された。時間は、具体的な物質の過程に対応づけてその長さを考えるしかないのである。したがって、時間単位の普遍性は、形而上学的に、あるいは先験的に求められるものではなく、物質界の中に存在している普遍性に求めねばならない。それをわれわれは現在、原子や光子などに認められる振動過程に求めている。これを基準にしてすべての過程（われわれの意識、思考も含む）の時間的長さを決める。この普遍的過程が間延びすれば、それに連動してすべての物質過程も間延びすると考える。そして、観測事実はそれを裏付けている。物質過程から独立した絶対尺度などないのである。それが、現代の時間に対する客観的理解である。

以上は、客観的時間についての量的な側面についてしか述べていない。質的にはどうであろうか。時間の「質的側面」をどう理解するかについてもいろいろ議論はありえそうだが、ここでは、「事物の変化の様相について」と解釈することにしよう。客観的考察である以上、ここで対象になる事物とは時間・空間の内部に存在する。そして、あらゆる変化には空間的変化と時間的変化が対応している（「変化」の名のもとに時間的変化しか考えないのは一面的だ。時間は変化の四つの方角の一つである）。何がどう変化するかは、自然の階層構造に対応してさまざまな事柄が挙げられるだろう。が、一般に変化が変化たりえるのは、そこに何らかの非変化が対峙しているからである。その非変化の基底にあるもの、それが空間や時間の量的側面（質的に無関与な側面）を支えているものにほかならない。つまり、「変化」という時間の質的側面は、それだけを独立に切り離して論じられるものではなく、量的側面との関係の中でのみ語りえるものなのだ。物理的時間があらゆる階層の質的変化の基底の役割を担いうるのは、それが変化の対立項たる非変化、すなわち一様な繰り返しを代表しうるからであり、物理的基礎単位過程に何を選ぶかの歴史は、その代表にふさわしいものの追求なのである。その追求は質的に無関与であるがため、もっぱら精度の追求という形をとる。それは、言い換えれば、量としての時間は必要精度以外に階層レベル間での違いはない共通パラメータであることも意味する。

（3）主観的時間（時間様相と主観的具体性）

このような具合に、物理学的な普遍的時間単位が定められ、客観的時間概念が獲得され洗練されてきたわけだが、一方、時間、時間の経過というのは、何よりも、心に生じていることである。しかも、片時も、われわれの心は、時間の経過から逃れることはできない。空間については、目をつむりじっと静止していれば、さしあたって表象からそれを消すことができそうな気になれる（厳密には、全身を麻痺させるとかでもしない限り、空間的体感を皆無にはできないだろうが）。しかし、時間についてはそうはいかない。息は一時的に止められたとしても心臓は自分の意志で止められない。たとえ、それが止められかつ生きていられたとしても、意識の働きを意識的には止められない。いくら耳を塞いでも、心の奥から聞こえてきたりする音楽などはどうしようもない。意識がある限り、時間は意識とともにある。しかも、明晰な意識である必要もない。夢の中でも、時間は流れる。

哲学史的にも、アウグスティヌスは（地上の人間の）時間は心に生ずることとして考え、カントは時間を内的直観形式として、内的感官に結び付けて考えた（ただし、カントの場合は時間そのものを心的なものに還元しきってしまう意図はなかったように思われる。「実体の持続」という客観的存在のあり方を時間の基礎に置いてもいた）。ベルクソンは空間化された時間を批判し、心の中の「純粋持続」を強調した。ベルクソンからすれば、カントも、時間を空間化した元凶として批判の対象となる。フッサールの時間概念分析も、現象学の立場だから当然、「過去把持」に見られるような、内的時間意識に対する省察が中心になる。

「時刻」が割り当てられた諸々の事件、それは、どんどん過去になっていき、われわれの記憶ないし記録の中にしか存在しないものになっていく。そして、未来の時点と思われていた事柄はやがて現在になり、そして過去へと過ぎ去っていく。われわれは、時間に対して、「過去」、「現在」、「未来」という区分けをする。これらを時間様相と呼ぶ。時間様相をめぐる存在論上の立場を大きく分類すれば、以下のようになるだろう。

(1) 存在するのは、現在のみ（**現在主義** (presentism)）

(2) 存在するのは、過去から現在まで（**成長ブロック宇宙論** (growing block theory)）

(3) 存在するのは、過去から未来まですべて（**永遠主義** (eternalism)／**ブロック宇宙論** (block universe theory)）

＊「存在するのは、現在から未来」というのも形式的には可能だが、実際上、主張されることがない。

この問題をめぐる議論は哲学的時間論の大きな主題になっている。大雑把に言えば、「生成・消滅する現在が、時間の本質」ととらえるか、「過去から未来に向けての諸事象の分布が時間の本質」ととらえるかで意見が分かれる。ここで、諸説をいろいろ検討することはしないことにする。本書の立場は、もちろん(3)ということになる。

ちなみに、物理学がまさに対象としている客観的時間、歴史学がまさに対象としている客観的時刻、これらには一切、この時間様相の概念は含まれない。「現在」は、発話者の立場から離れて、客観的に定めることができないからだ。したがって、物理法則は時間パラメータを含む関数として表現され、歴史は年表形式で表現され、そのどこにも「現在」

はなく、かつ任意の時点が仮想的「現在」たりうる。さらに、相対性理論の「同時刻の相対性」は、「現在」の客観的唯一性を完璧に原理的に崩壊させたと言っていいだろう。

しかし、そうは言っても、われわれの意識には、「過去」、「現在」、「未来」という表象は確実に存在しているし、そういう表象のもとでしか時間というものを意識はとらえようがないということも、否定のしようがない事実である。

時間表象と「流れ」のイメージ

ところで、時間表象に対して、「流れ」というイメージがよく結びつけられることが多い。なぜだろうか。「時間が流れる」と言っても、別に時間という実体が何処かから何処かへ流れているとみなされているわけではない。時間が、何か流れる流体のようなものに形容されているとは考えにくい。

「流れ」というイメージとの結びつきは、二通りの状況が考えられる。流れをイメージさせる代表例として、川の流れを想定しよう。一つ目は、川岸に佇んで、水の、あるいは川面に浮かぶ浮遊物の動きを眺めている状況である。時の経過につれて、川面の光景は、川上から川下に絶えず移り変わっていく。この状況を、時の移り行きと重ね合わせる。川面の落ち葉や流木は、諸々の事件に対応し、川岸は、自らの現在意識に対応させられた、時間表象比喩表現である。もう一つは、川の流れに流される小舟に乗って、移り行く川岸や陸の光景を眺めている状況である。川岸の光景は絶えず移り行き、戻ることはない。この場合、川岸などの光景が歴史的諸事件であり、小舟に乗る自分は、現在意識に対応する。

前者は、自分に対して諸事件が流れていく、というイメージであり、後者は、自分が歴史的な諸事件の中を流れていくというイメージである。いずれにしても、このイメージだと、現在意識が遭遇していく諸事件は、もともと存在しているものと言えてしまえそうだ。そう考えると、四次元時空を現在意識がスキャンしていくというモデルは、案外、昔から馴染まれたものと違和感がないと言えるかもしれない。

もし、絶え間なき、現在の生成と消滅、現在の純粋な持続という観点を強調して時間をイメージしたいなら、川の流れのイメージは、不適合だろう。あえて流れのイメージを求めるのなら、湧き出る泉のイメージだろうか。泉の口にある水が現在である。存在しているのはそれだけだ。過去は流れ去り、未来はまだ湧き出ていない。過去は記憶にのみ存在し、未来は予測や期待などとして想定されるのみの非存在である。

代名詞としての「今」

「今」、あるいは「現在」とは何か。これが、心理的時間における最大の謎である。もし、この「今」に対応している空間概念を探すとしたら、それは「ここ」であろう。

「ここ」というのは、語る者の居場所に依存した概念だ。宇宙に、絶対的な「ここ」は存在しない。どんな場所でも可能性として「ここ」たりえる。その「任意性」は明確である。

一方、「今」については、「同時刻の相対性」が発見されるまでは、大多数の人々にとって、それは、宇宙で唯一絶対的なものと思われてきた。どんな時点でも、かつて「今」であった、将来、「今」になるであろうという意味での任意性は自覚できても、対等な「今」が複数並存しえるという意味での任意性は自覚できていなかった。空間に類比すれば、移動する乗り物に乗った者が、あそこは、かつて「ここ」だった、別のあそこは、将来「ここ」になるであろうと判断できるけれども、世の中には乗り物（身体と言い換えてもいいかもしれない）は自分の乗っているものが唯一絶対であり、したがって、自分の「ここ」こそが唯一絶対であって、あれこれの「あそこ」は、想起によってのみ存在しうると思うことに似ている。だが、「唯一のここ」という観念は、独我論者を除けば、ほとんどの人にはない。しかしながら、「今」は唯一のものと長きにわたって思われてきたし、まだなお多くの人が思っている。

では、「ここ」と「今」の決定的相違点は何であろうか。やはり、異なる「ここ」同士では、相互通信が可能だが、異なる「今」同士では相互通信ができない、というところが最大の相違点ではないだろうか。そこにこそ、「今」が唯一のものと思われてしまう根拠がある。これは、ミンコフスキー時空において、情報伝達の方向が一方向にしか成立しておらず、その伝達速度にも光速という限界がある（少なくともわれわれの意識が存立するマクロな領域においては）ということが、異なる「今」同士での双方向の通信を不可能にさせている。一方、空間については如何なる方向も同等だから相互通信が可能なのだ。

ここで、「今」が「私」ないし「私たち」という人称代名詞にも類似していることに気づかされる。

「私」、「あなた」、「彼」、「彼女」、「彼ら」……、これらは、人称代名詞である。代名詞であるから、任意の人物が代入可能である。ただ、一人称、二人称、三人称とで、代入可能な様相が異なる。三人称である「彼」、「彼女」、「彼ら」などは、話し手、聞き手以外なら、誰でも代入可能だが、一人称、二人称、の代入可能対象は、話し手、聞き手が誰かに完全に依存する。特に単数の一人称については、特定の話し手に対しては一通りしか対応しない。任意性は完全になくなる。複数の一人称（「われわれ」など）については、代入の任意性は話し手の所属するグループの範囲に限定される。一人称代名詞の代入の任意性は、任意の者が話し手たりえるという点にのみ根拠を持っている。だが、一般に、いかなる意識にとっても、誰を一人称にするかを任意に選択できることはありえない。意識にとって、一人称の対象は非情なまでに運命的に決まっている。

もう一度、「ここ」という代名詞について考えよう。「ここ」が具体的にどの場所かは、任意である。だが、「ここ」がどこを指すかが常に変わるという観念は、自分が、大地のような静止した基準に対して移動するものだという観念が前提にあって成立する。実際のところ、たとえ天動説を唱える者でも、まさか、自分は常に静止していて、運動しているのは自分以外のすべてなのだという世界観を持つ人はほとんどいないだろうが、純論理的には、例えば、宇宙の絶対静止基準は、自分の右目であるという世界観も可能だ。ちらりと右を見ると一般に表現される事柄は、この世界観では、右目以外の自分の身体を含む全宇宙がちらりと左に回転したということになる。この世界観において、「ここ」とは、自分の右目が見ている場所以外のどこでもないわけで、そこに、あれこれの光景がやってくるということになる。この世界観においては、「ここ」は、絶対的であって、特定の眼球にとっては任意性はまったくない。「ここ」の任意性は、任意の眼球が「ここ」たりえるという点にのみ根拠を持っている。だが、一般に、いかなる眼球にとっても、どの眼球を基準にするかを任意に選択できることはありえない。眼球にとって、「ここ」の場所は非情なまでに運命的に決まっている。「ここ」は一種の一人称代名詞に近い。

そして、「今」についてなのだが、実は、「今」というのは、一種の一人称代名詞なのだ。だが、それはずっと長きにわたって自覚されてこなかった。特定の意識にとって、代入の任意性が完全に絶たれ、完全に唯一のものと思われてきたからだ。しかし、「同時刻の相対性」が発見された今日において、すべての時点は、「今」たりえることが明らかになった。ということは、「今」というのは、「私」とか「われわれ」に類似した一種の代名詞だと言えるのである。ただ、「われわれ」がさすグループの範囲は可変であることは、明白であったのに対し、「今」の示す同時刻の空間範囲が可変であることは、相対性理論が発見されるまではわからなかった。だから、「今」と「われわれ」との人称代名詞としての類似性が自覚されてこなかったのである。

この議論、はなから、四次元時空の実在性を前提にした議論でけしからん、と現在主義者に叱られそうだが、その通り、はなから前提にした議論を展開している。そうあってこそ、論理はこれまでの展開と首尾一貫するのだ。

持続

科学的な知見によって加工された時間概念、構成された時間概念、そのような作り物は本当の時間ではない、本当の時間は、意識において直観される純然たる「持続」そのものではないか、という批判は、時間論の一大諸流派の共通認識になっている。

確かに、自然科学が提供している、あるいは、日常生活や生産活動において無意識に使われている時間の観念をただ無批判的に受容することが哲学的な態度だとは思えない。だが、純然たる「持続」こそ本源的なものとして対置させる思考には、私としてはやはり多くの疑問を投げずにはいられない。その持続こそが、存在論的な原点と本当に言えるのか？　突きつめた考察の果てに独我論に陥ることを本当に回避できるのだろうか？　等々。

ベルクソンは、執拗なほどに徹底的に「空間化」された時間を批判し、本来の時間は意識の内部の純粋な持続にあることを主張した。彼は、例えば、空間を一様で等質なものととらえ、時間についてもこの空間の等質性が押しつけられたと批判する。もっとも、空間が一様で等質だというアイデアは、厳密には、一般相対性理論からしても、量子論からしても、もはや古い。せいぜい、近似的に等質性を前提にして扱えるという位置づけが妥当であろう。ベルクソンは相対性理論に接し、論争もしているけれど、どこまで理論を把握していたのかよくわからない。

ともかく、ベルクソンは、空間と時間の異質性を徹底的に強調したかったのだ。客観性や普遍性獲得のために犠牲にされた具体的生命活動や精神活動の時間相を復権させるため、空間化された時間観念を排除して、理論的分析を持ち込まない直観によってのみ把握可能な「純粋持続」こそを真の時間ととらえ、さらに、「創造的進化」を遂げる生命哲学が展開されていく。

ベルクソンは、「純粋持続」こそが死んでいない真の生きた時間だという。しかし、そのような曖昧で無規定的な抽象概念から、具体的な生きた生命活動がどれほど展開可能なのだろうか。抽象概念は、抽象されたがままの素の状態においては、いずれにせよ、それは考えられたものにすぎず、生きてはいない。だが、その局面のみをとらえて論じるのは概念の何たるかがわかっていないと思う。抽象概念の真価が評価されるのは、それが、その内にどれだけ具体的情報を取り込み、具体的事物に自己展開していける洗練度を凝縮しているかにかかってくるのではないだろうか。あるいは、抽象概念がいかに広範な分野に具体的なかかわりを持っていけるかということではないのか。「純粋持続」概念によって、一体どんな具体的展開が得られるというのだろうか。それから得られるのは、我田引水的に構築された生命哲学による哲学的自己満足の気分でしかないのではないだろうか。内在的な自己展開力をその概念に感じ取ることはできない。

よく、「純粋持続」の強調のため、音楽が引き合いに出されるが、音楽は、空間的なものを排除しては微塵も成立しえないと私は思う。音楽は時間と空間が一体となった四次元時空に対する彫刻のようなものであって、そこから時間的側面のみを切り出すのは、実体から逆に遠ざかるのではないか。空間抜きには、踊ることだってできないし、踊りが伴わなかったとしても、音楽にとって最重要な骨格は、メロディではなくビートやリズムであり、ビートやリズムの原点は鼓動であり、空間的反復運動がベースとしてそこに横たわっているはずだ。

そもそも、生き生きとした生命活動は、四次元的に展開されているわけで、その観点こそが具体的に生命をとらえられるのではないのだろうか。無規定的純粋持続の概念は、生命活動の本質を抽象的に神秘化するばかりだ。

ただ、われわれの意識にとって、「持続」という表象が存在すること自体は、まぎれもない事実であるし、それを時間意識の局面で研究することの意義は否定できるものではない。だが、持続を本源的とみなす立場には賛成できない。いかにそれが困難なことであろうとも、持続意識は、四次元的な認識主体の構造からその発生メカニズムを解明していく方向で探らなければ、科学的体系に連動させることはできないだろう。

確かに、四次元時空の表現形式は、数学に頼るか、空間次元を減らして、全体を空間化したイメージで行うかなどでしかなく、それを見れば、現実世界とは別物の、死んだ思考の形成物と思われても仕方がないかもしれないが、これはあくまで、われわれの表象能力の限界に規定された単なる表現形式であって、本当の実在する四次元時空は、例えばこういう表現などでアプローチできるある何かなのだ。表現されたものと表現されているものとは区別しなくてはならない。

認識論的批判の観点

そうは言うものの、確かに、科学的に構築された諸概念は複雑に編成されていて、じっくり学ばないと理解できず、原初的なものから遠く離れてしまっているのではないかという気持ちが生じることも否めない。われわれにとって、直接に感じ取ることができるものの方が馴染みやすいわけで、そして、科学的概念によって再構築されたものとの質の差に愕然ともする。確かに、両者はあまりにも違っている。この、直接に感じ取れるもののことを、近年の流行にあやかって「クオリア」(＊1)と呼ぶことにしようか。科学的な時間と、時間のクオリアの違い、そこが問題なのである。

「音のクオリア」、「色のクオリア」、それに対して、空気の振動や光の波長などとそれらを感受する身体の器官や情報を処理する神経システムなどを対応させて考えることができるという事実。両者は明らかに同じものではないが、否定しようのない対応関係があるという現実もある。これらをどこまで拒絶するのか、どこまで受容するのか。

科学的に解明されてきた時間と、「純粋持続」とか「内的時間意識」とか呼ばれたりする、生身のわれわれの意識に自覚される「時間のクオリア」、この問題に限らないが、両者の乖離はあまりにも大きく、それを同じものとして認知することに少なからぬ抵抗感を覚えてしまうことは、自然な感情だと思う。

加えて、科学は、絶対的に正しいという保証がない。それは、科学を受容する側の人間よりもそれを最前線で担っている人たちの方が強く自覚している。絶対に不滅の真理だと大哲学者もが信じて疑わなかったニュートン力学の行く末をかえりみれば、相対性理論や量子力学だって同じ運命をたどるのではないかと考えていない人の方が少数派だろう。私

＊1　主観的体験が伴う質感。

もそれらが永久不滅の真理だとは考えていない。ましてや、より具体的で細かな学説にいたっては、新発見などでしょっちゅう覆されたりしている。

科学には、こういう信用しきれない心もとなさが内包されている。だから、確実強固な知を探求しようとする哲学が、批判的、反省的態度で科学と向き合うことはきわめて正当なことだと思う。その際、科学の提供する世界モデルを素朴に鵜呑みにはしないようにして、内省的に意識に生じる事実を厳密に注視していこうとする現象学などが取っている戦略も問題意識として頷けないこともない。所詮、どんな科学技術知も、日常知も、哲学知だって、それ自体としては意識の中で起きる現象であることからは免れえない。あれこれの知の内容の真偽は不確かであったとしても、ほかならぬこの私が今考えている、というこの事実、これは疑いようのないことで、ここここそが確実なる出発点なのだという自覚、これは哲学的反省思考の原点だと思う。中学三年くらいのころ、デカルトの「我おもう、故に、我あり」を知った時の鮮烈な印象は、今でも忘れない。父に話したら、それが哲学の出発点だよ、と言ってくれたのを覚えている。すごく嬉しかった。けれども、ここで嬉しがっている我とは一体、何だろうとも思ってしまった。

それでも、やっぱりわからない。なぜ、この我なのか、もっとましな別の我でなくて、どうしてほかならぬこの我なのか。まさに問題なのは、ただ抽象的に思考する我ではなくて、いろいろ身体的、精神的な特徴や能力／非能力を持って世間と関わり、それであれこれ劣等感やら優越感やらに引っ掻き回されているこのやっかいな我を日々引きずっているという、この具体的な我とは一体何なのか、そこが問題なのだ。

折しも、その前年、私は母を失った。急なことだった。その前年には祖父が死んだ。これは急なことではない自然な死に方だった。当時中学生だった私は、世界はすべて、いくつかの元素で成り立っているということ、それが周期律表のようにきれいに並べられることにすごく興味をもって、一所懸命、原子記号とかを覚えていた。その時、短期間で二度も火葬場の煙突の煙を見ることになった。私は、煙を見ながら、CとかPとかの原子記号を思い浮かべていた。優しかったり厳しかったりした母の記憶、目前の煙とそれを呆然と眺めている自分、そして教科書に出てくる原子記号、この対応関係に、私は愕然とした。何をどう考えていいのか、とにかく思考がパニック状態になってしまったのだ。普通は、母のことはそれ、理科のことはそれと、ちゃんと区分けして考えていくものなんだろうけど、私の場合はいっしょくたになってしまうのだ。この混乱した状態に対処するのに希望が持てそうな学問として「哲学」というのがあるらしいということを知ったのは、それからしばらくしてからだったと思う。父の蔵書に触発されたところも大きかったかもしれない。

　私事になってしまって恐縮だが、ともかく私の場合、科学的知見を切り離したところで哲学的思考の遂行はできないという思いは、こんな昔の原体験も影響しているように思う。物質とは何なのか？　宇宙とは？　時間とは？　こういう問題と、自我の存在とは？　という問題とを切り離すことはできない。

　私は人間存在の不条理さのようなところに関心があって、当時の流行も影響して、哲学は実存主義だと思っていた。だが、実存主義は現象学を基礎にしている。私は自己存在の問題を宇宙の何たるかとの絡みで考えたかったから、早々に失望してしまった。実存主義はどうも、狭っくるしい世間の問題から出ないのだ。宇宙の問題などには、なかなか踏み出せない。現象学は厳密性の殻の中に閉じこもって積極的な体系的思考に進むことを踏みとどまらせてしまう。しかし、自我の問題も世間の問題も政治の問題も生命や宇宙の問題もすべては隣り合わせではないかというのが私の問題意識だった。そして、そのすべてに共通しているキー概念は「時間」ではないかといつしか思うようにもなっていた。それから、存在論的、認識論的スタンスとしては、やはり哲学は唯物論だと思うようになった。時代や自己の置かれた環境などからの限界性が避けられないとしても、世界モデルは必要なのであり、それを素朴実在論だと言って斜に構え続けることで得られるものに何があるのだと思うようになった。それに、洗練された唯物論は、むしろ素朴な実在観を批判するところに、われわれの精神作用と無関係に実在していると思われているものの中に潜む（社会的）精神作用を暴きだすところに成立しているのだ。ところで、当時は唯物論といえば、すなわちマルクス主義であった。私はその時、唯物論を選びたいゆえにマルクス主義を選んだ。多くの場合は、マルクス主義を選んだゆえに唯物論者になるらしく、珍しいケースだといわれた。しかし、元来、唯物論か観念論かという問題と、マルクス主義などの一大思想運動とどう向き合うかという問題とは次元の異なる問題である。

私は、どうしても具体性の確保を重視したいのだ。と言って、ただ具体的な知見を闇雲に掻き集めるのではなくて、抽象的原理的概念に媒介された具体性に惹かれる。それを最も豊かに溜め込んでいるのは、やはり科学の世界なのだ。

それと、さらにどうしてもこだわりたいスタンス、それは「一元論」である。その原点は、母と煙と原子である。これは、「人間、死ねば煙さ」というペシミスティックな言明に帰結されるものではない。それも含意してもいいけれど、人間が、原子のような宇宙的スケールで生成されるものと結びついているという荘厳な感情をも含んだもっと複雑な思いである。私は、この原体験を長い年月の間に、簡単には表現しきれないある複雑な思いに醸成させてしまってきたみたいだ。それが一元論へのこだわりのベースになっている。

それと、私は心を、自分の心も含めてあまり信用していない。すぐに裏切るし、いい加減だし。でも、身体と身体機能の一部でもあるこのやっかいな心を引きずりつつも、対立したり依存したり利用したり支え合ったりして懸命に生きている存在に、言い知れぬ愛着を覚えることも確かだ。心は、心だけで存立するものでは絶対にありえない。心身二元論は、脳神経科学などを持ち出さなくとも、われわれの生まれてから死ぬまでの具体的生活過程にアプローチすれば、必ずどこかの局面で行きづまって曖昧な誤魔化しをするか破綻するかだと思う。

心の一元論という路線もある。これは、とことん突きつめれば、私の心、意識だけが真の実在だとする立場か、すべては、神（絶対者）の心のなせるわざなりという立場かいずれかになるだろう。私は、そのいずれをも選ばない。とすれば、一元論は、（広い意味での）唯物論しかありえない。

当初、私は認識論上の問題に言及しようとしている当節を、どう書いたものかと悩んでいた。大上段に構えて哲学史をとうとうと論じるのは、そもそも私にできることではないし、仮にできたとしても、この節のキャパシティをはるかに逸脱することは、容易に想像できる。こんな大問題を、論証的に論じきるなんて土台無理である。だから、自分個人は、ごく単純化すれば、こんないきさつで哲学上の基本立脚点を選んだ、という程度の叙述でお茶を濁すしかないかと思った。

最後に、科学が提供する世界モデルへの姿勢をどう取ろうと考えているかについて、触れておかねばなるまい。先ほども述べたように、科学的世界像は、絶対的に正しいという保証がない。私が物理学に注視したのは、科学的世界像の中でもそれが一番、基底的で安定しているからなのだが、それでも絶対的な保証はない。それならば、科学的思考方法の一般形式を抽出して研究してみたらという路線もあるのだが、後追い整理的で、具体的な宇宙や人間存在の問題に迫りたいという欲求を大幅に抑制しなくてはならなくなってしまう。

結局のところたどりついたのは、一種の諦めというか居直りというか、所詮、完全な真理なるものに有限な私が達しようなんて発想自体がとんでもなくおこがましいものなのであって、自分に与えられた有限な認識能力をどう方向づけるかということしかないと思うようになった。私の個人的知見や内省のみによって展開できる内容なんてものは、どう考えたって貧相きわまりない。だが、科学には、科学や哲学が生まれる以前からの人類の長きにわたる知的活動の成果が蓄積されているわけだし、専門的に訓練された手法で多くの人によって検証され、さらには、生産技術や医療技術などにも応用されたりして、日常生活の基盤を支えるようにもなっている。その世界像を中心軸に据えないで、およそ語るに価値あるものが引き出せるだろうか。

ただ、科学の名のもとに怪しげな言説が横行することもあるわけだし、科学理論のすべてが同列に評価できるわけでもない。科学に内在してその妥当範囲を的確に判断できる批判力は大いに探求されるべきだろう。

充分に検証された科学的知見は、理論的パラダイムが変革されても内容的に保持される。ニュートン力学の多くの内容は、相対論や量子論に基礎づけられる形で保持されている。だから、相対論や量子論が将来より高度な理論に包摂されることになったとしても、それらが到達した内容の多くが保持されることは予想できる。というか、新理論に課せられる最低限の試金石は、現行理論で充分検証されつくしている範囲の内容と矛盾しないことなのだ。その上で、現行理論の到達できなかった限界を超えて展開でき、かつそこからの帰結が実験的に検証されて、新理論は認められる。

本書の最大論拠になっている、同時刻の相対性は、相対論の到達した基本認識であって、それが将来もっと別の観点から基礎づけ直されることはありえても、ニュートン力学の水準に引き戻されることは、まず考えられない。それは、コペルニクスの地動説がプトレマイオスの天動説に引き戻されることが考えられないのと同様である。だから、時間についての考察の基礎に置いてしかるべし、と私は判断したのである。

だが、物理学者が、物理的時間を物理的に叙述して終わりというのでは、哲学的欲求不満状態を解消できない。心理的時間も含めて時間について考察したい。それも一元論的に。それには、われわれの心の世界をいったん離れた鳥瞰的世界モデルをたとえ不充分でも提起してみて、再構成してみる。もちろん、再構成された心と生の心とは別物であることは逃れようのないことで、せいぜい対応関係の自覚を地道に深めていく程度しかないのだろうけれど、私はそれでいいと思う。それを通じて心と宇宙とのつながりを感得すればいい。それは、むやみに「神聖なるもの」をでっちあげるよりもよっぽど謙虚な姿勢だとも思う。

2　時空スキャンの世界モデル

近年、主に分析哲学などの分野では、ジョン・マクタガートは、時間論を論じる上で、必ず避けてはならないキー思想家になっているようである。彼は、時間が実在しないことを証明したからである。こんなに、毎日みんな時間を気にして生活しているのに、時間が実在しないなんてことがあるわけないだろうと、誰しも思うことだろうが、論理的につきつめて考えていくと、そういう結論が出てしまうというパラドックスを彼は提起した。もちろん、アキレスが亀を追い越せないとは誰も本気では思っていないように、誰も（おそらくマクタガート自身も）本気で時間が実在しないとは思ってはいないだろうが、そのパラドックスとその解決をめぐって思索をめぐらすことによって、時間というものに潜む問題性を暴き、時間の本質的理解を深めていこうとしているようである。

J・M・E・マクタガート（John McTaggart Ellis McTaggart, 1866-1925）は、イギリスのヘーゲル学派（新ヘーゲル主義運動）の最後期の一人で、ケンブリッジ分析学派のラッセルやムーアと同時代の人である。

彼は、まず、時間の把握の仕方には、二通りあることを指摘する。ひとつは、未来と考えられていたことがやがて現在となり、ただちに過去へ、さらなる過去へと遷移していくという時間のとらえ方。これを彼は「A系列」と呼んだ。それに対して、ある時点を境に、より前、より後の時点が直線的に並んでいるような時間のとらえ方がある。物理学や、歴史学の叙述はまさにこれに属する。そこには、「今」は存在しない。そこには、時刻パラメータに対応して位置づけられた諸事象が存在しているだけで、変化や遷移はない。これを彼は「B系列」と名づけた（もう少し、気の利いた命名はなかったのか、このような基本的重要概念に、AとかBではあまりにも安直すぎやしないか、と思ったりもするが、仕方がない。私も、ここではこの用語を使わせてもらう）。相対性理論の四次元時空の考え方（ブロック宇宙観）は、まさにB系列の最たるものと位置づけられるだろう。

日本でも近年、時間論はやや流行気味のようで、マクタガートはよく取り上げられている。

マクタガートの**「時間の非実在性」の証明**について、簡潔にまとめた一例として、中山康雄『時間論の構築』（*2）での紹介を以下に掲げておく。

*2　中山康雄『時間論の構築』勁草書房、二〇〇三年、七四頁。

(1) 時間には、A系列（過去・現在・未来）による記述とB系列（より前・より後）による記述とがある。
(2) 変化なしには時間はありえない。
(3) A系列なしには変化はありえない。
(4) A系列による記述は矛盾を含む。
(5) A系列は実在しない（(4)より）。
(6) 時間は実在しない（(2)、(3)、(5)より）。

実のところ、マクタガートの論理をどう批判的に分析し、無矛盾な、時間論の論理体系を構築するかという点については、私はあまり関心がない。無論、各種のマクタガート論を評価検討するようなことは、私の能力の範囲外であるし、また、本書のテーマからもはずれていく。本書の中心課題は、同時刻の相対性がもたらした時空観をどう享受したらよいかである。この時空観の評価の視点の一つとして、マクタガートの提起したA系列、B系列という分析に注視してみたかった。

同時刻の相対性がもたらした時空観は、まぎれもなくB系列論である。元来、物理理論は、そこから現在という時間様相は導かれないからB系列論であるわけだが、相対性理論は、過去から未来に至るすべての事象の実在性を主張し、絶対的な「今」の存在を否定するから、なおさらに強力なB系列論である。四次元時空の観点からは、われわれの表象においてあらわれる変化、運動はなくなってしまうのだ。

マクタガートは、時間の本質はA系列だと主張した。確かに、A系列からB系列は論理的に導けるが、逆に、B系列からA系列を導くことは大変困難に思われる。

この困難さはどこから来るのだろうか。一つには、「今」の絶対性、唯一性である。物理学などで扱われる時間、すなわちB系列時間では、すべての時点は対等に扱われるから、特別な時点である「今」は出てこない。だが、同時刻の相対性がもたらした時空観においては、この点では、もはや問題はなくなってしまう。なぜなら、もはや「今」は、唯一絶対のものではないからだ。

だが、一方で、われわれの意識の事実においては、未来と考えられていたことがやがて現在となり、ただちに過去へ、さらなる過去へと遷移していくというA系列的時間様相が厳然として認められる。この事実をどう解釈するかが問題である。これについては、われわれの意識というものは、四次元時空を三次元的時空断面で時空の過去方向から未来方向にスキャンしていくことによって成立するものであると考えれば論理的にはすっきりする。すべての時点において、独立した「今」が並存して、並行して四次元時空をスキャニングしている。ただ、別の「今」の意識同士が互いにインタラクティブに通信する手段は、物理的に存在していない（過去の今から未来の今への通信は日記などを残すことによって可能だといった解釈はできるとしても、逆方向は無理である）。したがって、それぞれの「今」の意識は、自分（たち）の今が唯一の「今」だと信じ込んでしまう。

さらに、各々の今は、世界の四次元性を感覚できない。それは、時空のミンコフスキー的幾何学構造がそうさせていると考えれば、納得がいく。その点については前章で展開した通りである。

だが、最後に、最大の難問が残る。では、どうして、三次元的「今」の意識は、四次元時空を特定の方向にスキャンするのだろうか。これこそが、意識において、世界が変化し、運動し、生成・消滅するという表象が生じる原因なわけだが、なぜスキャンするのか。

これについて、一体、どういう形式の解答を用意すればいいのだろうか。解答の形式自体が難問である。問題が極度に複雑だからとか、情報が足りなくて真相を究明することができないといった類の難問とは、難しさの性格が大きく異なっている。解答形式が不明なのだ。

時空をスキャンするもの、それが意識というものだ、と言い切る。これも、一つの解答形式である。

では、ほかにどんな解答形式があるのだろうか。

スキャンする理由を大脳（神経）生理学的に説明することは可能であろうか。シナプスでの伝達物質の分泌や電気的信号の伝達のような神経系統の諸機能、これらの現象もやはり、四次元時空内に分布し横たわる諸事象の集合である。この視点で、いくら科学的知見を深めていったとしても、それはB系列的時間上で展開される理論が豊かになるだけではないだろうか。そこから、A系列時間が導出できるような事態を想像しにくい。

意識の何たるかを、とかく大脳（神経）生理学に還元していく発想は、二重の意味で慎重であるべきである。一つは、意識の具体的内容の大半は、人間たちの集団的生活からもたらされてくるものであって神経活動に還元して説明しきれるものではないこと。この点は、よく指摘されていることだ。だが、もう一つあると思う。意識の何たるかは、もっとよりファンダメンタルな、例えば時空の何たるかのような次元からもその規定性を問われるべきであり、神経系統の機能という階層は、その双方の中間に位置する一階層にすぎないことに留意しなくてはならないのではないだろうか。情報通信システムが、物理的構造の階層から、適用業務に密接な分野の階層に至るまで、多階層のプロトコル（通信規約）

で成立しているように、意識現象を実現しているシステムも多くの階層における機能の総合的な連携とネットワークがあって可能なはずだ。脳神経系統はその一連の体系の中の重要ではあるが一階層機能にすぎない。そして、意識のより上層部の階層機能は、脳神経システムに還元不可能だと言うだけでなく、意識現象をより根底で支える時空構造が意識の基底層としてあるのではないかともいわれていいのではないだろうか。

　話をもとに戻そう。なぜ、スキャンするのか？　一般に「なぜ」という問いに対して期待される解答形式は、大きく分けて二通りあるように思える。一つは、原理的法則に還元し、そこから演繹的な説明（証明）体系を構築するというやり方。もう一つは、歴史的な諸条件を明らかにしてそこからの因果的連関で説明するやり方。「なぜ、意識は時空をスキャンするのか」という問いに、後者のやり方で解答を試みるのは、ナンセンスである。なぜなら、何かの原因によって、時空をスキャンしない状態から、スキャンする状態に変遷したということではないからだ。では、前者の法則的還元による演繹的説明はどうかというと、充分考え抜いたわけではないので、はっきりとは断言できないが、おそらく、同語反復的な命題群の集合を拵《こしら》えるだけになるような気がしてならない。

　そもそも、科学は、究極的な意味で「なぜ」に答えきることはできない。「なぜ、太陽系は、かくのごときあるのか？」について、太陽系の成立事情を歴史的に解明し、物質の運動法則を明らかにし、という形で、より普遍的な立場や、より古い原因から、それを説明する論理を構成することは可能だが、「では、なぜそのような法則が成立するのか？」、「なぜ、そのような原因となる事象が生じたのか？」といった新たな疑問が生じてくることは避けられないのである。つまり、疑問の形や内容を深めていくことはできるとしても、究極的に「なぜ」の疑問を消滅させることはできない。それができるのは、「もう問わないで、受け入れる」という問う主体側の「諦め」くらいしかないのではないだろうか。だから、よくいわれることだが、科学は「なぜ」を解明するものではなく、「どのように」を解明し続けていくものでしかありえない。

とにもかくにも、「意識」は、四次元時空を過去から未来へスキャンする。これが実在する四次元時空の認識と、いまだ来ない未来、もう過ぎ去った過去という時間表象の否定できない事実とを両立させる、(おそらく) 最有力な世界モデルではないかと私は思っている。さもなくば、なにがしかの独我論が、避けられなくなってしまう。

このスキャンする意識は、過去から未来にわたり、連続的に無数に存在している。それぞれが「今」を示している。「今」は無数に存在しており、客観的には、どれが本当の「今」かは言えない。どこが本当の「ここ」だとは言えないように。しかし、特定の意識についていては、その意識にとっての「今」が唯一の今であり、同時性がほとんど絶対的であるような生活をしている意識間においては、互いに共有しているスキャン断面のみが、世界で唯一の「今」だという観念が形成されることになる。

なお、スキャンする時空「断面 (三次元)」については、二通り考えられる。一つは、認識主体の乗っている座標系の同時刻「断面」である。それが、その認識主体にとっての客観的な「今」の事象の集合である。ただし、それらの事象は、その時点で知覚はできない。光速を超えたスピードで情報が伝わる必要があるがそれは不可能だからだ。したがって、このスキャン「断面」は、論理的に考えられるもので、直接の知覚の対象にはならない。もう一つは、認識主体の視覚可能「断面」である。これは、過去の光円錐「面」に相当する。ここにある事象は、認識主体が「今」見ることのできる事象の集合であり、遠くにあるものほど、過去に存在する。夜空を眺めている時は、まさにこの広大な過去の光円錐「面」を眺めているわけで、何万年も、何百万年も前の星々を、数マイクロ秒（100万分の1秒）昔の付近の建物や数ナノ秒（10億分の1秒）昔の傍らにいる人などと同時に見ている。この時空「断面」より未来にある事象は、その時点では知覚できない。この時空「断面」は、特定の時空点に立つ認識主体固有のもので、距離や時間が離れた他者と共有はできない。一方、同時刻「断面」は、速度が同じで互いに静止した関係にあるもの同士なら、距離が離れていても共有可能である。この「断面」を共有していることが、すなわちその座標系で同時刻に存在していることなのである。

　では、**どのように**スキャンするのか？　さしあたって、これについて言及できそうなことは、認識主体が、**四次元時空を「スキャンする速さ」**についてであろう。

「速さ」という概念には、二通りの意味が考えられる。一つは、物理学的な意味での客観的な速さであり、原理的には光速に対する比で定義される。これは、運動もしくは静止する諸物体の世界線の間の傾きであり、エネルギーや運動量を基礎づける客観的な値であり、四次元的に広がる世界の構造と基準座標系に基づくものである。もしくは、そこから基礎づけられる一定周期現象に対する当該対象現象の時間長の比である。自然科学や社会科学などの客観的記述において使われる「速さ」は、おしなべてこの意味でのものに基礎づけられている。

　だが、もう一つ、これとは別の意味での「速さ」が考えられる。それは、「意識」（もしくはそれに相当するなにがしかのもの）が、四次元時空をスキャンする「速さ」である。

　これは、「一瞬（一刹那）の長さ（の規模）」と表現してもいいかもしれない。それは、自分の所属している座標系において、客観的、普遍的に定義された時間について、そのどれだけの長さを「一瞬」として感じるか、という認識主体の属性として定義できるだろう。

「一瞬」というのは、その認識主体にとって、ほぼ単一の感知ができる程度の長さであり、その経過の終了を待つような意識が生じない程度の短さであるけれど、その経過を微塵も感じられないほどの短さではないという長さである。われわれの平均的な意識にとって、（自分の所属している座標系の）1分は、一瞬と言うには長すぎるし、1マイクロ秒は、一瞬以下である。生身の人間の意識にとって、一瞬の長さは、1秒前後、すなわち光がおよそ3億メートルくらい進む時間の長さだと考えられる（これは長さの規模を指す指標値だから、時間の直接的な長さではなく、その対数をとって考えたほうがいい場合が多いかもしれない）。

この「一瞬の長さ（の規模）」が小さいと、認識主体の四次元時空をスキャンする「速さ」は遅くなる。逆にこれが長ければ、速くスキャンする。ネズミは、ゾウに比べて、この長さが短いみたいだ（＊3）。だから、客観的な時間に基づく寿命の長さはかなり隔たりがあるけれど、「体感寿命」はそれほど違っていないのかもしれない。F1レーサーやベテランのバッターのように動体視力が人並みより優れている人は、もしかすると、この一瞬の長さを短くできるのかもしれない。そうであれば、体感的に物は、一般の人が感じるよりもゆっくり動く。あるいは、交通事故に遭った瞬間、光景がスローモーションのようだった、というような体験談を話す人がいるが、この場合も、神経システムの感度が密になって、通常より「一瞬」の長さが短くなったためかもしれない。もし、1ナノ秒が「一瞬」であるような、電子式コンピュータのような能力を備えた認識主体であれば、それは、四次元時空をとてもゆっくりスキャンするだろう。1年が「一瞬」であるような認識主体がもしあれば、すばやく四次元時空をスキャンし、10光年の距離もさして遠く感じないかもしれない。

＊3　本川達雄『ゾウの時間ネズミの時間』中公新書、一九九二年、四頁、によると、哺乳動物の心拍時間は体重の四分の一乗にほぼ比例するとか。

ちなみに、この「一瞬」において光が進む距離と、認識主体の身体がこの「一瞬」において行動（移動）できる距離との比が、その認識主体にとっての光速の規模を示すことにもなると言えるだろう。人間の場合は、この値は億のオーダーになってしまい、つまり、光は「一瞬」にして、自分の身体規模の数億倍の距離を進むと認識され、とてつもなく速いと認識される。もし、われわれと同じくらいの身体行動規模で、1ナノ秒を「一瞬」と感じられるような認識主体がいたとすれば、光速を表現する数値の値はぐっと小さくなって、相対論的効果が顕著に体感できるであろう。あるいは、われわれと同じくらいの「一瞬」の規模で、その「一瞬」における身体行動規模が、数億メートルにも達するような（目にも止まらぬ速さで動き回る）認識主体にとっても、やはり、光は遅く、相対論的効果が顕著に体感できるはずだ。

物理学は、光速が定数であるということしか語らない。それが、「速い」数値で表現されるのか、「遅い」数値で表現されるのかは、認識主体の側の属性であり、それが、四次元時空をスキャンする「速さ」、すなわち「一瞬の長さ（の規模）」なのだ。

なお、この認識主体の一瞬の長さは、その他の物理的過程の時間の長さと同様、座標系によって伸び縮みする。だから、「自分の所属している座標系において、」と但し書きを付けた。相対的に高速で移動している座標系同士では、互いに相手の一瞬の長さは長いと判断され、ゆえに、相手の心理的時間はゆっくり進行すると判断される。さらに、高密度に質量が集中した近辺の重力場では、この認識主体の一瞬の長さは、間延びしていると判断される。極端な場合、ブラックホールに飛び込む寸前のシュワルトシルト半径（光速でないと重力に抗してそこから飛び出せない限界面）付近にいる者の一瞬の長さは、この重力場から遠く離れた者からすると、長大に伸びきってしまっていて、あたかもその人の時間は停止してしまったかのように判断される。だが、ブラックホールに落ち込んでいる当人にとっては、それが、どんなに長大であろうとも、一瞬は一瞬なのだから、一瞬にして、落ち込んでしまうように感じられる（ただし、そんな状況下でも、意識が存続しえたらの話だが）。

3 今を持つもの持たぬもの

時間意識は、四次元時空を過去方向から未来方向に向かって三次元的「断面」でスキャンするものである。そう考えるとして、では、意識を持たない存在、例えば岩石のようなものは、スキャンはしないのだろうか。言い換えると、岩石には「今」はないのだろうか？　私は、岩石には「今」はないのではないだろうかと思っている。岩石は、ただ四次元的に存在しているのみだ。岩石の今を思うのは、時間意識を持つ主体の側である。「今」は純粋に客観的な事柄には属さない、ある種の意識現象ではないだろうか、と思う。なぜなら、絶対的客観的「今」なるものは存在しえないわけで、だとすれば、「今」は認識主体の側の属性だと考えねばならないからだ。

ただ、ここで「意識」と言っても、人間の意識のような、言語処理能力を持つなどの高度な意識に限定はできないだろう。犬や猫などは、おそらくわれわれの時間意識に近いものを持っていて、したがって、「今」を意識しているはずだとしか思えない。実際に犬や猫になって確かめることはできないけれど、餌に飛びついたり、危険を察知して逃げたりといった行動は、「今」がわからなかったらできないのではないだろうか。

犬や猫どころか、「今」という意識（相当のもの）は、それこそ、通常、意識とは呼べないくらい原初的なシステムにも存在している可能性が高い。すばやく捕食したり、逃れたりする昆虫たちに、「今」意識に相当するものがないとは考えづらい。ゾウリムシはどうだろう？　彼らには神経システムはないが、捕食活動を行う。

植物はどうなのだろうか？　植物に意識があるとはとても言えないけれど、しかし、光や温度の変化に反応する。動物の「今」ほど小刻みではないが、広い意味でのある種の「今」が植物には存在していると言えるのだろうか。

休眠中のネムリユスリカの幼虫はどうなんだろう。アフリカの半乾燥地帯に住む彼らは、からからに乾燥した状態で「永久休眠」という仮死状態を保つのだが、その期間は無生物である岩石などと変わらないのでは？　その期間、彼らに「今」はあるのだろうか？　その期間は、彼らには「一瞬」なのだろうか。それとも、彼らの時間は、仮死状態になることで分断されるのか。つまり、仮死状態以前は前世であって、蘇生は新たな時間の始まりなのか。

さらにヴィルスはどうなんだろう？　ヴィルスは、生命体というよりも高分子構造物と言ったほうがいいくらいのレベルであるし、結晶状態になることだってある。ヴィルスに「今」はあるのだろうか？　ヴィルスは、細胞以下というより、いわば遺伝子（ＤＮＡ）に若干のタンパク質部品がくっついたようなものでしかない。しかし、生物の体内時計は遺伝子レベルでも組み込まれていることが明らかになっているわけで、体内に時計を持つ以上、細胞核、あるいはもしかして活動中のヴィルスにも「今」はあると考えるべきか。ある種の遺伝子群は、いくつかのタンパク質合成の促進／抑制のフィードバック制御で、ほぼ24時間周期の時計機能を実現しているらしい。ということは、少なくとも「今日」というくらいの伸びやかな「今」を持っていると考えるべきか。もっとも原始的なシアノバクテリア内で最近見つかった、遺伝子を使わない、タンパク質の化学制御だけによる周期時計においてはどうなのか。ここまできたら、機械時計とそう変わらないのでは？　それでは、時計を持つものはおしなべて「今」を持つのか？

そこまで言うのなら、コンピュータシステムはどうなのか？　コンピュータの中央処理演算装置（ＣＰＵ）はその「体内」に時計を持っていて、その動作制御を原理的に支えている。通常のコンピュータシステムに意識なんてないことは確実に言えそうだが、ある種の入力情報に反応する機能を持っていたりはする。そこに、「今」はあるのか？

そこまで単純なシステムに「今」があるとは考えづらいとして、では、何らかの過去把持のような記憶システムがあれば、「今」は存立するのだろうか？　だとすれば、しかるべく高度に組織されたコンピュータシステムなら、作りようによっては「今」を持てるとも言えるのか。

「今」を持つものと持たないものとの境界はどこにあるのだろう。こんな問題を立てること自体、あまりなされてこなかったことであるし、私も正直、考えあぐねている。もちろん、「今」が客観的に唯一絶対のものであれば、こんなことを考えること自体がまったくナンセンスなわけなのだけれど、そうでないと考えざるをえなくなった以上、これはやはり問題として浮上してくるのではないだろうか。だが、これは原初的なレベルからの階層において、そもそも「意識」とは何か、その発生とは？　といった問題とも深く関わってきそうで、容易ならざる問題である。

ともあれ、「今」には、ゼロではない（例えば「一瞬」として認知しえるだけのような）時間幅があると考えられる。時間幅ゼロの存在は非存在であって、非存在の「今」を考えても仕方がないから、これは前提としていいだろう。すると、光速に近いような速度で移動する者の、所定の時間幅の「今」を考えると、それは静止している者にとってはかなり間延びしていることになる。それは決して一瞬ではない。一方、彼からすれば、こちらの「今」こそが、間延びしている。同時刻が一定でない上、このように「今」の時間幅も相対論的効果から互いに違っていたりするのだから、そもそも、宇宙共通の「今」などはありえない。

極端な場合は光子だ。光子は、「今」を持つだろうか。光子は常に光速である。したがって、光子系にとっては、同時刻のラインと同地点のラインは重なってしまう。光子にとって、自らが生まれる時空点と自らが消滅する時空点は同時刻であり、かつ同地点である。そこに、「時の流れ」なるものが成立可能であろうか。過去から未来まで、すべてが同時なのだ。かつ、同じ場所なのだ。光速の事物は実に特別な存在だ。光速より、ほんのわずかでも遅ければ、それは、すべての速度と相対的に対等になりえ、座標変換で静止を含むあらゆる速度にもっていけるのだが、光速だけは、すべての座標系にとって光速であり、光速以外にはなりえない。そしてここでは、単位時間も単位長さも定義不能になる。すべてが一瞬であり、かつ全域でもある。光速系に、「今」が成立しうるとは考えられない。それればかりか「ここ」も成立しない。特異な極限的座標系なのだ。

4　タイムトラベルについて

ここで、タイムトラベルの問題について考えてみよう。ＳＦでは定番中の定番なのだが、ここでは、あくまでも理論的に、時間論として考察する。

時間旅行は、未来へ行く場合と、過去へ行く場合の二通りに分けて考える必要がある。

未来への旅行については、原理的には問題はない。全体としてほぼ平坦とみなせる時空内において、いったん遠く離れて、引き返して戻ってくるという運動をした者は、そうしない者に比べて、体験する経過時間（固有時）が短いことが、相対性理論から導き出される。いわゆる「双子のパラドックス」と呼ばれている事柄である。宇宙旅行をした双子の兄は、自分の年の取り方が相対的に地球にとどまる弟よりも遅いので、戻ってきた時、未来に行ったと感じることになる。運動は相対的なものであって、互いに離れて、また近づき再開するという点だけ考慮すれば、地球にいる弟の方が宇宙船の兄に対して往復運動したという見方もできるわけで対称的なのに、宇宙旅行をした兄の方が一方的に若いという非対称な現象がなぜ起こるかと言えば（それゆえに「パラドックス」といわれているわけだが）、全体としてほぼ平坦とみなせる時空内において、兄の方が、遠く離れた場所で加速度運動をして引き返したからである。この減速・加速期間中に、兄の同時刻のラインが急速に傾きを変え、弟は一気に年を取ってしまったと考えられる。ほかにも、いろいろ説明の仕方はあるのだが、ともかく、このようなことが現実に実現可能であることは、理論的に証明されている。そして、誰かが未来に一方的に行ってしまったとしても、因果関係などで問題を引き起こすことはまったくない。

双子のパラドックスについてもう少し詳しく説明しておこう。地球側も宇宙船側も、どちらから見ても、互いに相手が遠ざかり、そして反転して近づいてくるという関係だと言えるわけで、一見対等なように思えるのに、なぜ、多くの時間が経過してしまうのは一方の地球側の方で、その逆ではないのか、それがパラドキシカルなわけである。

これについて、巷では、結構曖昧な説明で誤魔化されてしまっているケースがあるから、注意しなくてはならない。例えば、一方は加速運動するのに他方はそうではないとか、一方は慣性力という見かけの力を体験するのに、他方は体験しないとか、全宇宙が動いて見えるかそうでないかが違っているとかを指摘し、両者はそれゆえ対等ではないから矛盾ではないとか言って説明する。単に、両者の非対等性を指摘しただけで、どうして時間の経過に差が生じることの説明になるのだろうか。それに、もし近距離で加速したのでは、効果はとても小さなものだし、Uターンするのに重力場を利用したら、慣性力は体験できなかったりする。だから、誤解を招きやすい説明だ。双子のパラドックスは、同時刻の相対性や時空の計量構造に具体的に即して説明されなくては、理解できることではない。いろいろな説明方法があり、最も汎用性の高い説明方法は、時空の幾何学的計量に基づいて固有時間を積算するやり方になるのだが、ここでは同時刻の相対性とドップラー効果による説明を紹介しておこう。

それでは、具体例で説明しよう。例えば、光速の60%の速さで遠ざかると、相手の単位時間は、互いに25%間延びすると判断される関係になる。すなわち、例えば、自分の時計が一〇年経過した時点で、相手の時計はまだ八年しか経過していないと互いに判断される関係にある。そう判断されるということで、実際の直接的な観測に即して述べれば、相手の一〇年経過したという光信号を受け取るのは、互いに二〇年後である。もし、相手の時計が遅れていないなら、もっと早く受け取るはずなのにと互いに思う関係である（図3―5―1）。ここまでは、互いにまったく対等の関係である。

ここで、宇宙船が（地球系での）30光年先で一気に反転し、逆向きの同じ大きさの速度で引き返したとしよう。地球系から判断すると、五〇年後に宇宙船は反転し、宇宙船側の時間経過は遅れていて、往きと帰りそれぞれ四〇年ずつしか経過していないということになる。一方、宇宙船系から判断すると、この反転（すなわち、減速し、さらに逆向きに加速）している間に、宇宙船系の同時刻を示すラインは、その傾きを急速に変えてしまう。それで、その間に相手側（地球側）では、三二年目から六八年目に一気に三六年の時間が経過してしまったことになる。そして、その後の宇宙船系の四〇年間に地球は三二年しか経過しない形で、両者は再会する。宇宙船系からしても、等速運行中はやはり相手側の時間進行は遅れているわけだが、加速時に地球側の時間が一気に経過してしまうから、再会時点では自分の方が二〇年若いことになる。ただし、ここでも誤解してはならないのだが、この反転している最中に、地球に住んでいるものの活動がビデオのコマの早送りのように一気に速く動いて「見える」わけではない。どのように見えるかについて述べるなら、次のようになる（図3―5―2）。

まず、宇宙船側からは、定期的に地球から送られてくる地球時刻の信号を受信する頻度が、反転する前と後とで違ってくる。四〇年目に反転した時点では、二〇年しか地球は経過していないのに、反転後は、帰りの四〇年間に地球時間は八〇年が経過してしまうように見える。それで、帰還した時には、地球は宇宙船の八〇年間の往復の旅の間に一〇〇年が経過したことをじかに知ることになる。他方、地球側からは次のように見える。定期的に宇宙船から送ら

図 3-5-1

同時刻ラインに注目した客観的時間経過の説明

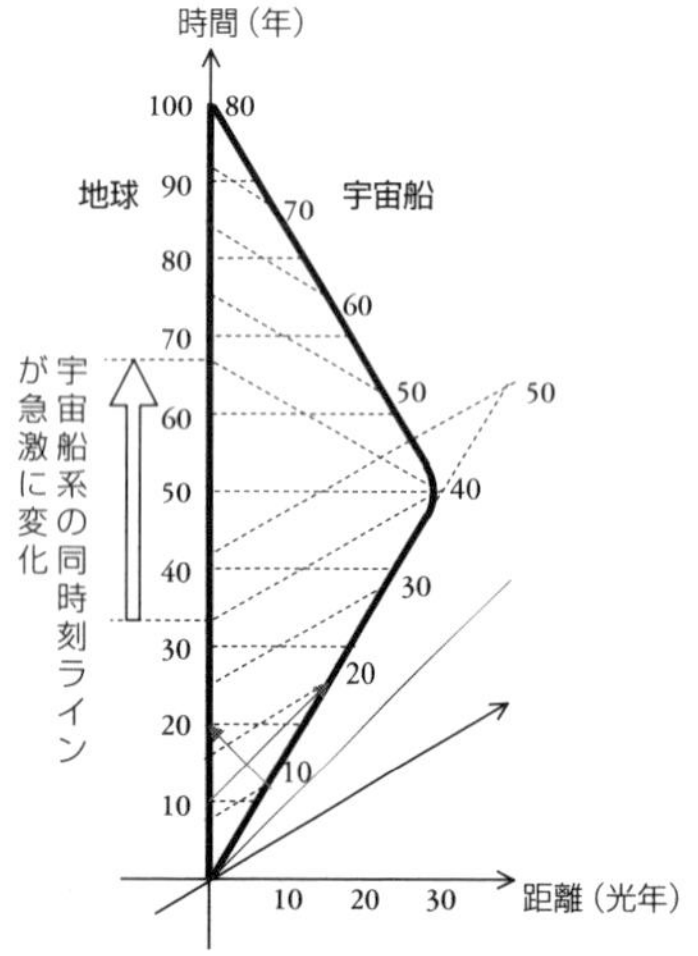

地球系の同時刻ラインはずっと平行のまま，
傾きは変わらない。
宇宙船系の同時刻ラインはUターンの時点で、
傾きを急に変える。

図 3-5-2

等間隔の時間で相手に送られる光信号の見え方による説明

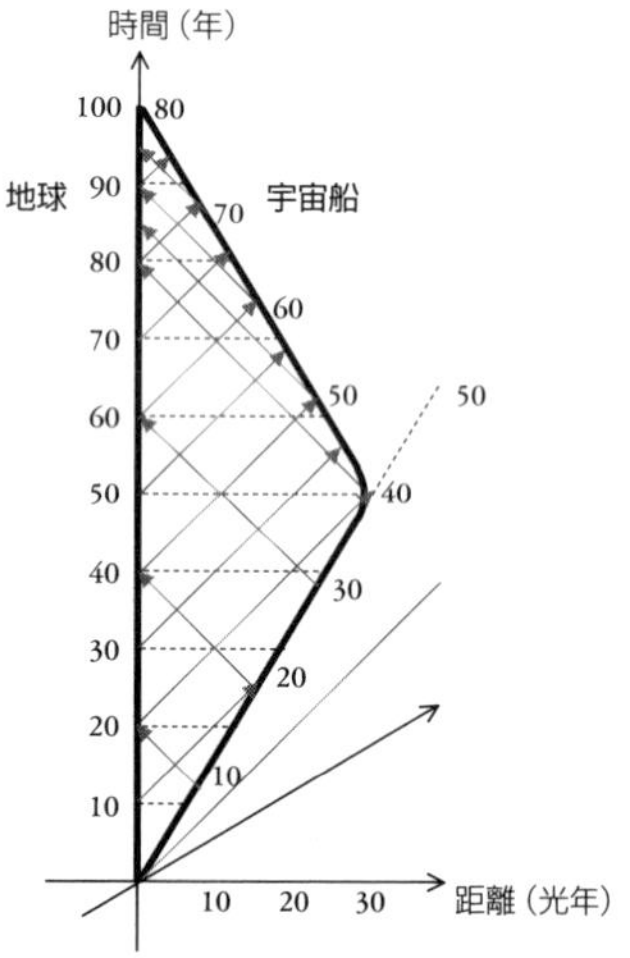

地球から等間隔で送られる光信号を宇宙船が受信する。
宇宙船から等間隔で送られる光信号を地球が受信する。

れてくる宇宙船時刻の信号は、ずっとまばらな頻度でやってきて、八〇年経った時点でやっと、四〇年経過してこれから反転しますという信号を受け取る。その後、信号を受け取る頻度が急に高まって、地球の経過が二〇年という短期間で、宇宙船の残りの四〇年間の経過報告を受信することになる。結果、宇宙船が戻って再会した時は、地球は一〇〇年が経過していて、宇宙船は、ちょうど八〇年目を迎えたところだということをじかに知る。出会った時に互いに確認する事実はまったく同じだが、観測されるその経過の様子、つまり相手の見え方は明確に異なっている。宇宙船では、Uターンする直前までは、地球時間はゆっくり進行するように見えて、直後から急に早く進行しだすように見える。他方、地球からは、宇宙船時間はずっと、ゆっくり進行するように見え続け、宇宙船がUターンした時の信号がやってきたかなり後の方の時刻から、急に宇宙船時間の進行が早くなるように見える。この見え方の違いは、物理学ではドップラー効果と呼ばれる。遠ざかる波は疎らに、近づく波は密に受け取るという、目の前を通り過ぎる前後のサイレンの音の高さの違いでお馴染みの現象だ。宇宙船側は、自らがUターンするその前後で、このドップラー効果を感知するが、地球側は、地球ならびに全宇宙が、宇宙船に対してUターンした時には何の変化も感知せず、宇宙船が地球に対してUターンしたという知らせをある程度の時間経過の後に受け取ったその時点で、ドップラー効果を感知する。ここが、直接的な観測現象における両者の決定的な違いである。これによって、ほぼ一様な重力場の時空に対し、本当にUターンしたのが、地球の方なのか宇宙船の方なのかが明白にわかる（なお、ここでは計算を単純にするため、Uターンは瞬時に実現されたように仮定したが、実際は方向転換にはある程度の時間がかかるわけで、それについて厳密な計算をしようとしたら、宇宙船系の固有時の線積分が必要である）。

なお、現代の技術水準では、とても、この効果を顕著に経験するのは難しいだろう。例えば、宇宙船が秒速640キロメートル（ボイジャーの一六倍）程度で二五年間飛び続け、そこ（約53ミリ光年先）から一気に引き返して二五年かけて地球に戻ってきた場合だと、宇宙船の飛行士は、確かに、地球で五〇年間生活していた人より年の取り方は遅いことになるのだが、その差は一日くらいのものである。しかし、もし宇宙船の速さが光速の九・九％くらいで、同じように二五年ずつ往って戻ってきた場合だと、折り返し地点は、地球から約500光年離れた所になり、戻ってきた時には地球は一千年くらい経っていた、ということになる。この場合、等速運行中は、地球側の時間はきわめてゆっくり経過しているのに、折り返し地点において、地球の一千年に近い歳月が一気に経過してしまったわけである。

このように、かなりの高速で遠距離まで旅行しないことには、顕著な効果は体験できないわけではあるが、理論的には、確実に、地球の未来に比較的短時間で行くことは可能である（ただし元の過去の地球に戻ることはできない）。

なお、これと似たような効果は、（仮に実現可能だとして）完璧な凍結仮死状態などで長期間保存されたのち再生された場合でも得られるかもしれない。保存期間中は、時間経過の意識が生じないだろうからだ。だが、この場合は、単なる意識だけの問題である。彼の身体はたとえ老けなかったとしても、少なくとも原子レベルにおいては現実に地球上で長期間過ごした歴史を持っているのであり、彼はただ眠りながら若さを保って人より長生きしただけである。一方、宇宙旅行を使った場合は、意識を含めたすべての物体の時間経過が（すなわち時間そのものが）遅れるわけだから、未来への旅行として両者を同列には論じられないだろう。

ところで、これが、本当に未来へ行ったと言えることになるのかどうかは、一考してみる価値はありそうである。この場合、宇宙船の飛行士は、自分の時間の進み方を地球に比べて遅くなるようにしただけである。自分の意識や身体をはじめ宇宙船に乗った物体の進行は、確かに地球上の同種のものに比べてゆっくり進行しただろうが、それは、彼が地球時間をすばやくスキャンしてしまったというだけのことである。自分の固有の時間については、ただ、たんたんと経過している。彼は決して、「自分の」未来に行ったわけではない。

地球に戻ったとして、そこでは、早く年を取った他人もしくはその子孫に会うかもしれないが、未来の自分がそこにいるわけではない。もしいたならば、宇宙旅行をしてきたこの自分は、では一体、何者かということになる。一方、地球の自分は、自分の分身が宇宙に旅立ち、そして、あまり年をとらないで戻ってきたことを確認するということになるが、結局、その自分の分身は、他人ではないだろうか。いずれにせよ、そんなことはありえないわけで、未来の自分に会うなんてナンセンスである。

それでは、本当に「自分の」未来に行こうとしたら、どういう状態が実現されればよいであろうか。自分が今、入学したばかりの高校生だとして、高校を卒業した三年後の未来の自分に、三年の歳月をかけて行ったとしたら、それは、未来に行ったとは誰も評価してくれないだろう。それなら、誰もが未来へ旅行しているというものだ。瞬時に、卒業後の自分になっていてこそ、未来に行ったと評価できるだろう。では、瞬時に卒業後の自分に移ったとしよう。その時、高校三年間の思い出を一切持っていなくて、中学生までの記憶しかない状態だったとしたら、それは、果たして未来の自分と言えるのだろうか。少なくとも、周りからは記憶喪失になってしまったと見られるだろう。では、高校三年間の思い出をすべて持っている状態に瞬時に移ったらどうであろうか。それは、確かにまぎれもない未来の自分である。だがその場合、自分は三年前から瞬時にやってきたと思うことができるだろうか？　確かに、この三年間なんて、あっという間だったという感慨に耽ることはできるだろうけれど（ところで、ここで言う「瞬時」の時間とは、いかなる時間なのか？）。

それでは次に、過去への旅行について考えてみよう。

過去に戻って、もう一度やり直したいなんてしみじみ思うことはあるものだ。例えば、馬券を買って、レースが終わった時などにそんな思いのよぎる人が多いと聞く。だが、そこでもし、光速をいくらかでも超えることができるなら、馬券を買う直前に戻ることができることがわかっている。

光よりも速く進んだからと言って、それは、より速く遠くに行けるだけのことではないか、なぜ、それで過去に行けてしまうのか、と疑問に思う人がいるかもしれないので、説明しておこう。

図３―５―３で、原点Oは、レース終了後の今の私（S系）の時空点を表している。点Pは、馬券購入前のある時点の私を表している。ここで、原点Oから、光速を超えて誰かに時空点Qまで行ってもらう（これは、別に人でなくてもよい。勝ち馬情報を書き込んだマイクロチップでもなにがしかの波動でもよい）。私から判断して、確かにこれは、光速以上の速さで遠くに行ったというだけのことにすぎない。しかし、光速にせまる速さで移

図 3-5-3

光速を超えられると過去に行ける

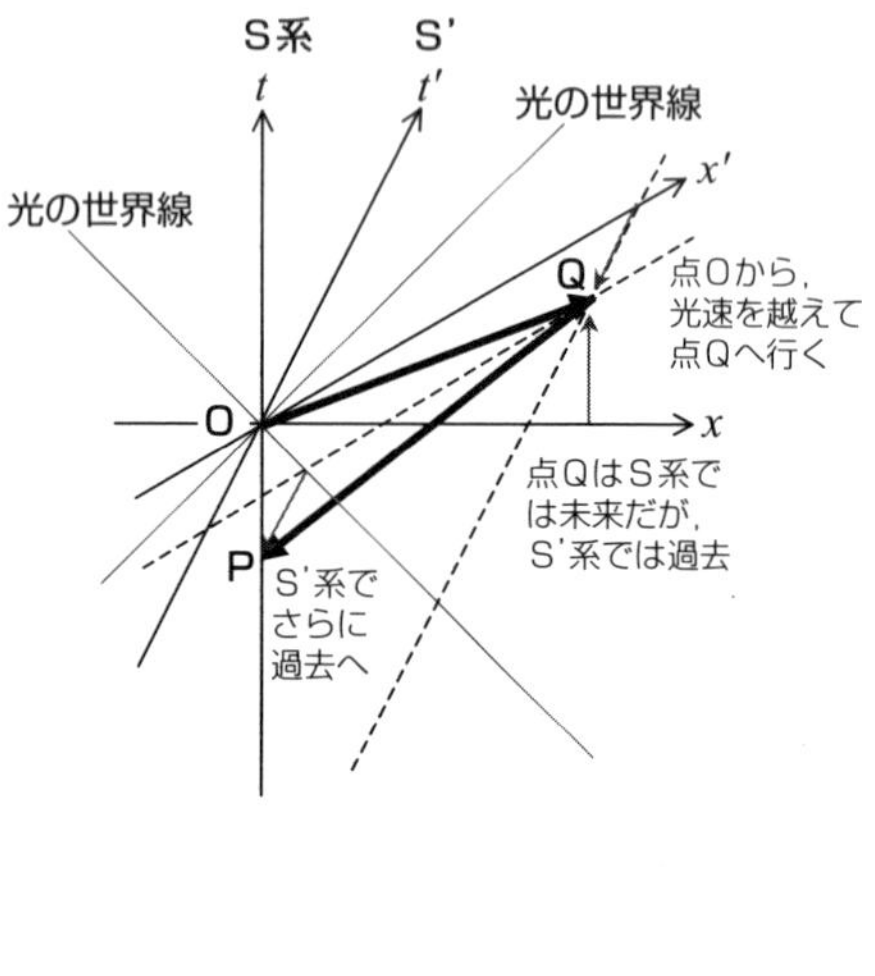

動している別の座標系（S'系）にいる人からすると、同時刻のラインが異なるため、時空点Oから時空点Qへの移動は、過去に移動したことと判断される。ここまでなら、別に私にとっては何のメリットもない話だ。しかし、この別の座標系の人からして、過去への移動が可能だということは、空間的に逆方向でも過去に移動することは可能なはずだと判断される。それで、勝ち馬情報を携えて、今度は点Qから点Pへ移動させることができると考えられる。この座標系にとっては、同じ「過去向きの速さ」で、空間的に反対方向に移動させただけである。いや、点Qから点Pへを未来向きの超光速移動として判断できるもっと別の座標系だってある。これを利用すれば、過去向きのベクトルを一切使わないで点Oから点Pに情報を伝達できる。かくして、勝ち馬情報は、馬券購入前の時空点Pに到達できることになり、これによって、（過去の私がまっとうな判断をしてくれれば）今の私は、ハズレ馬券を持っている状態から、アタリ馬券を持っている状態にいきなり切り替わるはずだ。なんとも、めでたい話である。いきなり直接過去に行かなくても、光速を超えられさえすれば、過去へ行く道は開けるのだ。

では、どうしたら光速を超えられるのか。少なくとも、どんどん加速してついに光速を突破するというやり方では光速突破は原理的に不可能なことがわかっている。相対性理論における速度の合成則（第1章第3節(4)参照）からは、どんなに速度を加えても光速を超えられないことが導かれる。光速で走るものから光速で射出された物体は、光速の二倍ではなく、やはり光速なのだ。さらに、相対性理論では、運動エネルギーは、その物体の質量の増分であるわけで、これは、光速に近づけば近づくほど限りなく大きくなってしまうことがわかっている。質量は、すなわち、加速しにくさのことであるわけだから、物体は光速に近づけば近づくほど、重くなってさらに加速することが困難になる。そして、光速においては無限大に発散してしまうので、実質、加速して光速を超えることはできないのである。なお、物理学では、仮説上、「タキオン」という超光速物質が考えられたりすることがあるみたいだが、これは逆に、光速以下にはなりえない物質であるとされる。だから、これに、情報を載せて運んでもらう方法は考えられていない。今のところ、実用性を論じられそうな規模の超光速の情報伝達の方法は見つかっていないようだ。

それでも、物理学者の中には、執拗に過去旅行の理論的可能性を追求している人たちがいるみたいだ。拠り所は、さしあたり、一般相対性理論である。それによれば、時空は、質量やエネルギーが密集した所では湾曲していることになっている。その極限がブラックホールである。ブラックホールも高速回転するなどして条件がよければ、単に潰されて閉じ込められるだけなのではなく、別の宇宙とか、同じ宇宙でもまるで違う場所（光速以下では生涯かけてもとても行けそうもない場所――過去の宇宙でもありえる）に瞬時に行けてしまうのではないか、という理論的可能性が研究されている。純粋に数学的な研究でしかないのだが。生半可なブラックホールだと、われわれの体はそこへ近づく過程でばらばらに引き裂かれてぺしゃんこにつぶされてしまうから、少なくとも太陽が数万個以上圧縮されているような超巨大なブラックホールでないと安心して近づけない。何にしても、原子もその形を維持できない世界で、どうやって生きてそこを通れるのかはまったく想像もできないのだが。

このような、離れた時空点と時空点を瞬時に結ぶ時空のトンネルは、「ワームホール」と呼ばれている。このワームホールは、存在したとしても大変小さく、きわめて短時間しか持続しないらしく、なんとかそれを長時間大きく口を開かせないと実用的でない。そこで、今考えられているのは、負のエネルギーによって負の重力を作って開かせようということらしい。これは、量子的なゆらぎで大変短い寿命で確認されているにすぎないものなので、技術的課題は想像を絶するほど途方もなく大きい。

ポール・デイヴィスは、『タイムマシンをつくろう！』(＊4)で、タイムマシン作りの構想として以下のようなプランを解説している。

ごくかいつまんで紹介すると、まず、第一ステップとして、重イオン加速機で重い原子核を衝突させて10兆度のクォーク・グルーオン・プラズマの泡を作り、第二ステップでは、それをさらに超微小な高密度の球に圧縮する。技術的な決め手はまだ定かではないが、1立方メートルあたり10キログラムの1兆倍の1兆倍の1兆倍の1兆倍の1兆倍の1兆倍の1兆倍の1兆倍くらいというとてつもない高密度に持っていき、微小なブラックホール、ないしワームホールを作る。第三ステップは、負のエネルギーによって小さなワームホールを押し広げる。第四ステップは、ワームホールの口の一方を加速器を使うとか中性子星の近くの強力な重力場を使うとかして、経過時間がゆっくりになるようにして、ワームホールの二つの口に時間差を設ける。これは、乗り物のような機械というよりも、大宇宙をあるいは時空そのものを労働対象とした一種の超超……超巨大建造物である。

ため息を何兆回繰り返しても追いつきそうもないくらい途方もない話ではあるが、とりあえず理論的可能性の追求として、物理学者の中には真剣に取り組んでいる人たちがいるみたいである（実際のところ、彼らの本当の目的は、このような思考実験を通して、量子重力理論のような現代物理学の理論的課題を研究するところにあるみたいだが。ちなみに、ワームホールを使ったタイムトラベル理論は一九八八年のキップ・ソーンの発表に始まる。また、リチャード・ゴットの宇宙ひもを利用するなど、仮説に基づいた過去旅行の理論的探求はいくつかあるらしい）。さしあたって、ハズレ馬券を過去に戻ってアタリ馬券に変

＊4　Paul Davies, *How to Build a Time Machine*, 2002. ＝ポール・デイヴィス『タイムマシンをつくろう！』林一訳、草思社、二〇〇三年、第三章「タイムマシンの作成」（一〇七〜一三八頁）。

えようというのは諦めて、次のレースに賭けた方が賢明なようである。ちなみに、時空的決定論からすれば、次のレースの券を買うのか否か、何を買うのか、結果はどうなるのかは決まっていることになるのだが、レースが終わるまで結果がわからないことも、それまでは期待や夢に浸れることも、一応保証されている。無論、賭け事なんかやめて、家庭を顧みるという選択肢だって閉ざされてはいない。

私は、これらのタイムトラベル理論の可否を具体的に判定はできない。ただ、仮に過去に戻るような存在の仕方が理論的に可能だとしても、過去に戻ってなお、自由に意志が変えられるという観念には納得できない。よく指摘されるように、この場合は、因果律で重大な問題を引き起こしうる。典型的な例は、子供が過去に行って、自分を生む前の親を殺してしまったら、などの問題である。このように因果関係に矛盾をもたらすということも重大であるのだが、そもそも、過去に戻るということは、意識状態も含めて戻ることだと私は思うから、過去の意志を変えるということ自体が、自己撞着でナンセンスなのだ。もし、意識状態も含めて過去に戻るということならば、矛盾はない。つまり、これから初めて過去に旅行するのだという意識の状態に戻るわけである。すべては完全に同じに繰り返される、それこそニーチェも腰を抜かすくらいの完璧な永劫回帰が、そこに成立しているわけで、それなら矛盾はない。

もし、過去に戻ってなお、未来から来た記憶があるとすれば、それは、厳密には過去に戻ったとは言えない。過去は、そういう記憶のある自分が存在している世界ではないからだ。ましてや、過去とは別の意思や行為などがあっては、もう完全にそれは過去とは呼べない。重大な因果的矛盾を引き起こさないように慎重に行動すればよいのではなどと思う人がいるかもしれない。実際、ＳＦでは時空警察とかが取り締まりをしているような状況が描かれていたりする。しかし、これは、とても人間中心的な発想だ。石ころを少し動かしただけで、多くの微生物の運命が変わるのだ。自分たちの運命さえ安全に保たれれば善しというのは身勝手ではないか。それに、この世は複雑系である。うっかり、蝶の羽ばたき具合を変えでもすれば、その影響が微妙にめぐりめぐってどこかで巨大なハリケーンをもたらして多くの命を奪う結果につながらないとも限らない。

そもそも、過去をいくらかでも変えられるということを認めるのなら、それは、別の時空、別の宇宙に行ったということになるだろう。その場合は、やはり、多世界論を世界モデルに選ぶことになるのだろう。本書は、多世界論の論理的可能性を全否定はしないが、その立場は選択しないという前提で展開してきているので、このようなお話は、これ以上論及しない。

単一世界論で考える限り、未来から来た記憶のある人がもしいるとすれば、その人はそういう記憶を持った者として、突如この世に現れ、突如消えて行く人のことである。その人には、「これから、初めて過去に戻る」という状態は、一度たりともあったことがないはずだ。

先の馬券の話に戻って考えてみよう。ある日、彼は馬券を買いに行ったら、未来の彼自身からの使者だと称する者が現れ、これが今度のレースの勝ち馬だからこれを大量に買えと書いてあるメモを渡された。彼は、そんな怪しげなメッセージは信じられるかと、自分の予想に従って馬券を買った。結果、渡されたメモの通りに買っていたら大勝利だったことを知る。その時、彼は過去の自分にメッセージを送ることができるという人に出会う。ほかでもない、かつて自分にメッセージを渡してくれたその人だ。それで、彼は、手にしていたメッセージをその使者に渡し、過去の自分にもう一度渡してくれるようお願いする。

そして使者は過去に行き、馬券を買う前の彼に会う。そして、……。これが延々と繰り返される。なるほど、これなら矛盾なしだ。

さらに、こんなことも考えられないこともないのでは。ある人が、ある日、過去に戻る薬を発明したと主張する。シアン化カリウム（青酸カリ）を主成分とした特殊な薬で、彼は自らそれを飲んで、過去に旅立った。そして、彼は過去に戻る。過去に戻るなんて考えもしなかった時点の自分に戻る。そして、あれこれ活動を重ね、ある時から過去に戻りたいと思うようになる。やがて、彼は、過去に戻る薬を発明する日を迎えることになる……。四次元時空をスキャンする意識が、サイクリックである証拠は何もないが、否定する根拠もまたない。だから、これは論理的には成立不可能と言い切るのは難しい。傍から見たら、岩を頂上に押し上げては、また転げ落ちてしまいそれを延々と繰り返すという、ギリシャ神話に登場するシジフォスの方がまだましな生き方ではないかと思うかもしれないが、当人にしてみれば、ひたすらエキサイティングな人生だとも言えるかもしれないし。何しろ、未来の記憶はないのだから、何度も繰り返してもう厭きたと思う心配はない。ちなみに、もしかしたら、過去に戻るには、何もそんな過激な薬を飲まなくてもいいのかも。目が覚めた時、あなたはひょっとしたら、未来から来たあなたかもしれない。ただし、昨日までの記憶しか持っていない状態になって。

……そして、さらに、こんなことも。過去に行く時、何も自分の意識に行く必要も、考えたら、ないのだ。他人のその時点までの意識状態になってその人になりかわってもいい。それでも、それは厳密な意味で過去のある状態とまったく変わらないわけで、論理的矛盾は何も起こらない。目が覚めた時、あなたはひょっとしたら、未来から来た別の人かもしれない。ただし、その人は、自分のそれまでのすべての記憶を消し去って、昨日までのあなたの記憶に置き換えた状態であなたの身体に宿ったのだ。「え？　私って、誰⁉」

5　時間の方向について

本章の最後として、「時間の方向」の問題を取り上げよう。時間の方向には、過去の方向と未来の方向の二方向があり、時間は一次元であると考えられる限り、この二方向以外はありえない。

ところで、本当に、時間の方向というものが問題になるのは、過去から未来にわたっての時空の存在が、（たとえ無意識にせよ）前提とされた場合である。存在するのはこの現在のみであるという世界観では、そもそも、時間の方向なるものを考えること自体がナンセンスである。それは時間の空間化に侵された発想だ。想起される過去と、予想される未来との区別は自明であり、方向なんてありえない。あったとしてもそれは仮想の概念としてである。映画フィルムを逆転させたような現象がたとえ起きたとしても、それはそういう現象が起きたというだけのことであって、それをもって時間の方向が逆転したととらえられることはないはずだ。

時間の方向の問題で、必ず出てくる話題に、「エントロピー増大の法則」があるが、「エントロピー増大の法則」が、時間の方向性を作り出しているかのように誤解されてしまっている場合もあるみたいだ。この法則は、時間の方向性を判断する指標（の一つ）として、指摘されていることであって、この原理に基づいて時間の方向性そのものが発生したわけではない。方位磁石の一定方向を向く性質が、南北の方向の存在をあらしめたわけではないのと同様である。地磁気の性質がなくても、地球の自転軸に基づいた南北の方向は存在しているように（現在の地球は、たまたま磁極と地軸の極とがおおよそ一致しているにすぎない）、「エントロピー増大の法則」がなくても、過去や未来の方向そのものは存在しうるのだ。これは時間の一次元性そのものの直接的属性である。ただ、こう言い切れるためには、いわゆる「B系列」論者であらねばならない。裏を返せば、「A系列」論者は、時間の方向についての議論は慎重にしてもらわないと、無用な混乱を招く。

「時間の方向」の問題とは、時間に方向性があるかどうかの問題ではない（少なくとも）。一次元の時間の存在を認めれば、それはあるに決まっている。「時間の方向」の問題とは、時間の方向における「対称／非対称」に関する問題である。ここのところで混乱している人がいるといけないので、一応、念のため。

この世の現象は、過去から未来方向に向かってなぞった場合と、未来から過去方向に向かってなぞった場合とでは、明らかに異なる特徴がある。「覆水、盆に返らず」といわれるように、逆向きにした動きはありえないと考えられるような現象に囲まれてわれわれは生活している。ガラスのコップが砕けて破片になることはあっても、破片が自動的に集まってきてガラスのコップになるなんてことは起こりえない。このような不可逆現象は、時間の方向について、「非対称」だといわれる。

この非対称性（不可逆性）を示す現象は、科学的には、以下のケースに分類されている。

(1) 熱力学的不可逆性　（エントロピー増大の法則）
(2) 放射現象において先進波は存在しないこと
(3) 宇宙論的構造における過去と未来の非対称性

そして、これらを踏まえて、「因果連関（相互作用）や情報伝達は、過去から未来に向かっての一方向のみが認められる」と一般に考えられている（少なくとも巨視的には）。なお、時間の非対称性については、時空内に分布する諸事象の非対称性と、時空そのものの構造的非対称性とが考えられ、前記(1)と(2)は、前者の視点で考えられるが、(3)に関しては、後者の視点も重要になってくる。

ここで、世の中そのように不可逆になっているんだ、それでいいではないか、どこに問題があるのか、と思われるかもしれない。ところが、少なくはない物理学者が、なぜ、この世は、かくも不可逆で、過去と未来は非対称なのだろうという疑問を投げ続けてきているのである。

なぜ彼らは、不可逆性、非対称性というこの世の常識的傾向に疑問を持つのか、というと、彼らの究極の拠り所である物理学の基本法則は、（ごくわずかの例外(＊5)を除いて）ことごとく、過去方向と未来方向について対称的な形をしており、可逆性を許しているからである。基本法則（原理）は対称なのに、なぜ現実は非対称なのか、それには何か非対称ならしめる理由があるに違いない、と考えるわけだ。

物理学の基本法則は、一般に、時間を含んだ微分方程式で表現されることが多い。つまり、ごく微小な区域と時間における各物理量の関係式という形式で与えられる。この微分方程式を解くというのは、この関係を普遍的に保ち続けるような関数（原始関数と言う）を求めることであり、これは、その場その時の（つまり地理的、歴史的）条件に依存してさまざまな関数になる。この関数において、時間はパラメータとして機能し、それぞれの時刻に対応した所定の物理量が得られる。この関数を時間について反転させたとする。つまり、関数のグラフとしてはある空間軸を軸にひっくり返すようなことをしたとする。こ

＊5　今、認められているわずかな例外として、中性K粒子のふるまいがあるらしいが、この現象が他のすべての不可逆性の基礎になっているとは考えづらい。

のようなことをして得られた関数は、やはり、元の微分方程式を満たしている。つまり基本法則は時間反転した世界でも通用しうることをこれは示しているわけだ。

これは、微分方程式を使って基本法則を表現することそのものに付随した単なる論理的帰結にすぎないのだろうか。が、ともあれ、時間対称な基本法則は、物理学的な実証検証を厳密に受けたものである。実際、ニュートンの運動法則に従う天体の運行のようなシンプルな過程は、逆向きにしても何の不自然さもない。それらの時間対称な法則は物理学的真理を表現しているのであって、あらゆる現象は、それにのっとってしかるべきである。では、われわれが体験する時間的非対称性は、何を根拠に生じるのだろう、という問題が生じる。

ここで、先ほど掲げた、時間的非対称性（不可逆性）を示す現象について、簡単に説明しておこう。

（1） 熱力学的不可逆性（エントロピー増大の法則）

これは、熱力学第2法則のことである。過去から未来に向かっては、（エネルギー的に閉じた系において）エントロピーは常に増大している。冷たい水に熱いお湯を入れれば、ぬるま湯になるが、逆にぬるま湯が、冷たい水と熱いお湯に分離することはないという法則で、これは、各構成粒子の統計的傾向として解釈されている。つまり、冷たい水と熱いお湯に分離することがまったくないわけではないが、ほとんどゼロに近い確率でしかありえないと解釈される。

生命が発生していく過程は、そこだけ見ればエントロピーが減少しているのだが、生命系は開放系であり、物質・エネルギー代謝の過程でエントロピーを排出している部分があり、それらも含めた全体系で考えれば、エントロピーは増大している。巨視的には充分検証された一般法則なのである。だが、充分に限定された領域でほぼ平衡状態に達している流体を考えた場合、平均的状態（エントロピー最大値）からずれてやや偏った状態に移行することは自然にある。これは「ゆらぎ」と呼ばれる。この場合、エントロピーは減少する。したがって、この法則は、マクロな現象に適用されうる統計法則だと考えられている。

(2) 放射現象において先進波は存在しないこと

これは、池に石ころを投げ入れた時、中心から同心円状の波面が池の岸に向かって広がっていく現象はありえるが、その逆で、池の岸から波面が沸き起こって、ある池の中心に向かって波面がすぼまっていくという現象はありえない、ということである。前者のような中心から広がる波を「後進波（遅延波）」、後者のような中心に向かう波を「先進波（先行波）」と呼ぶ。

マクスウェルの方程式を解いて得られる放射の波動方程式は、この後進波と先進波の双方が得られる。実運用上、先進波の方の解が捨てられるが、原理的な意味では、先進波は物理的に不合理な現象とは言えないのである。特殊相対性理論でも、未来の光円錐と過去の光円錐は方程式から判断する限りは同等である。未来の光円錐は後進波の時空構造を表し、過去の光円錐は先進波の時空構造を表しているが、後者は、仮想的な時空境界「面」として考えられているだけで、実際にその形をした波動は、（少なくともわれわれの知る世界では）存在していない。

先進波はなぜ存在しないのか。方々に離れて散在している池の岸に相当する部分が、調和をとって一つの中心に向かう波を発生させるような振動現象は確率的にありえない、と一般には解釈されている。

(3) 宇宙論的構造における過去と未来の非対称性

ビッグバン宇宙論は、厳密には仮説と言うべきかもしれないが、それを裏付ける理論と観測事実の多さから、それを疑う物理学者、天文学者はいまやほとんどいないようだ。

今から137億年前、宇宙は超高密度高温度の状態から生まれたとされる。その瞬間については、単純に一般相対性理論を適用すると重力特異点となって計算不能に陥るし、量子論と一般相対性理論との統一理論も要請されてきてしまい、目下、物理学者らによっていろいろなモデルが探求されているところである。では、ビッグバン以前はどうなっていたのかという素朴な問いが出てくるが、ここでいう宇宙の誕生は、時間や空間そのものの誕生を指すのであり、そもそも、「それ以前は？」などという問い自体が意味をなさないのである。宇宙論を扱う物理学者にとって、時間や空間は、宇宙そのもの（の属性）であって、宇宙がその中に納まっているような入れ物としての抽象的時間や空間はまったく想定されていない。物理学者によって宇宙論が論じられる場合は、彼らがそれを明確に意識しているかどうかは別にして、基本的にブロック宇宙論の立場で語られている（としか思えない）。

過去において宇宙は高圧縮の点から始まったとして、では未来の宇宙はどうなのか、ということも議論されている。将来、ビッグクランチが到来して、やがて収縮に向かうのか、このまま膨張し続けるのか、さらに膨張の度合いを加速させていくのか。

また、宇宙にはダークマターと呼ばれる未知の質量やエネルギーがかなりあるというし、最終的結論に近いものが簡単に出せるような段階には人類はおよそ至っていないと考えたほうがよさそうに思うのだが、とりあえず、仮説的前提の上で、いろいろなモデルを思考することはできる。

仮に、宇宙がビッグクランチを迎え、収縮に向かうと仮定した場合、時間の方向性（時間の矢）は逆転するのだろうか、という問題がある。もし逆転しているとしたら、それより先はエントロピーは減少していき、先進波が普通になるのか、その場合、意識の流れも逆行し、彼らの意識は、われわれからはるか遠い未来から、より近い未来に向けてたどっていくようなあり方になっているのだろうか。したがって、その逆行意識にとっては、われわれの意識と同様、エントロピーは増加し後進波しか見られないような過程として世界は把握されるのか。このようなことが議論される。では、その宇宙の真ん中を通過した意識は、エントロピーが減少していく過程として世界を把握するのか、それとも、その真ん中を超えたら意識の流れも逆転するのか。その場合、意識の流れ（時空をスキャンする方向）は、エントロピーが増大する方向と一致せざるをえないなにがしかの理由があると考えられる。あるいは、熱的死の状態にある、宇宙の中間地点を意識が通過するなんてことはそもそも不可能なのか。

もうひとつ、初期宇宙の大きな謎として、「宇宙の均一性」の問題がある。現在観測される宇宙における、天体やガスの分布は、おおよそ均等に散らばっているのだが、このような均等性が実現されるためには、初期の宇宙の物質・エネルギーがかなり均質に分布していなくてはならない。だが、重力という引力が支配的な世界で、均質な分布状態というのは、たいへん不自然で謎なのである。もっと巨大な塊と微小な塊に分かれているのが普通であり、したがって現在は、かたや超巨大なブラックホール、かたや塵やガスといった、偏りのある宇宙であってしかるべきなのに、なぜかおおよそ均質なのだ。偶然としては、あまりにも確率が小さすぎる。まさか、「神の一撃」ならぬ「神の仕込み」を想定するわけにもいくまい。とにかく謎ではあるのだが、だがこれゆえに、現在の宇宙のあり方が定まっているとも言えるのだ。そして、エントロピー増大の傾向も、そのような宇宙の初期の小エントロピー状態がその根拠ではないかとも考えられたりしている。つまり、なぜエントロピーは増大するのかと考えるのではなく、なぜ宇宙の過去方向はエントロピーが小さいのかと考えるべきではないかというわけである。

スティーヴン・ホーキングは、宇宙の始まりにおける虚時間仮説に基づいて、特異点問題を回避するとともに、この開闢《かいびゃく》時における低エントロピー状態の説明を試みているようである。宇宙の始まりにおいて、時間を虚数とすれば、そこは、幾何学的に無限小の点ではなく、球面的なものとみなせ、初期宇宙の秩序だった世界の存立根拠をそこに見出そうとするらしい。

ヒュー・プライスは『時間の矢の不思議とアルキメデスの目』(＊6)で、これらの時間の方向性に関する問題を、深い物理学的知見に基づいて、さまざまな見解の検討を重ねながら論じている。彼は、明確にブロック宇宙観に立脚しており、この点で、本書の立場に近いのだが、彼は、私などよりはるかにラディカルかもしれない。彼は、問題を、非時間的な見方、「いつからでもない眺め」から考察すべきだと主張する。かつて、アルキメデスが、地球を動かすためのてこと支点を地球から離れた視点に立って想定したように、時間の問題は、流れ行く時間から離れた視点で考察されてこそ、その真実がわかるのだ、と彼は主張する。言い換えれば、四次元時空を鳥瞰する視点が重要だと言うのである。この点で、本書の立場とは重なると思われる。

彼は、さらに、物理学の基本法則が示す時間の対称性を重視する。そして、過去が未来

＊6 Hue Price, *Time's Arrow and Archimedes Point*, 1996. ＝ヒュー・プライス『時間の矢の不思議とアルキメデスの目』遠山峻征・久志本克己訳、講談社、二〇〇一年。

を決定するという因果関係の方向性を絶対だとする常識的考え方に、疑問を投げかける。われわれは、無意識のうちに、時間の一方の方向性の議論のみを認め、逆の方向性においても対等に考慮するということをしないという「ダブル・スタンダードの誤り」に陥っているが、それは物理学の基本法則に素直に向き合う姿勢としては問題があるのではないかと指摘する。ただし、さしあたってマクロな現象にまではその疑問は及んではいないようだ。彼が疑問視するのは、「ミクロイノセンス」と呼ばれる原理、すなわち、ミクロな粒子系において「相互作用する系は、最初に相互作用するまでは相関していない」という原理を疑問視する。通常、物理学をはじめとするすべての科学は、過去の事象が、未来の事象を規定することはあっても、その逆はありえないという大前提のもとで展開されている。だが、彼の主張は、その原則の絶対性を疑う。「先進作用」と呼ばれる、未来の相互作用がその事前の状態を規定するということも、少なくともミクロの事象ではありえるのではないかと言う。

抽象的、哲学的論議はさておいて、具体的な議題に上っている問題の現象は、量子力学でのＥＰＲ問題やベルの定理（第1章第8節で紹介）に絡んだ、光子と偏光レンズとの相互作用である。光子を検出する装置と検出される光子との相互作用は、事前の光子が通過する偏光レンズの向きの設定をあたかも予測しているかのような統計的ふるまいをするという観測事実がある。これを、ベルなど大多数の物理学者は、超光速で情報が伝わった、非局所的連関の一例として解釈する。プライスは、それよりも、因果連関の向きを逆にして解釈した方が、光速を超えるという特殊相対性理論との矛盾も避けられ、ずっとシンプルになるのではないかと主張する。

そもそも、因果関係とは何なのか。元来、これは宗教起源でもある人間の思考内の概念装置ではあるのだが、このパラダイムは、自然科学にも当然のごとく引き継がれ、客観的自然のあり方の基本形式として認知されてきている。だが、四次元時空の実在性を踏まえて考えると、客観的に存在する「法則」なるものが、時々刻々、世界を生成していっているという世界像は、観念上の現象だったと言わざるをえない。世界は過去から未来まで存在しているのであって、それを、われわれの意識が、運動・生成過程としてとらえるのである。とすると、法則はやはり、あくまでも直接的には、われわれの意識が経験からまとめあげた意識内の概念装置であると考えるべきだろう。実在する四次元時空内の諸事象に矛盾しない法則が正しいものとして保持され、矛盾すれば、よりよく適合した法則へと改善、改革が行われていく。その視点で考えた場合、われわれの経験は、ほとんどマクロの現象であり、因果法則はその前提で培われてきたものである。その限りにおいて、過去が未来を決定していくという因果連関モデルは裏切られることがなかったということにすぎないとも言える。したがって、その限界を超えたミクロの現象において、逆向き因果論理モデルが適用可能な様相があったとしても、不思議ではない。ただ、少なくともマクロなレベルでは、過去から未来への因果関係モデルで説明できるような事象の分布構造が存在しているということそれ自体は、意識の属性ではありえないと思う。ミクロからマクロへの展開をどうするのか、それについては、この本からはまだ充分なアイデアが読み取れなかった。もとより、問題提起の書であり、もちろん私などには、とてもなにがしかの提言や評価ができるような分野ではないのだが。

ひとつ思うことは、光子の世界線についての時間の方向性を考える場合、それは、他の世界線と比べて特殊だということである。光子は、光速系の存在であり、それの世界線のどちら側が過去の側で、どちら側が未来の側かということは、光子以外のそれを取り巻く存在の座標系、非光速の座標系によってしか判断できず、光子自身の光速系においては、すべてが同地点かつ同時刻であり、過去や未来という概念そのものが適用できない対象になっている。このことが、ミクロイノセンスの不成立と関係しうるのかどうかについては、わからないのだが。

時空論的死生観

ところで、意識が四次元時空をスキャンする方向が一方向に限られるという認識事実は、二通りの解釈が可能である（もちろん、ブロック宇宙観が前提である）。一つは、エントロピーが増大する方向、ないし、後進波の波紋が広がる方向に、意識の方向は一致せざるをえない何らかの理由があり、そのため、一方向に限られるとする解釈。これは、多く聞かれる解釈である。記憶などの意識システムと熱力学とを関連づけて論じるやり方だ。私も今のところこの解釈を最重要視している。だが、純論理的、形式的には、さらに別の解釈も可能だと私は考える。それは、四次元時空をスキャンする意識は双方向存在しているが、同方向にスキャンする意識同士でないとコミュニケーションは取れない、とする解釈である。互いに逆方向にスキャンする意識同士は、相手の存在を確かめられない。ゆえに互いに一方向の意識しか存在しえないと思い合っているとする解釈だ。もちろん、これの証明はできないが、完全に否定しきるのも難しい。陽電子などの反粒子が、未来から過去に向かう通常の粒子として解釈されえたりする事情などからしても、その存立の完全否定を確信するのは難しい。その上、このモデルだと、なぜスキャン方向が一方向に限られるのかという理由付けを探さなくてもよくなるという魅力もある。

だが、その意識のあり方をイメージすると大変奇妙なものである。

逆方向に四次元時空をスキャンする意識にとっては、目的論的世界観が主柱をなすであろう。「将来」への予測は、「過去」への推測に比べて容易になる。その意識は化石の存在から「将来」の恐竜時代の到来を予測できる。しかし、「過去」への推測は、天体の運行のような単純なものでないと、確実には難しい。「過去」については、「未来」のように確実に存在している感覚を持てず、時の流れとともに次々と消えていってしまうような感覚を持つ。記憶は、忘却のタイミングで、時として「増加」することもあるが、概して時々刻々、体験とともに「減少」していく。

こんな意識など、ありえないともちろん私は思うのだが、そう思う根拠から、私の順方向に時空をスキャンしていく意識経験に基づいたものを一切削ぎ落として、なお残るものがあるかどうか。

とりあえず、この双方向スキャンの可能性ありの観点で、「生と死」について考えてみよう。ただし、ここで「生」と「死」は、特定の時空スキャンの方向に依存しない形で定義する。

〔定義〕

- 「生まれる」とは、個体が存在していない状態から、存在している状態への移行のことである。
- 「死ぬ」とは、個体が存在している状態から、存在していない状態への移行のことである。
- 「個体が存在」している状態とは、個体が所定の形態を保持してしかるべき機能を果たしている状態である。

- 「状態の移行」とは、いかなる座標系でも互いに同時であることは不可能な時空上の位置関係にある、何らかの実体的同一性を共有する二つの状態が、時間的に隣接した関係にあり、時空スキャンの方向に対応した前後関係を持つことである。
- ここで、「所定の形態」や「しかるべき機能」をどの範囲まで認めるか（心臓死なのか脳死なのかなど）については微妙な見解の相違があるかもしれないが（これが今日的な生死に関する重要問題でもあるのだが）、体が完璧にばらばらになってしまったり、灰になってしまったりした状態は、「個体」の存在している状態とは誰も認めないだろう。また、受精前の卵子や精子の状態も、個体の存在している状態とは認められまい。

さて、こう定義を整えたうえで、人の生死を逆方向の時間的流れで眺めてみよう。人はどのようにして「生まれる」か？　典型的な事例はこうである。

まず、空気中に分散している、燐《リン》や窒素や二酸化炭素やあるいは火葬場に散乱している灰、墓や骨壷に入っている骨などが一箇所（火葬場のボイラー室）に集まってくる。炎がつき、やがて消えると、棺おけが現れ、葬儀が始まる。そして病院のベッドに運ばれ、あれこれの管が付けられ、直線状の脳波が波打ちだすと、呼吸を始める。まさに人が生まれる瞬間だ。その後あれこれの管がはずされ、やがて病院を出て、仕事を始める。だが、これは典型的とは言え、一つの事例としか言えない。人の生まれ方は千差万別だ。生まれる場所が病院のベッドではなく畳の上の人もいるし、駅裏の路地の人もいる。

ある者は、ペシャンコに潰れた車が膨らんでいく過程で突如として誕生する。あるいは、背中に開いた穴めがけて銃弾が方々からの血液と一緒に入ってきて、破壊されている生体を整えながらそれが胸から出て行くことでこの世に生まれる人もいる。ばらばらに飛び散った肉片が一箇所に集まって生まれる人、それと同時に金属片も集まってきてそれはやがてミサイルの形になって空に舞い上がり、発射台に収まるという事例もある。地面にころがった首が胴に向かってドッキングして、腹に刺さった短刀が抜き出てくる形で生まれたり、生まれたらいきなり十字架にはりつけだったり、生後ただちに拷問されたりとか、人類の歴史において、人の生まれ方は実に多様性に満ち溢れている。瓦礫が集積して高層ビルが建ちあがり、炎とともに旅客機が出来上がるさなかにテロリストも含む大勢の人が生まれるというケースもあった。キノコ雲が収縮した直後に、強烈な光が遠方から一点に集まってきて（これを物理学用語で「先進波」という）、焼け爛れた肉体が瞬時に整って、いきなり日常生活を始めるという例もあった。十万人以上の人がこの時、瞬時に生まれ出たのである。

このような、いわゆる納得のいかない「生まれ方」も含めて、人の生まれ方は多彩きわまりない。さらに、人間の場合はまれだが、もっと生物一般に目を向ければ、多くは、他の生物の口の奥から吐き出されて生まれたりする。捕食者の消化管は、生命の源だ。このように、多種多様な「生まれ方」があるのに対して、「死に方」のなんと単調で画一的なことか。

人は次第に能力を弱め、親の助けなしでは生きられなくなってしまい、最期は、母親の子宮の中に納まって行く。その後は徐々に細胞融合を繰り返しながら細胞の数を減らしていって、受精卵になり、そこから精子が分離していって、その先には男女の性交（もしくは体外受精（体外離精？））が続くことになる。やがて、卵は卵管に納まっていく。人（哺乳類）はこのようにして確実に「死ぬ」。……。

逆向きに人生を考えてみると、生は死であり、死は生である。どちらも、個体が存在している状態と存在していない状態との境界であるという点では同じなのである。

「個体の存在」とは巨視的現象であり、つまり素粒子の運動などとは別水準の現象であって、時間の方向性によって様相が異なる。だから、「生」という個体と非個体との境界と、「死」という個体と非個体との境界とは、その様相は明らかに異なるのだが、それでも、ともに、個体と非個体との境界であることに変わりはない。つまり、四次元ミミズの未来方向の終端と過去方向の終端である。「生」と「死」、四次元的に考えれば、それは、いわば皮膚のようなものであり、自分の内部と外部を時間方向において分かつ境界面なのだ。

こう考えて、はっと気づいたことがあった。われわれは通常、死を恐れ、生が永遠に続かないことを嘆いたりするけれど、それは、偏った思想ではないだろうか。どうして、過去方向の有限性を嘆かないのだろう。なぜ、ビッグバンからずっと存在し続けていないことを嘆かないのだろう。そこまで言わなくても、できれば、石器時代から生きていたかった、とか、せめて元禄時代から生きていたかった、と嘆く人を私は聞いたことがないのだが、なんだか、嘆き方に偏りがないだろうか。

いや、さらに考えてみると、有限性は時間方向だけではない。われわれの存在は、空間的にもきわめて有限である。だが、自分の身体が宇宙大に大きくないと言って、世を儚《はかな》む人を私は知らない。そればかりか、自分の身体が宇宙空間を領有しすぎたと反省して、ダイエットに励む人が圧倒的に多いのだ。

確かに、空間の場合は多くの動物は移動できるから、その自由度を考慮すべきかもしれないが、それでも、人の行動範囲なんてたかが知れているし、それに、ある時点における空間的領有は、やはり、身体サイズでしかない。この空間的儚さをなぜ、人は嘆かないのだろう。嘆くのは、いつも四次元的身体の未来方向の境界面の有限性に対してばかりなのだ。

我らの存在は、全方位的に有限なり。南無帰依、四次元時空！（合掌）

第4章

倫理学的問題（自由論）

さあ、いよいよ、我らが**四次元ミミズの自由**についてである。本章では、私なりの自由論を中心とした倫理学的問題についての議論を試みる。四次元時空の実在性、さらに時空的決定論を主張する以上、当然予想される問題は、では人間の自由はどうなるのかといった問題であろう。それを放置してすますわけにはいかない。もちろん、私の力量をはるかに超えてしまった問題であることは承知の上、でも、とっかからないではいられなかった。

第1節では、私がここで自由論を考えるにあたっての一般的問題提起を述べる。

第2節では、時間の流れと自由意志について、いくつかの人生ケースを挙げて考察してみる。

本章の自由論においては、客観的自由概念の分析と主観的自由概念の分析という二つの主題に分けて展開される。前者は、自由というものを、四次元時空を鳥瞰するような、第3章で言うところの客観的時間の視座で語りうる自由論である。それが、第3節「客観的自由概念の分析」。後者は、主観的時間の視座、時空をスキャンしていく意識（たち）にとっての視座で語る自由や責任ないし倫理的判断の基礎に関する問題について考察する。それが、第4節「主観的自由概念の分析」。

第3節「客観的自由概念の分析」では、「力概念」が重要なキーワードとなる。客観的に語りうる自由や責任の基礎には、「力」ないし「能力」があるのではないか、という観点から、物理学的な力概念に限定されない、より普遍的力概念の模索を行いつつ、自由の問題にアプローチする。

第4節「主観的自由概念の分析」では、時空をスキャンする視座からの自由を考察するため、「存在命題」と「当為命題」についての反省的考察から始める。ここでは、あえて「自由とは」と、その概念定義を求めるのではなく、自由をわれわれのような意識主体が考えていく上での倫理的基礎問題に迫ってみたいと思う。

第5節では、さらにもう一つの自由として、脱却と超越の自由と言えるような別次元の自由もあることをごく簡単に指摘をする形で本書を締めくくる。

1　自由論に向けて

さて、いよいよ、自由について語る時が来た。

「え？　これまでの議論を見る限り、自由意志が存在する余地などまるでないではないか、ここまで、自由を完全に否定しきっておいて、今さら、自由について何を語ると言うのか」などという声が聞こえてきそうな気がする。

もし、私の好む立場が、もう少しペシミスティックで、シニカルに、「そうさ、自由なんて幻想だ、われわれは、定められた運命をただあるがままに確認するだけにすぎない。すべての成功も失敗も完全に決まっていることであり、努力なんて空しい限りだ」なんていう立場だったら、自己完結していて、もう、あまり語ることはない。思考もここからあまり進むことはなかっただろう。そして、もっと早くから、意気揚々とこのペシミスティックな理論と立場を主張し続けていたかもしれない。しかし、これも四次元時空的に定まったことなのかもしれないが、私はこういう立場は大嫌いなのだ。私が好きなのは、どちらかと言うと、もっと希望に満ちて、そこそこ夢のある将来に向けて、日々なるべく努力していくような立場。人類の幸福とかを願い、社会の発展や充実、必要ならば変革をも求めて、意見を出し合い、工夫を重ねていくこともあるような生き方をしている人たちを尊敬しているし、可能ならば、自分だってその一役を担えたらいいなと思ったりもする。だから、すごく悩むことになってしまった。

自分の好む立場と、理論的思考から得られた結論とがぶつかってしまったのだ。だが、私は、自分の好む立場を理由に、物理学が到達した理論を否定したり、かたくなに無視したりということもできないのである。前章でも触れたように、私は一元論的思考にあくまでもこだわりたい。あれはあれ、これはこれ、という考え方は、どうしても私は馴染めない。それで、延々と悩み続けることになってしまった。

私は相対性理論を勉強していて、その時はただ、哲学的に時間のことを研究するには多少とも現代物理学の知識も必要だろうという程度の問題意識で学んでいたのだが、同時刻の相対性に基づいて、自分と距離を隔てた他者とで、時空の実在性や決定性について考えると、過去から未来まですべての事象は存在し決定されていると考えざるをえないこと、少なくとも、過去は決まり未来は決まっていない、という思想は存立不可能だということに気づいた。それに最初に気づいたのは大学生のころ（一九八〇年代のはじめころ）だったから、それから、四半世紀近く、悩み続けたことになる。いや、本当は、悩むことも含めて、おおかた哲学的思索を放棄してしまっていた。私は単純に一般の企業に就職し、哲学とも物理学ともおよそ縁のない世界で人生を歩んだ。ただ、大学卒業後も、大阪唯物論研究会との交流が続いて、それでかろうじて哲学をしている人たちとの人脈的つながりが保てていたにすぎなかった。この会が、アカデミズムに限定しないで広く生活現場に根ざして哲学探求の活動をしていこうとしていたことは、私には大きな救いだったと思う。

それでも、時空の問題は、考えていても悩ましくなるばかりだから、もう考えるのはよそうと思って、情報処理のエンジニアとしてしゃにむに頑張ってみたり、といったことをしていた。だが、なにかのタイミングでついつい四次元時空のことが気になったりする。電車に乗っていても、その電車を四次元チューブとして思い描いてしまったりして、電車は動いているのだから、厳密に考えたら私にとっての今と、オフィスにいる連中の今とは違うのだよなあ、などと、ぼうっと考えているうちに駅を乗り過ごしてしまったりとか、それでも、この過失は、やはり四次元的に決定されていたことだから仕方ないのだと自分に言い訳してみたりとか。だが、この言い訳をすること自体も、四次元的に決定されていたことだし。

私なりに、いろいろ考えてみたのだ、否定的に。だが、四次元時空的決定論を否定するのは、実に難しい。これは、あたかもわれわれの自由意志を否定しているかのように感じがちだが、実は否定もしていないのだ。自由意志の発動そのものが決定されているわけなのだから、この世界観と、自由意志が存在することとは、矛盾していない。ただ、究極的な意味で、心が世界を創造することが否定されているにすぎない。私がどんなにどんなに自由に意志決定をしても、それはそういう意志を持つこと自体が決まっていたのだという解釈は否定されえず、まるで腕押しされた暖簾《のれん》みたいで、どこまでもどこまでもそれは解釈として可能であり続ける。もし、自由意志の本源性を確保したかったら、独我論を選ぶか、多世界論を選ぶかしかないのである。だが、そのいずれも私は拒絶したい。

気がつけば、私は、この世界観を抱えた形で、そこそこ生きてしまっていた。もし、哲学に「実験」というものがあるとしたら、それは、被験対象の哲学的世界観をもって、人生を実際に生きてみるということであろう。はからずも、私は自らの人生をこの実験に供したことになる。もちろん、いわゆる科学的信憑性を得るには、一例では駄目で、多くの人生がこの世界観のもとで送られ、統計的判断が可能なくらいのデータが収集されなくてはならないだろう。したがって、私の一例では、一般的判断はできないのだが、私個人の実例に基づいた中間報告をさせていただくと、意外に、概して普通なのである、人生が。少なくとも、いたたまれなくて発狂してしまうとか、そういうことにはならなかった。

なぜかと言うと、決定されているといっても、具体的にどう決定されているかがわかっているわけではない。もし、いついつどこそこで自分は死ぬとかというようなことがわかってしまうような決定論であれば、それは、落ち着いて仕事なんてしていられないかもしれないが、これは、決定性が事後的にひたすら解釈として与えられるだけだから、結局、普通に生きていくしかしようがないのである。そして、厭なことや辛いことが続いたりしたとしても、生きていればそのうち何かいいことあるだろ、なんて思ってみるしかないわけだ、わからないんだから。もし、具体的にこうなるという決定論であれば、それに対抗しそれを覆すことによって自由意志の存在証明をしてみせるなんてこともできるのだが、すべて事後的解釈なのだから、そのような間違った「予言」が与えられたことも決まっていたことであるし、それに対抗して覆すような意志と行為を示すことも決まっていたことなのだ、という解釈で片付けられてしまうわけで、内容の伴わないこの抽象的決定論は、実に手ごわいが、案外、無害であったりもする。

「マクベスの悲劇」では、マクベスは自分が王になると魔女に予言され、悩み、王ダンカンを殺害し、破滅への道を歩んでいくわけだが、この劇中で、予言は彼の行動要因として存在する時空内事象の一つである。マクベスに対し予言は、観客やスタッフがこの劇のシナリオを理解しているようなくらいに充分になされたわけではない。だったらマクベスは王の殺害をせず、予言は予言でなくなってしまう。オイディプス王でもそうだが、予言は、それ自体が時空内事象なのだ。そして予言絡みで引き起こる悲喜劇も時空内事象なのだ。真の予言は、それらすべてを含んでいなくてはならず、かつ世界に生きる者たちに決して語られてはならない。だが、語られない予言は、予言とは言えない。だから、真の予言なんて、原理的に存在しえないものである。予言（科学的な蓋然的ないし条件的予測ではない）の伴わない決定論あるいは運命論は、実質上ちっとも怖くないというか、具体的に恐れようがないのだ。

そしてさらに気づいたことがあった。このように本源的な意味での自由意志を否定した世界観で生きていても、なおかつ、私はごく普通に、生活のあれこれの場面で不自由を感じたりとか、あるいは自由を抑圧する政治権力などには憤りを覚えたりとかするのである。つまり、自由の問題というのは、本源的な意味での自由意志の存在如何とは別に、客観的な存在に関する何かなのだ。いや、むしろ、こちらの方こそ、本質的な自由問題ではないのか、と思うようになった。

かつての私は（たぶんカントも含む多くの人々も）、人間の自由を支える基礎は、自由意志の存在にあると思っていた。だが、本当に重要な自由の問題とは、自由意志の問題ではないし、本源的な意味での自由意志をむしろ取り除いてこそ、よりはっきりさせられる、四次元時空内の諸事象のある種の客観的構造に関する事柄なのだ、ということに気づいた。実際、人類の長い歴史を通じて、自由をめぐる闘争は、絶えることなく繰り返されてきているわけだけれど、その中で、本源的な意味で世界を創造する人間の自由意志は存在するのか否かをめぐって戦争とか革命とかになったことがあっただろうか。そんな、哲学的、形而上学的議論など置いておいて、とにかく「自由」を実現しなくては、生きていけない、生活が成り立たない、利益が守れないなどで、人々は喧々諤々《けんけんがくがく》やってきたわけで、ここで追求されている「自由」とは、ある客観的な人間関係の状態であって、自由意志の本源性ではない。頭の中で意志を持つことは、いくらでも可能だが、実際はいろいろな障壁があってかなわないという状況の否定、打破を指している。また、一連の意志の傾向が社会的な勢力として勃興していく状況も背景として含んでいる。

実際、社会科学的な分野で自由論が展開される場合は、「自由意志」の問題は特に取り上げられていない場合が多いのではないだろうか。ここでは、「自由」に敵対するものの何かについての分析が中心になることが多いが、その敵対者は、国家であれ、市場であれ、世間であれ、社会制度であれ、それが、人間に「自由意志」があることそのものに敵対しているわけではないからだ。

だから、自由概念については、いったん、本源的な意味での自由意志の存立問題とは切り離して、客観的状況分析として考察してみる必要がある。それが、本章の第一の課題である。

よく、マルクス主義で、「自由とは、必然性の洞察である」なんて命題を聞かされた。これは、スピノザやヘーゲルの客観主義的自由概念を起源にした考え方で、これはこれでなかなか鋭い内容を含んでいるとは思うが、この命題で、さまざまなレベルで使われる自由概念を包括的に基礎づけられるのだろうかと思った。これでしっくりいくケースもあるが、自由概念の分析としては、一面的な感じもして、満足できなかった。すべてをこのお題目に還元してしまうような発想は、そもそもオリジナルの思想にはなかったかもしれないし。ともかく、もう少し自分なりに包括的な分析を考えてみたかった。

だが、自由をめぐる問題は、はっきり言って、哲学史を貫いていて、特に近世以降の西洋哲学は、認識論とならんで、これが基軸になって展開されてきたとも言える分野なわけで、まともに学術的態度で取り組もうとしたら、とんでもない課題というか、およそ私などがアプローチ不可能な課題なわけだけれど、そういうふうに考え出したら、足がすくんで一歩も踏み出せなくなるだけだから、この際、無知なる者の特権を振りかざして、無謀を覚悟でとっかかってみるしかなかった。

ただ、自由概念の客観的分析という課題が仮に克服できたとしても、それでもなお、何かもやもやとしたものが残るような気がする。というのは、ここまでの議論は、客観的解釈の言明でしかない。われわれは、目下のところ、「過去は決まっているが、未来は決まっていない」という前提のもとで、「自由意志」に基づいた、責任や過誤などを追訴し、善悪を判定する倫理システムを抱えている。哲学は、（その哲学観にもよるが、一般的に）存在についての解釈のほかに、「何をなすべきか／なさざるべきか」という当為の問題にも関わる。こちらこそ、「自由意志」の問題はより深刻に追求されねばならないように思われる。この当為の問題を放り出したままでは、本書はただもやもやを振り撒くだけの書となるように思えてならない。だが、これこそ、とてつもない課題だ。どうするつもりだ、えらいことになってしまう。

本章は、こんなとんでもない、私個人のキャパシティをはるかに超えてしまっている問題意識での、無謀な展開の試みである。もちろん、穴だらけのお粗末な結果は覚悟せざるをえないだろうが、この踏み出しは、問題そのものからの要請なのだ。

さしあたってまず、自由意志の問題について、もう少し時間論的反省に基づいて考察するところから始めてみよう。

2　時間の流れと自由意志

ここで、理想的とも言えそうなある種の「自由」な状態を想定してみよう。あなたは至って健康で、体力もあり、スポーツも万能で、バイオリンのコンクールでも何度か賞を取ったこともあり、学業成績も優秀、超難関の名門大学を出て、豊富な教養と幾多の資格を持ち、数ヵ国語をこなし、人望も厚く、一流の企業でトップクラスのポストで活躍した経歴を持ちながらも、このまま一企業戦士で終わっていいものかと疑問を持ち、自由業として独立する。自分で蓄えた貯蓄以外にも親から継承した潤沢な資産もあるので、その気になれば、工場や店舗を持つこともできるし、多くの従業員を雇うこともできる。家族はないが、結婚してくれそうな相手はさまざまなタイプで何人もいて、課せられた義務はなく、必要な家具も電化製品も車もすべて揃っているし、不満ならいつでもすぐに買い換えることができて、宗教的にも政治的にも中立で、要は、ありとあらゆる可能性が開けていて、かつ何も拘束されることがなく、すべての時間は自由に使っていいという、そういう「理想的」な状態にあったとしよう。

これは、サルトル風に解釈すれば、とてつもない自由の重荷を背負った、最高レベルの自由の刑に処せられている状態と言えるのだろうか。あなたは、時々刻々と迫り来る未来に向けて自らを投企し続けねばならない。自分を、さらには社会・人類全体をどうアンガジェしていくのか決断していかなくてはならない。たいへんだ。ちなみに、世間風には、こういう人のことを器用貧乏と言うこともあるらしいのだが。

あなたには、この上なく豊かな自由が与えられている（かのようである）。だが、どうしてもできないことがある。時間を巻き戻して、もう一度やり直すということだ。ビデオゲームならリセットしてやり直しはいくらでもできるが、リアルな人生においてはそうはいかない。何かをすれば、それは容赦なく確定的な歴史へと固化し、それは、少なからぬ未来への規制としてのしかかってくる。何もしないでいるか？　何もしないで、家に引きこもって、じっとしているか？　しかし、それとても一つの行動の選択であり、歴史の確定過程であることには何ら違いはない。何をしようがしまいが、時間だけは確実に経過していき、寿命が無限でない以上、引き続き体験可能な残り時間は、ひたすら縮まっていく。水道の元栓を止めるみたいに時間の経過を止めて、時間を使わないで貯めておくなんてことはできないのである。

次に、一般にはあまり理想的とは言えそうもないある種の「不自由」な状態を想定してみようか。あなたは、小さい頃からひ弱で、遊びもスポーツも苦手で、いじめられがち、かといって、学業もよく頑張ってもせいぜい中くらいの成績、音楽や美術などで特に才能があるわけでもなく、親は町の小さな鉄工所を営んでいるが、不況のあおりで経営が悪化、かろうじて借りた運転資金でなんとかやりくりしているが、利息の支払いでも四苦八苦している自転車操業がいつまで続くかわからない。そんな状況では、高校進学もままならず、近くの食材加工工場で働いて、貯めたお金で夜学に通うことに決める。と言って、何がやりたいということがあるわけでもなく、単調な上に体力的にもきつい工場の仕事には耐え切れず、同僚や上司との折り合いも悪かったりしてついに体調を崩して辞めてしまう。そんな折、親の会社がとうとう不渡りを出して倒産。毎日、取り立ての矢の催促で、眠ることもできない。父親は、ついに自殺してしまう。わずかばかりの生命保険と、工場などの売却、それにいくつかの取引先にこらえてもらって会社の後始末はなんとかできたものの、母は過労で入院、自分は、せめて弟だけは高校に行かせてあげたいと思い、親や弟には内緒で風俗店で働く。といって、あまり器量がいいわけでもないため、客の付きもまばらで、日々の生活を切りつめてなんとか貯金を貯める。ところが希望の拠り所だった弟は、ぐれて不良仲間と付き合いだし、金をせびりに来たり暴力を振るったりしてトラブルが絶えない。もう、なにもかもやりきれなくなった時に、とても優しく自分のことを親身に聞いてくれる男性に出会う。もうこの人に賭けるしかない、彼のためならなんでもしようと思うようになる。ある日彼は、長年の夢だった自分の店を出す絶好のチャンスを得た、あなたと一緒にこの店をやりたい、だが、どうしても二百万円ばかり足りないという。あなたは、かねてより何とか貯めていたお金があったのでそれを彼に貸すことにする。だが、お金を渡した翌日から、彼からの連絡は途絶えて行方がわからなくなってしまう。騙されたなんて信じたくないと思い悩みながら、ふらふらと歩いていたら、突然あなたは車にはねられてしまう。気がつくと病院のベッドの上で、なんとか命は取りとめたものの、一生、車椅子の生活になるだろうと医者に告げられる。

世の中には、これよりなお悲惨な人生はいくらでもあるだろうけど、このあなたが、自由に満ち足りた人生を歩んできたとは、やはりお世辞にも言えまい。しかし、あなたには「自由意志」はないだろうか。あなたは眠っている時は別として、その生涯において自由意志を失ってしまったことなどほとんどないはずだ。病院のベッドで寝たきりになっている今この時だって、あなたは自由に顔を右に向けたり左に向けたりできるのだ。どちらに顔を向けるかは、あなたの自由意志に任せられている。もちろんどちらにも向けず天井を睨みつけたままでいることもできる。しかし、いずれかであらねばならない。やはり、時はこんなあなたに対しても容赦なく経過していき、あらゆるものが確実に歴史の中に固化していく。あなたはあなたの顔の向きの歴史が具体的な特定のものに時々刻々となっていくことに抗うことはできない。もちろん、達観して、顔の向きについて無意識でもいられる（普通はそうか）。この場合、自分の意志とは無関係に物音などに反応して、自動的に顔の向きが変わったりする。もし、いちいち意志を持たなくては顔の向きが変えられなかったら、あなたは逆にそれを大変不自由に思うかもしれない。

自由意志があるということは、実は、流れいく時間様相を伴った意識があるということに付随した単なる心理現象の一つにすぎないのではないだろうか。少なくとも、自由意志のある、なしが、ここに掲げた対照的とも言える二つの人生ケースの分かれ目になっているとは思えない。自由の問題を、自由意志に還元して考えることはできないし、自由意志が自由ということのなにがしかの基礎になっているという発想は、一種の幻想ではないだろうか。

前者の人生ケースにおいて、あなたに与えられているいろいろな条件を剝ぎ取ってみよう。あなたには潤沢な資産はない、あなたには学歴がない、あなたは健康に恵まれていない、等々。そこであなたは、それぞれに対して不自由を感じはしないだろうか。あるいは、後者の人生ケースにおいて、あなたに与えられていた条件を変えていってみよう。あなたは、交通事故に遭ったけど、最先端の医療でもとどおり歩けるようになった。あなたは、不器用だけれど、妙に人を和ませる貴重な才能があると誰かが指摘してくれた。あなたは、真剣に自分を愛してくれる人についに出会えたとか、等々。それぞれの局面で、あなたは少なからぬ自由の獲得を感じはしないだろうか。こう考えると、自由とはむしろ能力とか境遇とかあるいは人間関係とかにも深い関係があるような概念ではないかと気づかされる（愛は惜しみなく自由を奪うかもしれないことはさておいて）。

次に、前者の人生ケースにおいて、工場や店舗を買い、人を雇って、事業展開に乗り出した場合を考えてみよう。あなたは、この積極的な行動選択によって、より大いなる自由を獲得していくという見方ができる。それによって、あなたには今までできなかったこと、いや、しようと思いすらしなかったことがどんどん開けてくるだろうからだ。だが、その見方は一面的でもある。あなたはその大いなるある種の自由獲得のために、別の種類の自由を犠牲にもするだろう。あなたは経営者として、市場すなわち顧客の動向に常に気を配らなくてはならなくなり、競争相手にやりこめられないように、ニッチ市場を探求したり、「創造的模倣」とかを試みたり、場合によっては長いものには巻かれることも含めたあれこれの戦略を立てなくてはならなくなるし、さらに、あなたの右腕になるスタッフには裏切られないようにする配慮や、従業員にはモチベーションを保って生産性が低下しないようにしてもらうための管理などが必要になってくる。そもそも、経営者としての人格が問われたりするから大変だ。商法などと抵触しないような配慮も、税金対策や融資対策も必要だ。上場でもすれば、資金調達面での自由は格段に大きくなるだろうが、株式が買い占められて支配されてしまわないような対策を打っておかねばなるまい。政財界の動向、新技術、新政策、いろいろな環境の変化には敏感でなくてはならない。具体的な事業を展開するということは、流動性の高い現預金資産を、より流動性の低い、仕入商品や材料、燃料、土地・建物などの資産に変えていくことを意味する。購入という一つの具体的選択は、容易にやり直しがきかない賭けでもある。的確な仕入先（労働力商品の提供者も含む）から適正な価額で充分な品質の商品を購入し、購入後の的確な管理や運用を計画的に行うことなくしては、あなたは、製品やサービスというあなたの活動成果たる商品（具体的で保存しにくい資産）を、当初より多い額の交換しやすく保存可能な高流動性資産（現預金など）に還元するという、これらの経済活動の究極の目標（平たく言うと金儲け）に失敗するだろうからだ。この販売行為というやつは、マルクス風に言うところの「資本の命がけの飛躍」なわけで、一番難しいところだ。だが、この現預金的形態の資産こそが最も自由度の高い資産であり、この獲得で得られる自由は、経済行為における最大価値である。逆に、この自由度のない資産を持ち続けることは、一般的には大いなる不安であり、破滅の序曲でもある。だが、資産を現金のまま抱えていても価値は増えないし、そればかりか活動を停止しても、固定費がある以上、資産は目減りしていく。だから、この活動はさらに継続していかざるをえない。こうしてあなたは、時々刻々と判断し選択して行った経済行為の結果に時々刻々縛られていく。そして、一度走り出したら、もはや容易に止まることのできる自由は消失してしまうだろう。あなたは、自分や家族や株主や（従業員とその家族や）らの生き残りをかけて、時々刻々、市場の具体的歴史形成過程の中の渦の一つとして、具体的な活動を余儀なくされる。さらには、これら多くの市場における具体的歴史形成過程の集積が、自然破壊や人間破壊などの市場形成の範囲を越えた歴史形成過程に無縁ではなかったりもする。これらの一連の状況は、ある種の自由の喪失とも言えよう。が、いわゆる経済的「自由主義」で謳歌されている自由は、ここで失われていっているような種類の自由を指してはいないはずだ。まあ、これだけの犠牲を払ってもなお価値のある大いなる自由というものがあるわけだ。それは、とりあえず、市場において他を支配する自由であろう。もちろん、他から支配されるリスクを伴ってのものではあろうが。しかし、うまく成功すれば、単に蓄財を増やし優雅な生活ができるようになるのみならず、人々の生活を変え、新しい時代を切り開いていくことさえできるかもしれないロマンがある。そこまででなくとも、顧客から評価される商品を提供できることは、それだけで大いなる誇りであり、ほかに代えがたい充実感が得られたりすることもある。

いずれにせよ、こうした具体的な人間の活動の中で得られたり失ったりしている「自由」は、自由意志が存在していること自体を指してはいないし、自由意志の働きいかんで左右されたりする類のものでもない。少なくとも、本質的な意味で自由意志が、これらの自由の存立に関わっているとは考えにくい。もちろん、自由意志という心理機能がなかったら、これらの活動はできないであろう。だが、それは認識して記憶して思考して判断する心理機能がなかったらこれらの活動はできないであろうと言っているレベルと大差はない。当たり前の前提を言っているにすぎない。本当に「自由とは何か」を考えたいのならば、われわれは、自由意志という心理現象にではなく、客観的な世界の様相に注目すべきであろう。

言うなれば、「自由」とは四次元時空内に展開されているある種の一連の世界構造なのだ。だから、四次元時空の実在性を認める思想は、自由を否定するものだという考えは、そもそも、自由というものを勘違いしているところから発している。自由意志による本源的世界創造、それは倒錯だ。だが、その幻想性に気づいてこそ明らかにしうる世界構造としての自由、それは、客観的に論じられる実在の様相である。

そして、この視点に立つと、自由というのはさまざまな局面や種類に彩られた複雑な構造物であり、単純なスローガン的概念で覆いつくせるものではないことにも気づかされるのだ。自由を、自由意志に還元したり、そこから基礎づけていこうとしたりすると、自由の持つこの複雑な構造は目に入らなくなってしまい、内容の伴わないスローガン主義の温床になるだろう。

3　客観的自由概念の分析

(1)「自由」研究へのアプローチ

「自由」についてというテーマをまじめに学問的に研究していこうとした場合、さまざまなアプローチが考えられる。まず**第一**に、思想史的アプローチ。これは、倫理思想、政治思想、経済思想などに分類されえるし、古代思想から現代思想まですべてが関係し、西洋、東洋、あらゆる地域の思想史が対象となりうる。近代の欧米の思想史に限定しても、自由をめぐる思想には膨大な蓄積がある。現代における自由論のみを取り上げて論じてみようとすることでさえ、途方もないことのように思われる。**第二**に、政治史的アプローチ。人間が自由を獲得するためにどのような闘いを繰り広げ、何がいつどこでどの程度実現されていったのかといった、実際の歴史過程を調べていくというやり方。政治思想史の研究と対になるだろう。とりわけ近代史以降は、濃密な過程である。**第三**に、言語分析的アプローチ。「自由」という概念が、どのような場面で、どう使われるのかということを、使用事例をもとに分析する。異なる言語間で共通面や異なる面があるだろうから、比較言語的研究も必要になるだろうし、時代的変遷にも注意を払うべきかもしれない。また、何らかの言語モデルを用いた論理学的な研究も可能かもしれない。**第四**に、大脳生理学的アプローチもありうることも忘れてはなるまい。自由意志の発動過程については近年、生理学的研究が進みつつあるみたいだ。自発行為の意志が意識される以前に、脳の準備電位は発生しているから、といった議論。もちろん、ここから性急な結論を引き出すのは慎重であるべきだろう。コンピュータを使った自由選択過程のシミュレーション研究などもある。

ただ、これらのアプローチは、自由意志発動の心理的メカニズムをある側面から明らかにできるかもしれないが、これで自由の問題を包括的にカバーできるとは私には思えない。

第五に、自然史的アプローチ。これは、ダニエル・C・デネットの『自由は進化する』(*1)から知った。自由を単に人間社会の問題に限定しないで、物質や生命の長大な進化の過程から、コミュニケーション能力を発達させた人間たちにおける道徳・倫理の生成発展に至るまでの進化史として自由をとらえる。この著作の評価についてはいろいろな意見がありえそうだが、アプローチとしてなかなか興味深い。**その他**にも、私の知らない、気づいていない自由論へのアプローチはまだいくらでもあるかもしれない。

いずれにせよ、どれをとっても、容易ならざることだし、本書では扱えないことはもちろん、そもそも私などには生涯かけても能力的に無理な課題ばかりである。本章において私が提示を試みようとしているものは、私なりに考えてみた、四次元時空的世界像を踏まえた自由概念のモデル分析である。これは、最終的には、先に述べたようなさまざまな視点からの検証がなされるべきであろうが、ここでは、よくできても、一モデル分析の提示という段階にとどまらざるをえまい。

*1 Daniel C. Dennett, *Freedom Evolves*, 2003. ＝ダニエル・C・デネット『自由は進化する』山形浩生訳、NTT出版、二〇〇五年。

(2) 時空的決定論と自由か否かについての客観的問題

前節で述べたように、私は、自由意志を基礎にして自由について考えるというやり方を拒絶する。それは、前章までで展開してきた、四次元時空の考え方にそぐわないからだというのが、やはり最大の理由である。

過去から、未来にいたるまで、すべては完全に決まっている、という結論は、自由を完全否定するのかといえば、確かに、自由な意思が、世界を創造していくという観念とは矛盾するかもしれないが、そのような主観的自由観が排除されたとしても、自由か否かについての客観的問題は消滅しない。

つまり、ある種の世界の構造上の特性を表現する概念として、自由概念を割り切って考えるならば、客観的な問題として、議論を深めていくことは可能である。

もとより、社会科学的に自由の問題が扱われる場合は、自由意志の問題は背景に退いている。人間関係を中心とした客観的状況のありようが主題になる。ただ、これが「当為」の問題、「われわれ、あるいはそれぞれの個々人はどうあるべきか」についての問題に関わってくると、様相が複雑になる。「存在」を語る次元から「当為」を語る次元には、論理的には大きな飛躍を余儀なくされる。当為の問題については、本章の後半で言及しよう。当面は存在の次元に固執しようと思う。自由について語る上で、存在と当為を切り離すべきではないという意見は大いにありえるだろう（ちなみに、これは当為命題だ）。私も当為の問題を切り捨ててしまおうとは思っていない。だが、まず切り離して考えてみたい。この問題領域では、存在と当為は無自覚的にミックスさせられてしまいがちだが、それは哲学的批判思考を深めることよりも鈍らせることに働く可能性がさしあたって大きいのではと思われるからだ。ただ、これを徹底させるのは結構難しかったりもするわけで、そのように努めると控えめに言っておくべきかもしれない（これとても当為命題だ。結局、当為命題の使用は「存在について語る」上でのものに限定するように努めるということか）。

さて、「客観的構造としての自由」の一例として、**「物体の運動の自由度」**という概念が挙げられる。これは、物理学ないし工学上の概念で、例えば、左右にしか動かない構造に対して、前後、左右、上下、どちらの方向にも動く構造の方が自由度が高いと表現される。これは、まぎれもなく物体のある種の構造上の違いである。

もちろん、こんな機械的な構造表現に、すべての自由問題を還元して考えようなどとは、微塵も思ってはいない。世界の構造にはさまざまな階層が複雑に対応している。**「言論の自由」**とか**「結社の自由」**などの問題においては、それ相応の政治的、権力的構造が問題にされなくてはならない。

さて、時空的決定論からして、ある具体的な機械の部品が、ある時、右から左に動いたという歴史は定まったものと言わねばならない。だが、左右にしか動けない構造の上で、右から左に動いた場合と、前後左右に動ける構造の上で、右から左に動いた場合とでは、その意味内容は異なっているとみなさなくてはならないだろう。あるいは、ある人が政府を批判するビラを街頭で配ったとしよう。その歴史は定まったものとみなさねばなるまい。しかし、それが非合法活動として検挙の対象になるような社会背景で行われたのか、言論や表現の自由が保障された社会背景で行われたのかでは、やはり、その意味内容は異なるだろう。自由の問題を、当該行為とそれを囲む背景の客観的構造に関する問題としてとらえるならば、すべては決まっているという時空的決定論においても、なんら無意味にはならない。

もっと卑近な例で、**「選択の自由」**について考えてみよう。

ある人に、ショートケーキが二つ示され、そこでイチゴのショートケーキを彼は一つ食べた、という歴史的事実があったとしよう。この歴史は運命的に定まったものだ。だが、二つともイチゴのショートケーキだった場合と、一つはイチゴ、もう一つはチョコレートだった場合とでは、意味は違う。後者の場合、彼は選択に迫られる。ここでもし、彼がイチゴは大好きとか、チョコレートはさっき食べたばかりだとかの条件があった場合、また意味は違ってくる。どっちも好き、あるいはどっちも嫌いという場合は、彼は「選択の自由」の問題に悩むことになる。そしてさらに、彼のほかに、お腹を空かせた弟と妹が同席していて、長男から、好きなものを取ってもいいよ、と言われた状況下で（つまり自分が取ったら弟と妹のどちらかが食べられなくなるか、彼らは半分こしなくてはならないという状況下で）、イチゴのショートケーキを選んで食べたという場合、これはまたさらに意味内容が違ってくる。彼に提示された「選択の自由」は、より複雑な状況を呈していたと言える。

世界に、自由の問題は、明らかに客観的に存在している。だがそれは、ある個別的な行為（およびそれに関連した意志のような心理状態）などの事象そのものに対してのみ存在しているわけではない。その事象を取り囲む全体的な諸条件との関係性の中に、自由の問題は存在しているのである。つまり、自由とはある種の全体的状況に関する属性なのだ。それは、その行為などに直接的に対峙してくる状況だけを問題にしていても不充分だ。それを包摂する前提状況にも無関心であるべきでない。先ほどの例で言えば、そもそもなぜ、三人兄弟の前に二つしかないケーキを持ってきたのか、とか、そもそもなぜ、政府を批判せねばならなかったのか、など。

もし、自由の問題を、行為者の自由意志を中心に据えて考えていこうとすると、こういう、本当に考えなくてはならない全体状況がぼやけてしまう。

概して、近代の社会思想は、自由意志を持つ個人の存在を自然な前提として、立論されていく場合が多かったように思われる。それが、社会契約とか、法とか、絶対精神とか等々の客観的な精神ないしシステムに昇華されていく展開があるとしても、自由意志を持つ個人の存在が原理的に認められなくては、大幅に瓦解してしまう論理構造を持っている。この論理構造は、四次元時空の哲学にそのまま適用はできないのだ。

確かに、近代思想の「自由意志」は決して、やみくもに好き勝手な思いつきの行動を志向するものではなく、合理的な精神を自覚した主体に支えられているもので、それゆえに、合理的な客観的倫理規範に展開していける性質を付与されているわけなのだが、しかし、実際はどうなのだろうか。現実に存在してきている「自由」と呼ばれる状況は、そういう崇高な個人の自由意志というものに基づいて成立していることなのだろうか？

歴史を紐解けば、そして現在でもなお、「自由」を求めて、「自由」のために、命がけの闘争が繰り広げられてきている。だが、それらは果たして、個々人が抽象的な自由意志を持つことそのものを求めて、闘われてきたのであろうか。むしろそれは、権力関係におけるある種の状態から別の状態への変革が主題なのではないだろうか。

「自由」の客観的意味の把握を避けて、主観的な自由意志に還元する発想は、往々にして「自由」なるものを抽象的なスローガンにし、よくわからないが崇高なもの、神聖なものという共同幻想を生むのではないだろうか。そして、シンボル化された「自由の旗」のもとに少なからぬ悲喜劇が展開されてきて、今なおされ続けている。もちろん、共同幻想とは言っても、それが崇高な理念として、多くの人々を結集させ、評価できる方向に向かって社会を動かす力として働いてきた少なくない歴史的事実があることを認めないわけではないけれど。

(3) 自然史過程において進化してきた自由

客観的構造の様相として、自由について考える上で注目しておきたいものとして、ダニエル・C・デネットが『自由は進化する』(*2)で展開している、自然史的アプローチがある。

*2 ダニエル・C・デネット、前掲書。

彼の立場は「自然主義（naturalism）」である。すなわち、すべての現象は、超自然的な原理や身体から超絶した精神的実体（魂）などを一切必要としないで、自然の過程それ自身から説明可能だとする立場である（「唯物論」と言っても間違いではないのだろうが、materialismという言葉は物欲主義のニュアンスが日常語としてあるためか、あまり好かれないようだ）。彼は、自由なるものを、人間の精神世界や人間社会に特有の事柄としてはとらえない。彼は、独立した個人の意識（自己意識）を本源的に所与のものとして、そこから自由を説き起こしたりする近代の哲学に特徴的なやり方はしない。むしろ、自己意識はコミュニケーションを通じて相互に関与する人間たちの社会的活動の産物としてとらえる。自由は、人間の高度な精神文化の水準以前に、長い物質進化、生命進化の過程で、徐々に発展させられ準備されてきた能力だととらえられる。化学物質のより安定性の高い構造への進化。自己複製能力を持って、感覚器官を持って、記憶する能力を持ち、群れの仕組みを獲得して、環境への柔軟な適応力を高めていく生命の進化。知能の発達は、自動プログラムされたままの行動水準から、学習し推察して、遺伝子レベルの適応変化を待たなくてもいい素早い適応力を実現する。その最高段階である人間社会においては、観念世界でシミュレーションが行われ、その結果の情報共有もでき、行き当たりばったりの試行錯誤をしなくても計画的な行動ができるようになる。文化的ミーム（文化複製子、R・ドーキンスの用語）の進化は、道徳や倫理を発達させ、責任意識をも育て上げていく。

彼の論理展開には、ダーウィンやドーキンスの進化論、ゲーム理論、生命活動などのコンピュータ・シミュレーションによる研究成果、脳科学など、多岐にわたる科学的知識が基礎に横たわる。自由とは、このような科学的知見に基づいて理解可能なものだという立場である。だが彼は、本書において決定論と格闘する。彼の批判する決定論的世界観というのは、物理学的または生物学的な、あるいは脳科学的な法則で、われわれの思考や行動は決定されているのだから、自由はないとする立場である。それに対し、彼は自然界の階層における低レベルの必然性には還元できない、高レベルの現象の出現について説く。それは、ごく単純な規則に基づくプログラムで点滅するディスプレイ上のピクセルでさえも、それを大量に組み合わせて相互連関させると、あたかもそこに擬似生命的な現象が生じたりする例などを挙げて説明する。ミクロでは、完全に決定論的に動いているにすぎなくても、マクロでは、ピクセルの集まりの実体のようなものが、攻撃したり防御したり協力したりといった複雑な動きを示し、さまざまな偶然性の出現と、それをたくみに利用していく「実体」の姿が現れてくる。そこには別レベルの法則性が出現するのだ。ライフゲームと呼ばれるこのおもちゃのようなシステムにおいてすら、このような様相は現れてくるものなのだ（いわゆる創発(emergence)）。量子論的ゆらぎの影響は、ここではプロセッサが吸収して皆無にしているから、偶然性の出現は量子論的ゆらぎとは無縁である。決定性や偶然性は、それぞれの階層レベルで具体的に語られるべきで、安易な還元的思考は慎まなくてはならない。人間の自由意志と量子論的ゆらぎを直接結びつけようとする発想はナンセンスなのだ。

低レベルでの必然性にただ翻弄されることのない高レベルの制御機能の獲得という進化。それが長い年月をかけて、自然界で蓄積され、われわれの自由をもたらした。彼は、「決定性」と「不可避性」とを区別すべきだとも言う。ミクロレベルで諸現象はすべて決定的だと解釈されえたとしても、マクロレベルの実体は、現象の回避の能力を身につけているわけで、それを不可避なことだったと言うことはできないのだ。

ここで言われる「決定論」は、私が第1章第7節で述べた「因果的決定論」に属する。

デネットはこの通常の決定論を念頭に論じている。因果的決定論の最も極端なケースは、ラプラス流の力学的な完全決定論であろう。デネットは、仮にこれが正しいとしても、高レベルの階層における自由は存立すると考える。ところで、四次元時空の実在性に基づく「時空的決定論」、これも完全決定論だが、そこにおいても、この考えは無論矛盾はしない。ただ、時空的決定論は最も抽象的な存在形式としていわれているもので、どのように決定されるかには無関与である。したがって、創発的な構造などが時空的決定論から導かれる関係にあるわけではない。創発的な構造も四次元的時空構造として存在しているというだけである。しかし、四次元時空実在論からすれば、ともあれ自由とは、四次元時空に存在する諸事象、諸物体のある状態について語られた事柄なのだということになる。四次元時空内には、ある種の自由な状態、ある種の不自由な状態が分布しているということだ。「客観的自由」の解明とは、それらがどんな状態のことを指し、またそれぞれの状態間の関係がどのような構造になっているのかを明らかにすることなのだ。

デネットの場合、それについては、巧みに存続しうる（生き残りうる）能力を持った状態を意味しているように読み取れる。その能力は、柔軟な制御能力、情報処理能力なのである。その能力を発展させることで、低レベルの必然性に制限されることのない幅の広い行動選択肢が獲得され、相互の調整機能を磨き、倫理や責任のような観念上の仕組みも発達させることができたというわけだ。さらに人類は科学の力で、地球環境や遺伝子のあり方などまでを制御能力の配下に置こうとしているわけで、それゆえの人類の責任の重大さについても言及されている。

面白いアプローチだと思う。とにかく超然たる精神的実体を持ち出さないで自由について考えていこうとするなら、是非とも配慮したい考え方の一つだと思う。ただ、本書で到達したところは、基本的には、人類一般の能力としての自由である。人々の間での具体的な自由、不自由の問題、各個人の人生のさまざまな局面での問題への切り込みについては、充分な展開が読み取れなかった。われわれの社会の中で生じるさまざまな自由、不自由の局面に迫るには、弱い抽象性を感じる。本書の性格からして、そこまで望むのは欲張りすぎなのかもしれないけれど。

（4）力（能力）としての自由——「力」とは

よく、自由について語る際、その前提として主体の「自立」ということが説かれる。それが必要条件としてなのか、充分条件としてなのかは別として、まずは、問題となる主体の自立があってこそ、その自由は存立しうるのだ、と。しかし、自立とは何なのだろう。まず、最低必要条件として、主体が主体たる一個の存在者として識別可能な構造を備えていることは、当然の前提となるだろうが、その上に、その主体は何らかの「力」を備えていることが期待されている。あるいは「能力」と言ってもいい。それがあってこそ、他者に頼りきることもなく、他から滅ぼされることもなく自立できるのであり、自立できた者は、他者に頼られもし、場合によっては他を攻めることだってできる。「力」なくして自立はありえない。「自立」という概念は一見単純で原初的に措定して論理を組み立てられそうだが、よく掘り下げて考えてみれば、大変複雑な構造の上に成立している流動的な状態を指しているとも言えそうで、「自立」概念よりも、むしろ「力」概念に注目した方が、論理は組み立てやすいのではないだろうか。

先ほどのデネットの著作でも、自由は、ある種の「能力」として把握されている。私はこの点には、強く注目したい。そもそも、「自由」という概念と、「力」とか「能力」という概念とは、大きな相関があると私は思ってきた。実際、世の中の数知れぬ文章の中で、自由という言葉は頻出しているが、その「自由」という語をそのまま「力」に置き換えてしまっても、文として成り立つばかりか、元の意味をほとんど損ねることのない場合が実に多い。特に「自由を得た（失った）」といった文脈で、それが顕著に感じられる。

いっそのこと、（ある種の）「自由」とは「力」のことである、と言い切ってしまっても、大きな間違いはないようにさえ思う。そんなのは、自由というものを、あまりにも単純化しすぎたとらえ方だ、と言う人もいるかもしれない。私は、そういう人には、「力」という概念をあまりにも単純化しすぎているのではないか、と返したい。

私は、かねてより、「自由」という概念に対して哲学的批判的考察をしていこうとするならば、「力」という概念に対しても並行して考察していかなくてはならないのではないかと思ってきた。「能力」は、力のポテンシャルであり、実現可能な力を指していると考えられるから、基礎になる概念は、まず、「力」である。だが、そもそも「力」とは何なのだろうか。この概念が学問的に深く体系的に研究されている分野は、言わずもがな物理学（力学）なのだが、翻って、物理学以外の分野で、この概念について深く追求されている学問分野がほかにどれだけあるだろうか。とても使われているにもかかわらず。

「力」という概念は、自然や人間社会のあらゆる階層レベルにおいて、説明原理として登場する。しかし、これらはほとんどの場合、物理学における力概念に還元はできない。例えば、「経済力」が「物理的力」に還元できるのなら、ブルドーザーやパワーショベルを所持している土木会社より銀行の方が強かったりする理由がわからなくなる。経済社会では、土砂を動かす力よりも、お金を動かす力の方がものをいう。だから、力学で研究されている「力」概念は、力学以外ではほとんど意味をなさない。にもかかわらず、あらゆる分野で、この「力」は、自明の概念として多用される。なにがしかの「力」なるものをもってして説明すると、納得されやすい。問われるのは、そこにどういう種類の力なるものが働いているかということばかりであって、そもそも「力」とは何なのかが問いつめられることはない。そんなことは、説明しなくてもわかりきったことではないか、力は力であってそれ以外の何であろうか、と言わんばかりに。

だが、私は、四次元時空を考えていく過程で、この力概念の自明性に疑問を抱かざるをえなくなっていた。四次元時空の相においては、原因としての、実体的な力なるものは消えてしまうのだ。そこには、時間方向に形を変えたり変えなかったりする四次元的構造物があるのみであり、それをスキャンしていく認識主体が、それを「力」概念を用いて分析したり理解したりするのである。力なるものが働いて世界を動かしたり、動かないように抵抗したりしているというのは、観念上の現象である。ただ、スキャンしていく相において、力概念の適用が有効になる四次元的構造があることは事実であり、その意味において、力は客観的である。だが、本質的に存在しているのは、四次元的構造の傾向であり、それの時間方向における微分概念として力概念が有効になるにすぎない。空間に曲線があったとして、それはまず曲線として存在している。曲率なるものがあって、それが、曲線の曲がりを存在せしめているわけではない。曲率は分析概念だ。それと同様に、まず、時空内に曲がった世界線が存在しているのであって、力なるものが、その世界線の曲がりを存在せしめているわけではない。加速度は、世界線の曲率を表すものであり、分析概念だ。力はそれに質量の重みづけをしたものにすぎないわけだから、同様に分析概念であって、実体概念ではない。

このように力学の世界では、力概念は、本質的実体としての地位を失っている。このことは、単に力学の世界での力概念だけに通用する事柄だと言えるだろうか。私はそこに疑問を持った。なぜなら、世界の四次元性は、物理学の世界に限って言えることだとは考えられないからだ。より高次の現象についても、実体概念としての「力」は成立しえなくなっているのではないか。「力」概念の自明性は、一般的に崩壊しているのではないか。

だとすれば、力学を離れて、より一般的な意味で、「力」とは何なのだろうか。どう定義づけたらいいのだろうか。そもそも一般的な定義など可能なのか。だが、もし可能でないとしたら、全然別物の対象に同じ「力」という名辞を与えさせているものは何なのか。われわれは一般に、どういうものに、どんな場合に、力があると表現するのだろうか。一般に、「力が強い」とはどういうことなのだろうか。

「自由」とは何かという問いは、「力」とは何かという問いに重なっていき、両者は並行して反省的に考えねばならない。四次元時空内構造として。

試みに、次のような定義を与えてみよう。「ある状態の時間的持続が長ければ、その状態は、力が強い」。一理ありそうだが、これだと、短時間に生じる強い力の説明にならない。「ある状態が別の状態に短時間で変化すれば、そこに強い力が働いている」。これはどうか。ニュートンの運動方程式にはマッチするが、生命力とか経済力とかに必ずしも適合はしない。どちらも片手落ちのような気がする。むしろ、「力」というのは、長時間持続と短時間変化の相反する傾向のぶつかり合いにおいて、把握される概念なのではないだろうか。力学に照らし合わせた場合、長時間持続要因は質量（慣性力の根拠）であり、短時間変化要因は加速度（すなわち世界線の曲がり具合）である。力は作用と反作用のペアにおいてのみ存立する。でなければ、そこには一方的な傾向が確認されるのみで、力概念は成立しない。持続側のサイド、変化側のサイド、双方に力概念は確認できるわけで、どちらサイドの力が語られるかは、文脈に依存する。生命力の場合は、個体や群れの状態を破壊する傾向と維持・増殖する傾向とが抵抗しあう構造において、維持・増殖する側において確認される力だ。別サイドに着目すれば、そこに紫外線の力とか、洪水の力とかが確認されたりする。経済力の場合、経済主体を破綻させる傾向と維持・発展させる傾向とが抵抗しあう構造において、維持・発展させる側において確認される力だ。別サイドに着目すれば、そこに別の経済主体や経済環境の厳しい力が確認されたりする。

四次元時空においては、このような抵抗しあう傾向の絡み合いが、さまざまな階層レベルにおいて存在している。時空をスキャンする意識は、そこに「力」概念を見出し、「力なるもの」が構造の維持や変化をもたらしたという意識を持つ。これが、一般的な意味における四次元的「力」概念に対する解釈だ。私は、そう考えてみた。

この一般的「力」概念は、それぞれの自然の階層レベルにおいて、より具体的に掘り下げられて把握されていくことになる。物理学では、各種力学方程式や、四つの相互作用のゲージ場、歪んだ時空などの理論がそれに相当するだろう。あるいは統計的な傾向に基づいた力とか。より高いレベルの階層では、それに応じた構造分析のもと、各具体的な力の様相が描き出される。

先のデネットの著作からもうかがえるように、ある自然階層から高次の段階において、とりわけ生命系以上の段階において、「力」は、情報処理機能と密接に関係する。単純な物理的力は背景に退き、その背景の自然の傾向をどうコントロールできるかが、力のあるなしの決定的要因になってくる。環境や天敵や獲物やライバルたちとの戦いは、情報戦だ。スポーツ選手の力について考えても、筋力よりは情報取得処理能力の方が一般に優位をもたらす。戦争でも、ビジネスでも、情報の取得と的確な処理が最大の決め手になる。情報取得処理能力は高次階層における力の重要な様相の一つと言えるだろう。

あるいは、「所有」という形の力も重要だ。生物は何らかの形式で周りのものを所有することによって、自己の存続に有利な条件を作る。縄張りは、その典型的事例であろう。そもそも、捕食だって、さらには呼吸とかだって、原初的な所有の一形態だとみなせないこともない。植物は、光合成で大気中の二酸化炭素にある炭素を所有したと言えなくもない。広義にとらえれば、所有というのは、さまざまな階層の諸システムで一般的にみられる現象である。その所有は、それ自体がまたさまざまな力の存立根拠になっている。と同時に、その所有という状態を維持・拡大するために、さまざまな背景の力が動員され組織されている構造も見逃せない。所有という状態を維持・拡大するのは、それを否定する傾向に打ち勝たねばならない。だから、そこには力が存立する。その力は、威嚇したり、攻撃したり、法律や政治的な権力に基づいたり、社会的、経済的な人間関係に基づいたり、それぞれの階層レベルのそれぞれの状況に応じて、組織される力は異なるだろう。先に述べた情報処理力は、その中でさまざまな形で活躍するだろう。所有は、そういった意味で複雑で総合的な力である。裏返せば、何の力も及ばない世界で、所有は成立しない。モズは、侵入する敵を攻撃できる範囲をはるかに超えて縄張りを拡大することはない。灼熱地獄の金星の土地や、凍てついた海王星の土地は、さしあたって人類の力は及ばないから、所有の問題は起こりそうもない。しかし、月面や火星についてはそう遠くはない将来においてどうなることか。掘り出されてもいない、元来、誰のものでもない、地球のものでしかないはずの地下資源が、国家や企業の所有になるのは、そこに力を及ぼせるからである。

力としての自由について語るなら、この情報取得処理力と所有の力は、とりわけ重要視する必要があるように思われる。もちろん、この二つの局面に尽きると言うつもりはない。

だが、物理学を超えて、力とは何かについてより一般的に考えていく作業は、自由問題の考察に不可欠ではないだろうか。本書は、まだ、その端緒的提案を試みたにすぎず、「一般力学?」の全面展開に挑むにはほど遠い段階にしかないわけだが、とりあえずここでは「力」概念への着目の重要性を強調しておきたいのだ。

ある者が自由な状態なのか、不自由な状態なのかは、力の有無、特にポテンシャルな力である能力の有無が決定的な要件だと思われる。ある種の実体的概念が適用可能なもの、あるいは、同一構造を保持していると考えられるものに、繰り返し力の発現があり、それが内在的な要因によるとみなされるようならば、その実体などには「能力」があると概念的に把握される。とりわけ、その発現が自由意志という心理現象と結びついている場合は、人間的な(もしくはそれに近い)意味での能力とみなされる。自由はさしあたって力であり能力なのだ。日本語では、身体機能に障害があって、平均的な人に対してハンディキャップのある人のことを、「何々の不自由な人」という表現をするけれど、これはまさにある種の能力が欠落していることを指している。ただ、ここで「能力」というのを、単にその人の障害のある身体機能についてのみスポットを当てて理解したとしたら、正しくないだろう。能力というのは全体的な、この場合、社会的な場の中で決まってくるものだからだ。その人がその障害ゆえ、差別を受け、職業もなく、ゆえに貧困生活を余儀なくされ、といった状態と、分け隔てなく誰もが親しく付き合って補ってくれて、自分にも社会貢献の機会が与えられ、さらには、バリアフリーな環境が整備されたり、障害を補う装置なども開発され政策上の援助などもあって購入も可能といった状態とでは、その人の能力は全然違うものになる。無論、前者より後者の方がその人の能力は高いわけで、したがって、より自由な状態だと言える。

そもそも「能力」なんてものは、全体的社会的場の中でのみ意味を持ちうるものなのだ。私は、翼がなく自由に空を飛べない。時速200キロで走ることもできない。でも、誰も私のことを「翼の不自由な人」とか「足の不自由な人」とかと呼ばない。だが、もしもほとんどの人が翼を持って飛び回り、あるいは新幹線並みに走って通勤するのが当たり前の世の中だったら、それができない私は、能力のない者として蔑みや哀れみの対象になってしまう可能性は大である。1クーロンの荷電粒子の力は、それが置かれた電場を抜きにしては語れないように、力、とか能力というのは、個物の属性ではなく、全体の場との関係の属性である。それは、力がない場合だけでなく、ある場合も同様であって、例えば、多くの金銭を所有している者の力は、その人の属性ではなくて、その人を含んだ社会の属性として存在しているのである。

物理学を超えた、より一般的レベルでの「力」について、もう一つ指摘しておきたい様相がある。「一般性（抽象性）の力」と「個別性（具体性）の力」である。一般性の力というのは、例えば、さまざまな商品の中で、貨幣商品が持つような力である。具体的な生産手段を保有して営業をしていたら、例えば石油の高騰とかのあおりをまともに受けてしまったりするが、一般的な価値形態を取る資本ならば、すぐに危険分野から手を引いて、逆にそのような変化を利用して利ざやを稼いだりもできるといった具合。あるいは、コンピュータのいくつかのＯＳの中で、圧倒的なシェアを獲得してしまったウィンドウズの持つ力とか。一般的に通用すること、スタンダードであること、これは、往々にして一種の力になる。あるものが、広い範囲に一般的に通用するためには、それは的確な抽象性を備えていなくてはならない。だから、これは抽象性の力とも言える。数学や物理学や哲学やらが追い求めている力もこの手のものか。

すぐれたコンピュータのプログラムは、すぐれた抽象性を備えている。パラメータの指定などを変えることで、多くの場合に適用が可能になる。オブジェクト指向プログラミングの場合で言えば、うまく抽象クラスを設計することで、汎用性の高いモジュール体系を作ることができるとか。だが、やたら、汎用性にこだわりすぎるとかえって使いづらくなってしまうことも多い。当たり前のことを毎回指定しなくてはならなかったりとか。実際に使用する時はその状況に的確にカスタマイズされていないと、役に立たない。物理学の微分方程式はその汎用性から重宝されるが、積分して原始関数を求めなくては、ほとんど利用できない。そのためには、初期条件などを具体的に確定する作業が不可欠である。

一般的、抽象的であることは、力の強さとして現象するとは限らず、状況にも依存する。それは裏を返せば、個別性、具体性の欠如であり、状況によっては、個別的、具体的であるがゆえに力を発揮する場面はいくらでもある。だから、「一般性（抽象性）の力」と「個別性（具体性）の力」は、さしあたって、相対して互いを力たらしめている作用／反作用の関係にあるとも言えよう。ただし、すぐれた一般性（抽象性）が、活き活きとした個別性（具体性）にアプローチすることを可能にさせたり、地道な個別性（具体性）へのこだわりが、より普遍的で高度な一般性（抽象性）を引き出したりもするから、両者の関係を単純な対立関係としてのみとらえて片付けるわけにはいかないだろうが。

一般性、抽象性の強さは、時間的にも空間的にも状況の変化に対応しやすいことであり、その弱さは、迅速に最適な対応ができないことである。一方、個別性、具体性の強さは、迅速に最適な対応ができることであり、その弱さは、状況の変化に対応しにくいことである。

「一般性（抽象性）の力」が、所有の力を支えたりとか、「個別性（具体性）の力」が情報の取得処理能力を必要としたりとか、諸力は、もちろん、複雑に関係しあい絡み合っている。

そして、自由について。例えば「選択の自由」、一見もっとも単純そうなこの自由の背景にも、「一般性（抽象性）の力」とか、「情報取得処理の力」とか、「所有の力」とかが渦巻いていないだろうか。なおかつ、基底層には、物理的な意味での自由度などをも構造的に含みこんだ物理的な力の問題も関係したりしていないだろうか。いわゆる「必然性を洞察するという自由」だって、「情報取得処理の力」の発現形式の一つのようにも思える。自由の問題は、その背後の力学を伴って展開してこそ、リアルに描ける。客観的な時空構造として自由を考えるのならば、それは、四次元世界のそれぞれの階層レベルに沿った諸力の分析が必要だ。そして、四次元的な意味における、自由な状態と不自由な状態というのは、結局のところ、さまざまな意味における、「力」のある部分とない部分のことではないだろうか。

（5）トレードオフされる自由の諸相

人間の遺伝子には、自動車を運転する能力は組み込まれていない。したがって、人は、車を運転するには、後天的に、その技術を学ばないといけない。現在、自動車の使用とまったく無縁でいられる人間の住む地域は、かなり限定されている。だから、多くの人が、自動車を運転することを学び、それによって、自由に車を運転したいと望む。

ここでは、「自由に車を運転する」というこのありふれたフレーズについて、考えてみたい。「自由に車を運転する」とはどういうことなのか。

とりあえず、エンジンの掛け方、アクセル、ブレーキ、ステアリング、トランスミッションなどの基本的な操作方法を知れば、車は動かせる。大平原の真ん中とかだったら、車は行きたい方向に出したいスピードで好き勝手に自由に走らせられる。が、そんな環境で運転することはきわめてまれだし、そんな環境でしか走らせられないものだったら、全然便利でない。たいていの場合、街中とか、整備された道路とかの上を車は走る。そこで好き勝手に走ったら、他人や自分の生命や財産の安全が保障できない。だから、いろいろな規則を知って守らねばならない。左右や後方などの確認も常時し続けていなくてはならない。目的地に行くためにはどう行ったらいいか悩むし(カーナビを私は持っていない)、着いたら着いたでどこに駐車しようか考えなくてはならないし、車庫入れも慎重にしないと他人や自分の車を傷つけてしまう。運転し始めたころは、なんて難儀な面倒の多い代物だろうと思った。あるいは、車検とか、税金とか、損害保険とか、燃料費とか、洗車とか、渋滞回避とか、車を持っていなかった時はおよそ考えなくてもよかったようなことを考えなくてはならなくなってくる。お酒だって飲めなくなる。さしあたって、車を運転し始めると、なんて多くの自由が奪われることなのだろうと思った。こういう不自由な思いをして、われわれは、人や荷物を乗せて、行きたい所に、(可能な範囲で)自由に、行ける。バスを待たなくてもいいし、駅やバス停から時間をかけて歩かなくてもすむようになる。後者の自由は、前者の自由(すなわち、あれこれ面倒なことに時間や労力や注意を払わなくていい自由)を犠牲にして得られる。いわばトレードオフされたわけだ。

しかし、慣れてくると、あれこれの面倒をあまり苦痛に思わなくなってくる。慣れてくるということは、行動が自動化されることである。条件反射が形成され、次は確か右折だから早めに右車線に移らなくてはならなくて、その前に方向指示器を出して、後方確認をして云々……をいちいち意識的に考えなくても、音楽とかラジオのニュースとかを聞きながら自然に行動できるようになる。行動パターンがコンピュータプログラムのサブルーチンのようなものになって、それを逐次組み立てなくても単純に呼び出して実行できる。これは、一種の機械化であり、その一連の過程には、自由意志の働く余地はあまりなくなる。われわれは、自由意志の働く余地を狭くすることによって、別の水準の自由を獲得している。これも、一種の自由のトレードオフである。自由の背後にある力の一つが情報処理能力であることともこれは関係ありそうだ。

この種のことは、われわれは生まれてから死ぬまで、さまざまな形で経験していく。スポーツでも芸能でも学問でも、掃除や洗濯や料理においても、あらゆる分野に普遍的にみられるありふれた事柄である。われわれは自由の質を自由の制限で実現し、高めているのだ。例えば、自由にピアノを弾いてみたいとして、それでやみくもに、あるいは鍵盤一つ一つをたたくたびに自由意志を働かせて弾いていたのでは、とても聞けたものにはならないだろう。リズムやコード進行やメロディなどについて歴史的に培われてきたパターンをそれなりに身につけ、なにがしかの自動化を装備した上での自由演奏でないと、自分自身さえ楽しませられない。斬新な何かに挑戦する場合にしても、何かの基本が乗り越えられているという背景があってこそのものであろう。ジョン・ケージの音楽だって例外ではあるまい（そもそも芸術には、幾人かの人々の、最低でも自分自身の感性を響かせられなくては存立できないという究極の制限がある。だが、その自分自身というやつも自分自身では自分自身にすらなれないのだ）。ところで、ピアノにはピアノとしての限界がある。鍵盤と鍵の中間の音が出せない。だが、これは、鍵盤というツールによって、一人の奏者が広い音域の絃を比較的簡単に同時に響かせることを実現させるためのトレードオフとして失った自由である。他の楽器では、一つの正確な高さの音を出すのに、二つ以上の指や息の微妙な調整やらを必要とし、訓練も必要とするのに対し、一本の指の単純な動きでそれを可能にした。この自由のトレードオフによって、弦楽器や管楽器にしか出せない微妙な音や、アラビア音楽にあるような半音の半音とかは諦めざるをえないけれども、鍵盤楽器は、楽器の中でも特別に汎用的な地位を獲得した（少なくとも西洋音楽の範囲では）。そして無限の楽曲をゴージャスに響かせていく自由は大いに高められこそすれ、失ってはいないのである（ピアノは指のタッチで音色を調整できるところが、前時代の鍵盤楽器チェンバロにない自由度である。現在はシンセサイザーはじめ、種々の電子楽器が、従来の制限を超えて新たな地平に乗り出しているのだろう。だが、新たな自由の地平には、なにがしかのトレードオフされた別種の自由の残骸が横たわっているのでは）。

話を、車に戻そうか。「車に対する自由」ということについて、もう少し考えてみよう。車に対して自由を深めるにはどうしたらいいか。いろいろな方向が考えられる。例えば、とことん、運転技術を極めるという方向があろう。モータースポーツの世界でフォーミュラカーやGT車などを乗りこなしてレースに勝利するとか。だが、ドライバーとしてのみが、カーレースへの参加ではない。マシンのチューニングをとことん極めるというのも、車に対する自由の追求の代表例だろう。しかし、スピードばかりが車ではない。快適な乗り心地、ゆったりとした居住空間、安全を保障してくれる車体設計や装置、大きな荷重に耐えられる強靭さやトルクパワー、等々。それらについて高い性能を備えた高級車を所有すること。そこにはステータスの誇示という機能も付加されている。そういう方向性での自由の追求もある。一方、所有する自由とは正反対の方向性での探求もある。カーシェアリングで、誰もが自由に乗れる車を各所に配置するとか。必要な時のみ気軽に使えるレンタルとか。こういうのも、一種の自由だ。車のメンテナンスという局面についてはどうだろうか。近年の自動車は、内部にコンピュータ制御された各種センサーが配置され、故障箇所が迅速に発見できて、部品交換で簡単に修理できる。補給部品を滞りなく供給できる体制を整えることも重要だ。これも情報処理パワーがものを言う。こういった方向性はメンテナンス性における自由探求の本道なのだろう。しかし、そんな体制が簡単には整えられない地域もある。そこでは、シンプルな工具で修理可能な、あまり電子部品など使っていない車を使用するというのが、高メンテナンス性を保証する最善策だったりする。自由の実現の仕方は取り巻く環境条件によって一律ではない。まあ、こんな具合に、「車に対する自由」というテーマ一つとっても、数々のアスペクトがあり、「自由である」ということがいかに複雑な事柄であるか思い知らされる。

が、とにもかくにも、二〇世紀は自動車が普及し、自動車によって人類のある種の自由を大きく拡張させた世紀である。この傾向は、二一世紀初頭を見る限り、中国などを中心にさらに拡大していくであろうことは間違いない。「車社会の実現」による自由の獲得。この背後に累積している、トレードオフされた自由は、さまざまなレベルでいろいろ挙げられるだろうが、社会全体のレベルで見た場合、やはり筆頭に掲げねばならないものは、環境と安全についてのものであろう。

先ほど紹介したデネットの著書でも、「『すべきである』は『できる』ことを含意する」という命題は議論の余地のない倫理学の命題だと指摘されていた(＊3)。責任は、能力と不可分の関係にある。能力の及ばないことには当然責任は持てない。少なくとも、能力は、責任の必要条件である。ところで、自由の拡大は能力の拡大に裏付けられている。だから、自由の拡大は責任の拡大を伴う可能性が高い。ところが、もし、「責任を負っている状態と負っていない状態と、いずれが自由か」と尋ねられたら、多くの人は、責任を負ってい

＊3　ダニエル・C・デネット、前掲書、四一〇頁。

ない状態の方が自由だと答えるだろう。この意味で、責任は、自由の反対物でもあるわけだ。責任を負わないですむ自由と、責任を承知でより大きな能力に基づく自由を獲得することとは、典型的なトレードオフの関係にある自由だと言えるだろう。車社会の実現という自由は、安全や環境に対して少なからぬ責任を人に突きつけることになる。それは車の普及に伴いますます大きくなり、深刻化の一途をたどってきている。われわれは、トレードオフを解消して、車社会を諦めるか、環境や安全に対して技術的、制度的により高度な制御能力を獲得して、さらにより大きな責任を背負い込むかしなくてはならないところに立たされている。現状を考えれば、まず間違いなく、選ばれるのは後者であろう。

車のことはほんの一例にすぎない。あらゆる技術分野で、人類は巨大な責任を背負い込んだ。原子力もその最たる例であろう。かくして、人類は人類のみならず地球環境全体に、責任を負ってしまう立場に自らを立たせることになった。自然を自然のままにしておくこと自体にすら責任を負っているのである。一生物種がこんな責任を背負い込むなんてことは、生命誕生以来かつてなかったことだ。われわれは地球史における巨大な転換点に生きていることは間違いない。

生命ということで言えば、今後、われわれはライフサイエンスに基づく技術をさらに高めていくだろう。また、ロボット工学も進展していく。遺伝子組み換えやサイボーグ技術などが、過酷な宇宙にも乗り出していける能力を人類に与えるかもしれないと予想されている。自然界内部で数十億年かけて完成された遺伝子レベルの制御システム、数億年をかけて進化した脳神経制御システム、数百万年かけて熟成した言語システム、数百年で飛躍的に進歩した科学技術、今、それぞれのレベルでの情報制御機構が、自然界の階層の垣根を越えて融合合体させられようとしている。われわれは、もはや単に生命の仕組みに手を出し制御できるというレベルを超えて、生命そのもののあり方、生命の定義そのものに関与できる能力を持とうとしている。われわれの「自由」はそういうレベルに進行している。裏を返せば、われわれは生命そのもののあり方にまで、責任を負おうとしている。

これらの技術は、抽象的な人類一般が、抽象的な自然界に働きかけて、能力・自由・責任の取得に抽象的に達するわけではない。これらの実践には、常になにがしかの社会的なシステムが媒介され、具体的な諸個人において現実化する。これらの能力の拡大は、幾人かの人々に今まで想像だにしなかった夢の実現をもたらすかもしれない。それが社会的ハンディキャップを埋めるのに役立つこともあるかもしれない。しかし、それは人々の間の格差をより深刻なものにしていく可能性もまた孕んでいる。われわれの能力拡大による自由の実現は、社会問題に対しての責任をもまた、大きく膨らませていっていることも見落としてはならないだろう。

(6)　権力と自由

第二次世界大戦後の自由をめぐる思想に占める大きな問題意識は、何と言ってもファシズムの脅威への対抗、全体主義からの解放という問題意識であろう。社会主義の名の下での抑圧や粛清、理不尽な統制などもまた二〇世紀の社会運動が体験した深い蹉跌である。共産主義を推進する側も、それに対抗する側も抑圧的な権力装置を人々の頭上に拵えてしまった。

だから、自由について論じようとするなら、何よりも、このような権力的抑圧からの解放を取り上げなくて、何になるのか、と考える人は多いだろう。そもそも、自由論は、とりわけ近代以降のそれは、封建制などの政治権力の支配からの脱却、解放を求める思想として生まれ、発展したものである。そこで確立されたのが、強制や因習によって封じ込めることのできない「自由な個人」という原理であろう。

このような文脈からすれば、「権力」と「自由」とは相敵対する反対物である。ところで、権力（power）は、もちろん、一種の「力」である。軍隊や警察という物理的諸力や情報取得処理能力を総動員した力を背景に、あるいは所有の力を背景にしたりして、為政者たちが行使する紛れもない「力」だ。だが、私は、先ほどまで「自由とは力」だと論じてきた。まるで矛盾していないだろうか。この文脈からすれば、自由は、力からの解放ではないのか。

しかし、解放にも力はいる。いわゆる「自由な」社会の維持発展にも、力はいる。人民の解放、民主主義の確立、これらは、すなわち、人民に権力をもたらすことにほかならない。権力（パワー）は、なにも軍隊や警察によるものばかりではない。マスコミの力、デモンストレーションの力、ストライキの力、思想の力、等々。民衆にとっての最大の脅威は軍隊や警察への恐怖とかよりも、実は民衆、民衆からの孤立だったりするわけで、体制派も反体制派もその前提での力を最大限引き出そうとする。そもそも、軍隊や警察の構成員もまた民衆でもあるわけで、民衆が反体制で団結したら、恐怖するのは、軍隊や警察の方である。支配的な権力からの解放としての自由も、やはり広い意味でのある種の力によるものなのだ。裏を返せば、独裁者の権力もある意味、一種の自由を支えるものである。それは独裁者やそれを取り巻いて特権を得ている者にとっての自由を支えている。そしてある種の自由には、別の自由がトレードオフされるのが普通であり、この場合、多くの人々の言論や、政治的、経済的活動の自由が、場合によっては生きる自由がトレードオフされていたりする。逆に多くの人々の言論や活動の自由のためには、独裁者側の人たちのさまざまな自由はトレードオフされざるをえまい。そういうわけで、イラク戦争だって、やはり自由のための戦争だったのだ。ある人たちやある利益のための、ある種の自由のための戦争だった。そのためには、ある独裁者の自由のほかに、平和に平凡に暮らす人々の多くの生命の自由や、多くの兵士の自由などがトレードオフされはしたけれど。

そんなのは「真の自由」ではない、という意見もあるだろう。だが、私は「真の自由とは」という形式の論理で議論はしたくない、少なくとも当節では。先に述べたように、当節では、存在論的に自由について考察しようとしている。ここでは、存在の様態として自由を考えようとしているのだ。だが、「真の自由とは」というのは、あえて議論するならばそれは当為の問題領域に属すると私は考えている。だから、ここでは、自由にはいろいろある、それも多層的に、としか言えないのだ。世の中にはいろいろな昆虫がいるが、何が「真の昆虫」かなどと問うのはナンセンスだ。それと同じで、少なくとも存在論的に「真の自由」について問うのはナンセンスだと私は思っている。そこにあるのは、日常レベルの他愛のないありふれた自由かもしれないし、あるいは、「各人の自由な発展が万人の自由な発展の条件となるようなひとつのアソシエーション」（＊4）を目指す時のような高尚な自由（？）かもしれない。が、どれもそれなりに自由なのだ。存在する（しうる）のは、具体的な人々の具体的な階層レベルにおける具体的な状況下での様態としての自由であり、それでしかない。だから、無前提に抽象的に「自由のために」なんてスローガンを示されたりすると、私はたいへんうさん臭く感じてしまうのだ。

ところで、「人民の自由」、「人民の権力」なんて言っても、そもそも、「人民」などというものは、抽象的な包括概念にしかすぎないわけで、その括りで強調されうるのは、ある特殊な政治的文脈においてであって、そこから外れて一般化したらナンセンスな言葉にも

＊4　カール・マルクス『共産党宣言』の中の一節。

なってしまうだろう。その括りでの人民の解放は、ある意味で最低限の自由、いわば自由を探求できるスタートラインのようなものだろう。その先には、例えば人民を代表する（と称する）人々にどれだけの権力権限を与えたらよいのかといったことをはじめ、課題は山積みである。

そもそも、力は、不均等な分布ゆえに発現しうるものである。社会には、さまざまなレベルでの諸力が不均等に分散し、その不均等さをまったく完全に防ぐことは現実問題不可能だろう。その不均等な力の分散に応じて、さまざまな自由／不自由の問題が生じる。無策なままで行けば、不均衡は助長され、問題を深刻化していく傾向は高い。とりわけ、所有に伴う力の不均衡は、その傾向が高い。そこをうまく社会的に制御できるか否かも、やはりその社会が持ちうる能力であって、そこにまた、その水準における自由があり、責任も発生していく。

客観的自由概念、すなわち存在の様態としての自由の分析は、このくらいにしておこう。もちろん、大雑把すぎるし、言及できていない事柄がありすぎてもどかしい限りだけれど、突きつめていったらきりのない遠大なテーマでもある。本書で展開できたのは、私なりにトライしてみた、ほんのさわりの試論にすぎない。

だが、四次元時空の哲学として、真に深刻に考えざるをえなくなるのは、このような客観的な視点からの分析ではなく、むしろ、次節で扱う主観的な視点からの自由、すなわち当為にかかわる問題としての自由である。

4　主観的自由概念の分析

（1）存在命題と当為命題

当節は、主観的観点からの自由についての考察を試みる。さしあたっての準備として、存在命題と当為命題について、説明しておく。

存在命題とは、「～である」の形式、例えば、「夜、寝る前に歯を磨かないと、虫歯になる確率が高くなる」のように、事実（と思われること、もしくは仮定したり想像したりできること）を叙述する命題である。それに対して、当為命題とは、「～すべき」の形式、例えば、「夜、寝る前に歯を磨くべき」のように、自分や他人の行為を促進したり規制したりする内容を持つ命題である。

もう少し込み入った例を挙げると、例えば、「自分自身と他人をけっして単に手段とせず、いつも同時にそれ自身における目的として取り扱うべきである」は、当為としての命題形式である。しかし、「自分自身と他人をけっして単に手段とせず、いつも同時にそれ自身における目的として取り扱うべきであると思っている人が、人口の三割を超えたら、社会は安定する」は、存在としての命題形式である。

存在命題は真偽を問われ、当為命題は正否を問われる。

当為命題はそれに従うか否かは個々人の判断に委ねられる。従わない場合、それに対する内面的、ないし外面的制裁が用意されているかどうかという問題は、存在に属し、直接の当為の問題ではない。しかし、密接な位置関係にはある（ただし、ここの例の場合はすこぶるややこしいが）。

存在命題は、例えば、アンケート調査をするとかコンピュータシミュレーションをするとか、もし何か適当な方法があれば、それの真偽をそれなりの程度で確かめることができる。偽だからと言って、ただちに制裁の問題が浮上するわけではない。

なお、ある言明が存在についてか当為についてかを単純にその述語形式だけで判定するのは実質的内容と乖離してしまう場合がある。形式は当為だが、内容は存在という言明もある。例えば、「XXは、YYと判断するべきである」という言い方は、「XXは、YYである」の真偽にかかわらず、それを真と判断せよという意味で使われることは、きわめてまれであり、実質、これは存在の言明に含められる。逆に形式は存在だが、実質的内容は当為という言明もあるだろう。例えば、「天は、あなたがしかるべく決断することを望む」といったような場合である。

以下で、特に断らないで、存在命題、当為命題という語を使う場合は、述語の形式ではなく実質的内容においての意味として解釈してもらいたい。強制や許可や禁止など、何らかの形式で発話者が受け取り手に態度や行為を促したり制止したりする命題は、当為命題とする。だが、強制や許可や禁止などがなされている状態を叙述しているだけなら、それは存在命題である（なお、ここでは「命題」の語を命題論理学が要請しているように曖昧さを含むことなく、真偽が完全に判断できるものに厳密に制約するということはしないで、より広く言明一般を指すことにする）。

(2) 世界解釈モデルについて

ここでもう一度、ごく簡単に本書の展開をおさらいしておこう。同時刻は相対的である。すると、決定／非決定に関して、過去と未来は区別できない。過去は完全に決定されているという立場を取りたい。すると、未来も完全に決定されていると考えざるをえない。以上が、本書の「時空的決定論」の要旨である。

四次元時空は実在する。現在の三次元空間が実在しているならば、独我論や多世界論の立場を取らない限り、過去から未来にわたってすべての時空は実在する。そして決定している。だが、われわれの意識、表象は、運動する三次元空間である。それは、そもそも意識というものは、実在する四次元時空を過去方向から未来方向に向かってスキャンしていく存在だから、そうなる。それが、本書における存在論上、認識論上の基本骨子である。

では、われわれには自由はないのか？　それについて、本章第3節までにおいて述べてきたことは、自由を存在の様態としてとらえれば、自由／不自由は、客観的に論じられることであり、自由がないわけではない、ということであった。そこで、私は、四次元時空内存在に対する微分概念としての力概念に着目して客観的様態としての自由論の展開を試みてみた次第である。

だが、これは、時空を鳥瞰した視点からの、いわば神の（ただし、いくら拝んでも何も手を差し伸べてくれない神の）視座からの自由論だ。時間に内在した個々の意識にとっての自由論ではない。生きとし生けるスキャナーとしての視座からの自由論ではない。

客観的には、完全に決定している、自由／不自由の様態を伴った四次元立体として、われわれは時空に存在している。スキャナーである個々の意識は、それをその個のありように応じてただ確認するだけである。もちろん、その「ありよう」の中には自由意志の発動も含まれる。理想や正義感や使命感の発動も含まれる。ここで「確認」というのは、淡々と傍観するように眺めることとは限らず、むしろ、こういった感情なども伴ってのものである。汗や動悸や苦痛やときめきやらを伴ってのスキャンである。生きとし生けるスキャナーにとっては、未知の知であり、それは「確認」というよりは、やはり「体験」なのだ。それは結果のわかった試合のビデオを見るようなものではなく、生中継なのだ。場合によっては、自らが参加している試合そのものなのだ。だから、存在論的には、自由意志などは何ら否定されてはいない。しかし、これが自由と言えるのか。そんなものは、自由とは言えないのではという意見は大いにありえそうだ。

何が問題になるか。この世界観を、ただ世界を解釈する（しかも後付けで解釈する）ためのみに使うのならば、少なくとも論理的には問題は生じない。だが、世界観は、それ自体が世界の外に存在できない。世界観は、世界の中の個々人の意識の中に内在し、個々人の行為形成の一要因にもなりうるし、また、そうであることを要求されさえしている。世界観は、それ自体が世界の構成要素なのだ。

こんな世界観を私が持ってしまったこと、それをここで執筆までしてしまったこと、これとて、四次元的に決まっていることだと解釈できる。とことん、無矛盾な解釈は可能である。にもかかわらず、どこかやりきれないような感情が残ったりするのはなぜだろう。

それは、言語世界の宿命なのかもしれない。そもそも、われわれの言語は世界を解釈するために生まれたものではない。言葉は原初的形態としてなら、人間に特有のものではない。多くの動物がコミュニケーションのためにシグナルを送受信する仕組みを備えている。高等哺乳類では、匂い情報のほかにいくつかの鳴き方や仕草に意味を持たせて使い分けている。だが、彼らは世界を解釈するためにこれらの手段を使っているわけではない。危険を知らせたり、獲物の情報を伝えたり、求愛したりといった、自分と他の個体との行動のあり方や、群れ全体の行動のあり方を制御することに用いている。世界を解釈するために言語というコミュニケーション手段を使用しているのは、おそらく地球上では人類だけだろう。

ヒトは、他の動物に比べて、圧倒的に高度な情報処理能力を持つことによって、地球を支配する種になった。そのどこが高度かはいろいろあるだろうが、世界モデルを観念の中に構築してシミュレーションできるという能力は、他の種を寄せつけない飛躍であろう。人類は、世界を概念的に把握して、今、自分たちの眼前に現れていないことについても語ることができるようになった。目前の敵や獲物に対してどう行動するかではなく、敵というもの、獲物というものといった概念を観念の世界で操作して、しかるべき状況下における行動を事前に準備できるようになった。天体や季節の動向など、自然界を法則的に理解することによって、農耕や牧畜を可能にした。文字はコミュニケーションにおける地域や時間の限界を超え、多くの個体の体験を集約し伝達していくことを可能にした。

倫理システムにとって、最高度に重要なサブシステムは「善悪」という制御システムであろう。これは、一種の二値論理の形態を取る。善と悪のほかにそのいずれでもない何かがあるような三値論理の形態なども可能性として考えられなくもないが、この場合、いわば三権分立のような牽制関係が生じたりして、安定はしても機敏な対応ができなくなるなどで、生存競争に優位には働かないことが多いように思える。二値論理システム、すなわち、あれかこれかの二者択一的な制御系は、もともと生命活動のいたるところで見られるものだ。内分泌系も神経系も促進と抑制の二方向への働きの拮抗でバランスを取っていたりする。そのような一般的制御方式の言語システムへの自然な延長として、善と悪は、人間たちの行動の促進と抑制に使われる記号として機能してきたのではないだろうか。ただ、その場限りでの促進・抑制のための発声や仕草などは、人間に限らずあまたの動物が行っている情報制御活動だが、人間のように高度な言語システムを持つようになった動物は、目前にないようなこともイメージし、物事を抽象的に概念化し、論理的に思考、判断するようになる。すると、善悪のような行動の促進・抑制用の1ビットの情報は、物事の概念の属性値として付与されるようになってくる。これが倫理システムの原初的な形態の基礎になっていくのではないだろうかと想像する。この制御システムが人間の文化レベルで高度に発展していくには、客観的な世界モデルと結びつく必要があるのだ。

どのような世界モデルを保持するかは、生存競争の勝敗に色濃く反映する。より客観的で普遍性のある世界モデルは、群れを有利に導くだろう。有利に導いた世界モデルは、群れによって保持され、あるいは他の群れにも伝播していく。こうして優れた客観的世界モデルは一種の文化的ミームのようになって定着し拡大していく。

一方、群れの中での生活を通して、自己意識などの心理機能も発達し複雑化していく。自我や他我の存在を世界モデルの中でどう位置づけるのかという課題も生じ、死後の世界のようなモデルも考えられていったりする。世界モデルは、単に自分たちの環境である自然界のモデルにとどまることなく、精神世界も含んだ、統合的体系的モデルであることが要求されるようになる。その方が、人々の行動を制御する道具としての有用性はさしあたって高い。場合によっては、アニミズムに見られるようにすべてを精神性で統一的にモデル化する場合も出てくる。前世とか、地獄や天国（極楽）のような世界を観念上に構築して日々の行動や生き方に意味づけをしていったりするのも、他の生物では見られない人間特有のすぐれた能力の一つだろう。各地で萌芽的な宗教が芽生え、やがてそれも淘汰されたりして、ローカルな形態を各地に残しつつも、いくつかの支配的宗教思想が発展していく。宗教は、やがて、そこから哲学や科学が派生していく、人類が体系的世界モデルで世界を解釈するという精神機能の大いなる母体となったし、今でもそれは機能中である。

世界解釈モデルは、元来、行動制御ツールとして、対自然、対人間関係の制御ツールとして、発展してきたものである。だから、存在と当為については、未分化な形を取る。本来的な言語の機能はと言えば、それは、当為に関わることである。「～すべき」、「～しなさい」、「～してはならない」という命題形式あるいは命令形などこそ、言語の本源的形式だ。一生物種たるわれわれは、生きるため、そのために自分や他人や群れ全体の行動を制御するために、言語を使うのであって、世界を解釈することを本源的目的にしているわけではない。だが、当為命題は、存在命題を論拠としてこそ、説得力を持つ。ただ、「こうしろ、ああすべきだ」と言われても、背後に権力的関係があったりでもしない限り従う気にはなれない。「世の中は、あるいは現況は（もしくは神の御意思は）、こうこうこういうものだから、こうすべきだ」というふうに言われてこそ、納得して行動できる。これは、人類が世界モデルを背景に行動して成功を収めてきた蓄積がもたらしたものであろう。このように、存在命題は、当為命題を支えるものとしてあったわけで、両者が、人間の思想の中で一体化しているのは至極当然の姿である。人類はさまざまな当為命題を倫理システムとして体系化した。それは、世界解釈モデルと一体化しており、宗教や哲学などの思想形態を取って発展していった。世界像、世界観と戒律などとは、本来切り離しては考えられないのである。

しかし、人間社会においては、組織の発展とともに、あらゆることが分業化していく。当然、思想の中でも、当為に関わる部分と存在に関わる部分は分業化し、かたや道徳や倫理学として、かたや自然哲学（科学）として、分化していった。なお、社会科学が道徳哲学から分化自立していった歴史はまだ浅い。対象の性格からしても、社会科学内では、存在の問題と当為の問題は完全に分離しきれていないのが現状というべきかもしれない。しかし、少なくとも自然科学においては（科学方法論や技術論などにおけることは別として）、「～すべき」という命題は基本的に排除されている。当為の問題からは完全に独立して、世界は客観的にどうなっているのかが問われ、無矛盾な論理体系としての世界モデルの構築が目指される。

だが、分化したからといって、存在に関わる世界モデルは、ただひたすら世界を解釈することのみに用いられるわけではない。世界モデルは、それが的確なものであれば人間の実践活動に役立つし、従来になかった役立つものが現れれば、人間の活動の方向性は変化する。世界モデルは、それ自体が人間の歴史形成の要因をなし、人間社会の歴史の構成要素にもなる。自然科学の認識がもたらした軍事や産業や医療などへの影響は、その最たる事例であろう。客観的世界モデルは、人間に情報取得処理の力を与え、それが、人間に新たな自由と、それに伴う責任をもたらすのである。

だから、自然科学においても、技術論の段階になれば、それは、当為命題の体系に変貌する。もちろんそれは、存在命題の裏付けのもとにではあるが。しかし、技術論はその背景にある歴史的環境の要請に無縁ではいられない。いかに効率よく大量に生産するかから、それのみではなく自然環境との共生と調和をもどうするかといった具合に、倫理システムの変化と技術論の課題とは密接に関係していたりする。まして、社会科学の分野ともなってくれば、世界モデルの構築は、世界をどうしたいかという意図とも複雑に絡み合ってしまうわけで、当為命題と無縁ではいられない。とは言うものの、説得力のある体系は、存在命題に裏付けられてこそであれば、特定の利害から超越した中立的客観的装いを持った叙述もまた追求される。

いずれにせよ、世界解釈モデルは、人間の社会生活の内部において、なにがしかの形で人間が生きて活動していくための手段であることを余儀なくされる。ただ世界を解釈するのみにとどまり続けるなんてことは、むしろ至難と言った方がいいかもしれない。それ自体、所詮、一生物種たる人間の営みの所産でしかないのだから、自然なことであろう。

この観点からすると、完全なる一元論は、扱いづらいものなのだ。行為主体たるわれわれ人間たちと、行為の対象すなわち客体たる外界・自然界という対立項において世界をとらえていく世界モデルでないと、手段としては用いにくいのである。世界解釈モデル内において、意思し行動する人間たちは、特別な主体的存在として位置づけられていることが要求される。だが、完全なる一元論は、人間たちの意思も行為もそのように特別視はしない。

四次元時空の哲学は、無論、唯物論的ないし自然主義的な側での、完全なる一元論の部類に属する。この手の思想が往々にして不道徳なものとしてみなされがちなのは、主体／客体の対立項に基づいた倫理システムにそぐわないという、しかるべき客観的根拠があるわけだ。と、一元論的思考は、自らの不道徳性すらも一元論的に解釈しようとする。

以上が、無矛盾な解釈というだけでは、なんかやりきれないような感情が残ってしまう現象に対する私なりの一つの解釈だ（また、解釈か！）。

（3）責任や当為のための世界モデルと時空的決定論

「責任」ということについては、前節でも若干触れた。なにがしかの力、能力に基づいた自由の獲得は、責任のある状態をもたらしうるということである。この場合、責任ある状態というのは、ある種の客観的状態である。しかし、この観点は四次元時空を鳥瞰的に眺める視座からのものである。しかし、スキャナー的体験主体、ならびに、そのような主体間の制御システムの一つである倫理システムの観点で考えれば、「責任」というのは、それ自体一つの観念装置であり、行動主体に慎重さや思い切った決断やらを促す役割を果たしていたりする。また、何か問題が起きた場合は、その事象に関与した者たちの責任が問われたりもする。この責任追及という社会的行為は、同じような状況で過ちを繰り返さないようにさせて、全体の安定や成長を補完する。「責任追及」というのは、生体内の抗原抗体反応のように、人間社会にとって重要な機能の一つになっている。

ところで、四次元時空の世界観も、これもやはり世界観である。世界観は、生きて活動する者たちにとっては、単に解釈をするのみにとどまることなく、積極的になにがしかの倫理システムの世界に組み込まれていくことが要請されることが多い。だが、ここで、四次元時空の世界観、とりわけ時空的決定論の世界観を直接、倫理システムに組み込んでしまうと、いささか厄介な事態になりそうだ。

時空的決定論によれば、過去が完全に決定されているのならば、未来も完全に決定されていると考えざるをえない。私は、過去は完全に決定されているとの立場を取るので、未来も完全に決定されていると考える。ただし、どのようにかはわからない。そこでだが、未来が完全に決定されているという立場において、われわれは、人の過誤を責められるのだろうか。どんな過ちも、どのみち決まっていたことなのだから、仕方がないことであって、責められる筋合いはないという論理が成立してしまいはしないか。一方、過去は完全に決定されているのではないとする立場を採用した場合は、それはそれで、どの過去に対する責任追及なのかという問題を生じさせる。

とにかく、われわれが長い年月を通して慣れ親しんできた倫理システムは、過去は決まり未来は決まっていないとする世界モデルが前提になっている。しかしこのモデルは、同時刻の絶対性が保証されていないと成立せず、相対性理論と矛盾することになる。

　この完全決定論の下で、例えば「罪を問う」ということは可能なのだろうか。いかなる犯罪も、所詮、起きるべくして起きた出来事であって、不可避であって、それを糾弾したりすることは、原理的にはナンセンスだ、ということになってしまわないか。あるいは、将来、よりよき状況を実現しようとして奮闘努力している人に対して、どのみち決まっているのだからと、気負いを挫かせてしまいはしないだろうか。

　仮に、時空的決定論に基づいて、そう判断する人が現れたとしよう。時空的決定論は、そういう人が現れること自体決まっていたことだと解釈する。あるいは、時空的決定論は、倫理システムを崩壊させる間違った思想であって受け入れることはできないという人が現れたとしよう。この場合も、時空的決定論は、そういう人が現れること自体決まっていたことだと解釈する。

　いずれにしても、ただひたすら解釈の立場に立つ時空的決定論は、少しも傷つかない。こんな時空的決定論は、私は個人的には大嫌いである。しかし、好き嫌いと真偽とは区別する必要があろう。社内会議でも、大嫌いな同僚が述べた意見が、正論であったとしたら、有能なビジネスマンはそれを評価する。

　裏を返せば、時空的決定論は、倫理システムに組み込めないものなのだ。倫理システムは、時空をスキャンする視座においてのみ成立可能である。時空的決定論が提供する世界像は、徹頭徹尾完全に具体的なものである。これまで、われわれの世界像は、それを過去の領域においてのみ適用してきた。しかし、時空的決定論は、過去から未来すべての時空領域においてその存在の具体性を主張するものである。しかし、倫理システムが必要とする世界モデルは、なにがしかの形で、抽象性、一般性を持っていなくてはならない。つまり、何かがパラメータ化していて、その可変部分を変更したら、別の世界の様相が出現するはずだ、という構造を持った世界モデルが、倫理システムには不可欠である。言い換えると、「もしこうであれば、こうなる（なった）であろう」という「反事実的確定性仮定」が成立する世界モデルが不可欠なのである（「反事実的確定性仮定」については、第1章第8節の（3）「抽象的普遍と具体的個別性について」でも述べた）。

存在論的には、抽象的可変モデルが、そのままの形で実在するとは考えられない。あえてそれの実在性を言うとしても、あくまで、なにがしかの具体性の衣をまとって、つまり具体的事例として存在しているとしか言えない。しかし、当為を語る文脈においては、あたかも抽象的可変モデルに相当するものがあらかじめあって、そこに人間の判断による行為が加えられて具体的形態が実現されたという見方をすることになる。そこでは、人間の判断・行為の部分は、世界モデルから相対的に独立していて、特別にパラメータ化されている。われわれはこういうモデルを用いて実践的活動をし、また、成功を収めてきている。ただ、その成功は失敗の経験が媒介されていたりするわけだが、ここで試行錯誤の最優先対象は、パラメータ化された判断・行為の部分である。こういったモデルの構造は、試行錯誤にとって効率がいいし、責任追及のような社会的判断・行為もこのパラメータ化された部分に注目することで的を絞りやすくなる。だから、このような試行錯誤などの効率性を高められる世界モデルが実践主体たる人間には選択されるのである。

ところが、時空的決定論は、過去から未来の具体的存在を無差別に自覚してしまうもので、人間の判断・行為をパラメータ化できず、したがって、倫理システムにはまったく馴染まないのである。

では、時空的決定論を認知してしまった私は、どうすればよいのだろうか。実は、これが私を長年悩ませてきている最大の問題なのだ。私自身も、曲がりなりにも一人の人間として生きている。一人の人間として生きている以上、なにがしかの当為判断に関わっていかざるをえない。それは、さまざまな階層レベルに及ぶ。「掃除をする時は窓を開けるべき」とか「資源ゴミは火曜日に出すべき」のような日常生活での当為命題。「○○の設計手法は、××法を採用すべき」とか「納期に間に合いそうもないなら、早めに対策を打つべき」とかといった仕事上での当為命題。だいたいどんな仕事でも、それが公的であれ私的であれ、世の中を解釈しているだけですむようなものは、ある種の学者の世界とかででもなければ滅多にないわけで、生活時間の大半を、われわれは当為命題の受発信とその処理に費やしている。趣味の分野にだってさまざまな当為命題があろう。例えば、ゴルフのティーショットはどうだとか。さらに、「詐欺まがいの商売するな」とか、「格差社会は是正すべき」、「国際競争力確保のため法人税率を下げるべき?」、「知事は○○疑惑の真相を明らかにしろ」、「核実験断固反対」とかの経済や政治に関わる当為命題、等々。さすがに、「銀河系はこうならなくてはならない」とか、「水素原子はこうなるべき」といった当為命題はありえないけれど、人間の遺伝子については、最近は必ずしも当為命題の及ばない対象でもなくなってきていたりするから、人間の一員として、この手の当為命題にも無縁ではいられないだろう。

私は、一人の生きとし生けるスキャナーとして、これらの当為命題と付き合っていくしかないわけである。その関わり方の濃度はいろいろだろうが、ともかく、現実に具体的に生きてその過程でさまざまな抵抗や圧力などに晒されていたりもしうる私は、ただ、世界を解釈しているだけではすまないわけで、積極的に善悪の判断をし、「ああすべきだ」、「こうすべきでない」と言っていかないと、私ないし私にとって大切な人たち（どの範囲までかという問題はあるが）が、生きていけなかったり、損害を被ってしまったりする。だが、そうであるがゆえに、当為命題は純粋な客観性確保が難しい面もある。すなわち、当為命題に関わるということは、ある意味、偏りもありうる具体的な自己存在に没入することでもある。これは避けられないことである。が、さらにややこしいことに、当為命題でヘゲモニー争いするには、一般的普遍的客観的装いをまとわなくては強力に機能しない。そして自分ないし自分たちもその客観性を信じていることを否めない。いや、内容によってはかなり強く真剣にそう信じていたりする。あるいはそう信じられるものを模索したりする。そもそも私の思考は私だけのものではない。社会問題が報じられ、あるいは社会運動が巻き起こりといったこともある流れの中で、その中のあれこれの偶有性に左右されながらの思考や判断が私にも生じ、行動にも影響して、さらに別の人たちに影響を与える場合もあったりしている。

時空的決定論は、それらを超然とした視座から抽象的な解釈をするだけの、究極のシニシズムでしかないのではないか。なのに、時空的決定論を携えたままで、果たして私は当為命題世界での具体的な生活が可能なのだろうか（とりあえず、事実としては可能である。現に私は生きている。一方で、シニカルな思いなど微塵もなくピュアな精神で生きている人が自爆死を選んでしまっている事例もある）。

シニシズムはある意味、ソクラテス以来の哲学の基本スタンスだとも言えやしないかと思ったり。シニシズムが媒介されてこそ、批判精神は研ぎ澄まされるのかもしれないし。確かにこの志向を自己目的化したら、思想は貧相にも滑稽にもなるだろうけど。キニク派は、結局そういうことだったのではなかったのか。

まあ、ここで、結論を急いでも仕方ないかもしれない。ここで論理的整合性とかをやみくもに探ることでシニシズムを着飾って何になる。それにしても哲学とは何なのだろう。大仰に論じられる立場ではないな、少なくとも、私にとって哲学とは何なのだろう。何のために私は哲学を求めたのだろう。世界を整合的に矛盾なく体系的に解釈したかったからか、自分がいかに生きるべきかの指針が欲しかったからか、人生になにがしかの意味を見出したかったからか、世の中を積極的に変革したかったからか。

（4）歴史評価について

歴史認識は、複雑である。われわれは、史実といわれている情報に基づき、過去はこうであったと推測している。充分な情報がない場合は、いろいろな仮説を立てて、その時点で得られる可能な限りの情報との整合性を検証しながら模索する。それで、恐竜がどう歩いていたかは、私の子供の頃と今とでは、すっかり認識が変わってしまっている。日本の古代史のここ十数年の劇的な変わりよう。でも、まだ本当のところはよくわからない。江戸時代の庶民の暮らしについての考え方も、近年は、以前と様子が違ってきている。それらは、今まで知られていなかった知識が得られたから進展したと言える面はもちろんあるが、歴史認識のパラダイムも変わってきていることも見逃せない。

われわれは、有限な表象能力しかないのだから、過去のすべてをリアルに再現するなんてことは、実際上不可能である。だから、なんらかの物語なり歴史モデルなりで、観念的に再構成して推測し、なぞるほかない。つまり、歴史観のようなものを媒介にして歴史認識をする。その歴史観には、「世の中、こうあるべき」といった当為命題の組織されたなにがしかの倫理システムなり政治意図なりも反映したりするから、複雑である。その時々の政治的力関係によって、皇国史観が支配していたり、いわゆる「唯物史観」とかが影響力を持っていたり。

私は本書で、どんな歴史観が正しいのかといった議論をするつもりはない。それは本書の範囲を超えている。だが、どんな歴史観の下であれ、あるいは、史実に関してのどんな立場を採用するのであれ、事実は一通りでしかありえない、複数もしくは無数の歴史的事実が並行して存在しているというわけではないということ、これは、歴史家のみならず、ほとんどの人の常識的前提であったし、今でもそうである。この前提は常識的にはあまりにも疑いの余地のないものだが、物理学的には完全に証明可能とも言いきれなくなってきている。だが、私は伝統的なこの立場を固持したい。皆と同じ世界を具体的に共有していると思いたいからだ。そのために、私は未来は未決定だとする考えを捨てることにした。第1章で論じたように、過去は決まり未来は未決定だという立場は独我論を選ばない限り成立不可能であること、こればかりはどうすることもできないからだ。

そうすると、存在論的には、反事実的確定性仮定は成立しないことになる。これは過去の事象に対しては了解されてきたことである。歴史に「もしも」を導入するのは、思考としては可能であるが、歴史そのものを実際に変えることはできない。

だが、われわれは歴史を教訓として学び、そこにいろいろ反省なり賞賛なりの評価を与えている。これは未来に向けて生きるわれわれの倫理の重要なサブシステムになっている。反事実的確定性仮定の存在論的不成立を未来に対しても認めてしまうことで、このサブシステムは機能しうるのだろうか。もう少しくだけた言い方をすると、所詮、決まっていたことなのだから、過去の出来事についてああすべきだった、こうすべきだったと言っても意味ないじゃないか、それは未来についてもしかり、ということにならないだろうか。

複雑なのは、この歴史評価そのものが、未来に対する人間の行動の規定要因の一つにもなりうるということである。もし、歴史評価なんて意味はないという考え（これも一種の歴史観か？）が大きな影響力を持つ事態となったら、それが、一種の歴史形成の一要因として機能してしまいうる（ああ、こう言いながら、すでに私はここで「もし」なんて言葉を使った思考をしてしまっている！）。

「もし〜ならば」という思考は、ただ単調に分布しているかのような諸事象を、一般性に向けた諸概念に結びつけて、場合によっては法則性とも結びつけて、整理し組織づける役割の一部を果たす。こういう処理を施して過去の情報を蓄積しなくては、教訓のような機能を引き出せない。さまざまな力関係で振動しつつもそれ相応に形成されていく社会的コンセンサスを背景にして成立するなにがしかの価値意識、それは不均等な配置をしていたりもするけれど、それが歴史評価の指標の役割を演じたりする。もちろん、価値意識の不均等さは歴史評価の不均等さに連動する。

四次元時空内に内在してスキャンしていく存在であるわれわれは、この歴史評価システムにも内在し関与しながら生きていくしかありえない。これに否定的になること自体が一つの関わり方を形成してしまうのだから、どうしようもないことなのだ。むしろ社会の一員としてこの歴史評価の活動に自分をどう位置づけていったらよいのかあれこれ考えていくあり方こそ自然だと言えるだろう。

しかし、実際のところ、歴史評価というのは大変複雑である。これについて、思うところは尽きないけれど、本書の範囲をあまり逸脱してしまわないように、ここでは抽象的議論だけにとどめておこう。

どのみち、どんな反省をして、どんな責任追及をしたって、過去は変えられない。そして、原理的には未来も変えられないわけだけれど、その変えられない未来のあり方には、未来を変えようとして奮闘努力するわれわれの行動も、その行動によって規定されていく未来のあり方も含まれていることに留意する必要がある。そのあり方の中には、過去の歴史をモデル化して、「もし〜だったら」の思考を働かせ、未来の改善に役立つパラメータに注視して歴史的教訓を蓄積していくわれわれの歴史評価行為も含まれている。つまり、要するに、われわれはあれこれ未来をよくしようとしながら、四次元時空に内在しているものなのだ。いいじゃないか、それで。

(5) 時空的決定論の残酷さについて

「後悔」ということについて、考えてみよう。

人は、よく後悔をする。仕事をしていて、「しまった！」と思うことがまったくない状態で何ヵ月も過ごせる人は、よほどのベテランか、よほど退屈な業務に携わっている人かだろう。新米社員とかだったら、午前中だけで五〜六回、「しまった」と思うことも珍しくない（しすぎか？）。進学しても後悔、就職しても後悔、結婚しても（しなくても）後悔、買い物しても、映画をみても後悔、後悔。些細なことまで含めたら、人はしょっちゅう後悔している。まるで、人は後悔するために生まれてきたのではないかと思いたくなるくらいに（後悔するために生まれて、後悔したなら、後悔なんてしなくてもいいじゃないかって？）。

だが、その中には、自殺したくなるくらい深刻な場合もある。人をあやめてしまったとか、会社を倒産の危機に追い込んでしまったとか、かけがえのない人を裏切ってしまったとか。「しまった」というのは、過去形、ないし完了形である。過去は変えられない、どうしようもないという叫び、それが「しまった！」だ。そして、そこには、できることならもう一度過去のある時点に遡ってやり直せたらという切実な願いも込められていたりする。

だが、それに対し、それは決まっていたことなのだとする時空的決定論は、あまりにも無慈悲というか、冷淡すぎやしないだろうか。

あるいは、時として人は如何ともしがたい憤りに遭遇することだってある。だが、過ぎ去ったあの事件はもともと決まっていたことだというのでは、憤りをどこに向けたらいいのか、とか。

あと、人生にはつきものなのが、「運、不運」ということ。ついていたり、ついていなかったり。何をやるにつけても、やたら、ついていない人っていたりする。それどころか、生まれた時点でついていない人だって大勢いる。どんな時代のどんな国や地方のどんな境遇のもとに生まれるかは、「運、不運」のベースだとも言える。

それに対し、それはそういう運命だったわけだとする時空的決定論は、非情であり、残酷ですらないだろうか。

確かに、残酷だ。だが、では、未来は決まっていないという考えにすれば、その残酷さは消えてなくなるのだろうか。単なる残酷さの先送りでしかないのではないのか。もしくは、残酷さから目を背けているだけのことにすぎないのではないか。

それと、われわれは、この残酷さの度合いを純粋に客観的視点で感じ取れるわけではないという点にも留意したい。過去の歴史には、それはもう残酷な出来事が山積みである。あるいは今、現在だって、世界中で残酷な話題には事欠かない。だが、それらよりも、「今の自分」に降りかかってきている、今のこの事態こそが最高に残酷だと人は感ずるのである。それに引き続いて自分の身近の愛する者などについてのことが残酷なのだ。激しい空爆で大勢の命が奪われたという遠い国に関する新聞記事はさらりと読めるのに、「アポイントの時間を間違えた、間に合わない！」とかだと、全身に冷や汗がみなぎってしまう。それが人間というものの正直な現実でもある。さらに言えば、そういう身近中心の感覚への関心の限定が、残酷な事態を発生させたり放置したりの一因にもなりうることもまた見逃せない現実であろう。

こう考えると、この世の残酷さの本源は、世界が客観的にどうであるかがベースにはあるとしても、「私が私である」ということそれ自体にむしろ存していると言えないだろうか。なぜ、これがほかならぬ「私」なのだ、と叫びたくなる事態。裏を返せば、他のこの人やあの人が「私」でないのはなぜ、とも言える事態。

なぜ、私が私なのかということを説明するのは、実に難しい。科学は、「この私」なるものは排除して、せいぜい不特定の任意の私が措定される形で世界を叙述していくにすぎないわけで、科学的に私が私であることを説明することは原理的に不可能である。そもそも、「なぜ、私が私なのか」という問いに対する解答としてどんなものが期待されているのか自体が謎めいている。論理学的には単なるトートロジーで、人は人である、AはAであるといった同一律による恒真命題だとしか言えない。でも、心の奥底から「なぜ、私が私なのか」と叫びたくなる状況に少なからず晒されてしまうわれわれの存在とは何なのだろう。

「私が私である」ということ。その述語である「私」は、私の置かれた客観的状況（それには私の身体も含まれ、その身体には私の心的な機能や状態も含まれる）のことを指している。それは、四次元的な広がりをもって時空内に存在する無数の客体の一つにすぎない。一方、主語の「私」は、その状況を唯一の足場にし軌道にして時空をスキャンする生きとし生けるスキャナーとしての私である。

生きとし生けるスキャナーとしての私とは、宇宙に開けられた無数の小窓の一つである。私はなぜ、ほかならぬこの小窓なのかという問いは解答の形式すら想像しにくい謎の深淵に向けられている。それでも、私はこのみすぼらしい小窓から見える別の小窓たちに問いかけたり問いかけられたりして、手探りすることはできるし、そうし続けるほかはない。少なくとも、人間は小窓間の連帯のすべに関して決して貧相ではないこと、さらにアクティブな行動を提起したり実践したりもできる（少なくともそういう思いでスキャンしていける）ことはせめてもの救いだと思う。

世の中には、「私」という運命的小窓をしっかと受け止め、迷うことなく堂々と生や死をあきらめていける人もいるみたいだ。でも、それができなくて苦しみもがく人も多い。それも運命か。確かに、やっぱり、残酷だ。

5　そして、もう一つの自由

ダグラス・R・ホフスタッターの『ゲーデル・エッシャー・バッハ　あるいは不思議の環』（＊5）という本を十数年前に読んだことがある。読み通すのは決して楽でない分厚くて難しい本なのだが、なんだか惹きつけられた。哲学的思考に豊かなヒントを与えてくれる。数学者ゲーデルの不完全性定理の解説が中心議題なのだが、それを錯視で不思議な世界にわれわれをいざなうエッシャーの絵画や、カノンやフーガで有名なバッハの音楽についての考察を絡ませ、さらには、コンピュータ科学や生命科学、大脳生理学などの話題にも議論を広げた、意欲的なシステム論であった。当時、コンピュータの原理的な問題に興味が

＊5　Douglas Richard Hofstadter, *Gödel, Escher, Bach: An Eternal Golden Braid*, 1979. ＝ダグラス・R・ホフスタッター『ゲーデル・エッシャー・バッハ　あるいは不思議の環』野崎昭弘・はやしはじめ・柳瀬尚紀訳、白揚社、一九八五年。

あった私は、大きな衝撃と感銘を感じながら読んだ（正直、「感じた」とくらいにしか言えない。「理解した」と言える自信がないから）。

いや、私はここでこの本の論評を試みるつもりもなければその能力もない。また、この本でも自由についての考察があったりするが、それが、本書の自由論とリンクしているわけでもない。

この本の中心テーマを私なりにごく単純化して言うと、システムが自身のシステムにどこまで言及できるのか、ということではないかと思っている。システムがシステム自身の能力で、自己理解するということの難しさ、そのぎりぎりの限界線を越え出ようとするとたちまち深刻な矛盾に陥ってしまったりするというシステム一般が抱える根本的問題を、さまざまな事例と緻密な推論で考察し、展開していく。

私は、ホフスタッターのような緻密な論理展開をする才能はないのだが、本書『四次元時空の哲学』を執筆していく間に、この本のことをたびたび思い出してしまった。もしかしたら、私も同じような問題にぶつかり悩んでいたのではないかと。つまり、私は、四次元時空についての考察をしているわけなのだが、その私自身が、四次元時空に内在し、その内在した一存在のあり方の一つとして、まさに四次元時空についての考察をしているわけなのである。私が時空的決定論に基づいて、すべては決まっていると述べる対象に、そう述べる私の言明ないし執筆行為は含まれている。……と述べる私の言明は、やはり四次元的に決まっているわけで、……と述べる私の言明は、……。これもホフスタッターの言う「不思議の環」の一種なのか。

この本では、「システムからの脱出」と表現されているのだが、人間は、自分が拠って立つところのシステムを客体視し、その外に立って自分自身を含む世界を見るということをする。が、しかし、その客体視している人間自身がやはり客体化された世界の一部でもある。ということをなおも自覚することもできる人間。

対自的な視座を追求し、追及し、そして、つまるところ、即自的視座に帰還してしまったりとか。

私は、本章第3節において、自由というものを、力（能力）において把握する展開を試みた。それは、四次元時空をスタティックに見下せる視座における概念分析であった。だが、時空をスキャンする意識の視座からの分析がなくては、倫理的な諸問題にはアプローチできないのではという観点で考察したのが、本章第4節である。ここでは必ずしも「自由について」という形で直接論じられることはなかったけれど、大枠において、これらは自由についての考察として位置づけられると思っている。そして、当節において、もう一つの自由というもののあることを指摘する形で本書を締めくくろうかと思う。

力としての自由、倫理システムとしての自由、いずれもシステムに内在し没入してこその自由である。だが、人間は、そんなシステムに溺れそうになっている自分をシステムの外から見下ろしてしまい、あくせくこだわっていた諸価値を空無化して、より広大な、いわば宇宙に近い視座に立って、悠然と自らを宇宙と一体化してしまうような、そんな自由追求の道もまた存在している。

前の節で、私は「自由は力である」と論じてきた。だが、すっと、力を抜いたところに現れる自由というのもあるのだ。ここに至って、弱さは強さにも転化しうる。こういう境地に至れることもまた、一種の能力なりと言えば、やはり、「自由は力」なのかもしれないけれど、いわゆるこれまでの力の自由とはやはり次元の違うものとして認識しておきたい。

もともと、「自由」という中国伝来の日本語は、"freedom"や"liberty"の訳語として定着する以前は、独立自存の意の仏教用語"svayambhu"(スヴァヤンブー)の訳語の一つだったらしく、それは、無我の境地、悟りの境地を表していたらしい。

このような自由の発想は、仏教のみならず道教にもあるだろうし、別に東洋思想に限ることもなく、広く人間の思想一般に見受けられるものではないかとも私は思っている。いや、そんな古今東西の思想を知っているわけではないから、大雑把な予想として感じているとでも言うべきだろうが。

私は、最後の当節で、この脱却と超越の自由、いわゆる解脱の自由に言及してみたわけだが、だからと言って、私は、この種の自由こそが、最高の自由、真の自由であると主張するつもりはまったくない。そんな資格もない。こういうのもあるらしいと言いたかっただけである。また、(仏教に限らないが)仏教のような巨大で複雑な思想運動をこの側面からのみで判断して評価したりできるものとも思っていない。そもそも、どんな自由がいいのか悪いのかなんてことは、やはり具体的な文脈から離れて論じられることではないと思う。この種の自由は、単なる逃避や、現実から目を背けて建設的な活動への参加意欲を鈍らせたりとか、いくらでも低レベルな、評価できない態度に結びつきうる可能性を持っている。この種の自由において賞賛されるのは、多くの苦難を乗り越えたり、厳しい修行を積んだりした、いわゆる徳のある人たちであったりすることなどは、逆にそれを裏付けてもいるのだろう。

だが、人類の思想は、こんな種類の自由をも追求できるようなしたたかさを手にしているということ、これには、ただ感服するばかりだ。私として言えることは、こんなしたた

かさも踏まえつつも、四次元時空内存在として、ままよ、精一杯生きてみるしかないか、
ということくらいだろうか。

おわりに

本書の構想は、薄ぼんやりとした形で十数年前よりあったのだが、書き上げる勇気と余力がなかなか得られなかった。

ただ、「哲学書」というものをいつか自分で書いてみたいという思いは、学生のころからずっと抱いていたことでもあった。しかし、それは、漠然といつかいつかという思いばかりで、その実行に取り掛かることはないまま、日々の暮らしに流されていた。相対性理論についての考察論文は、以前に季報『唯物論研究』誌に投稿したり、自分のウェブサイトに掲載したりはしていたのだが、トータルな時間論や自由論に及ぶ展開は、本書が初めての試みである。

私が大学三年の時、新聞記者で、私の最大の精神的支えであった父が、肺がんで死んだ。生母が死んで七年後、父が再婚して五年後のことだった。最期に父が私に遺してくれたメモ書きの短いメッセージは、「スペシャリストとして生きてほしい」だった。だが、私はその言葉に反して、ちっともスペシャリストの道を歩まなかった。というか、スペシャリストの意味がそもそもいまだに理解できていない。

父が私に託した「スペシャリスト」という言葉は、実に抽象的だ。「何の」という限定句がない。それは私を拘束してしまわないための配慮だったのか、一体、将来何になりたいのかさっぱりわけがわからない奴だったから、こうとでも書くしかなかったからなのか。いずれにせよ、それは守ることも拒むことも難しい一種の謎かけのような形で、私に重くのしかかっていた。

＊

私は、何がしたかったかと言えば、結局、ただひたすら思索をめぐらしていたかったということなのだろう。こういう人は、カテゴリーとしてはやはり「哲学者」に属すと言えるのかもしれない。医者や弁護士と違って、国家試験とか資格制度とかはないのだから、哲学者には誰でもなれる。だが、では私は哲学のスペシャリストなのか、と言えば、どうもそうとは言えない。私は、大学は哲学科ではあったけれど、院に進むことはなく、緻密なテキスト研究や論理学演習の研鑽を積んでこなかった。だから、もちろんそういう意味で哲学のスペシャリストとは言えない。しかし、そもそも、何かのスペシャリストたらんとすることと、哲学することとは、本来、両立することなのだろうかという根本的問題もある。

哲学するということは、何かの専門を目指すこととは本来矛盾しないか、哲学することには、スペシャリストたらんとするのではなくジェネラリストたらんとすることが内包されているのではないのか。とは言っても、どこまでやればジェネラリストなのか、そもそも、真の意味でのジェネラリストなんて原理的に可能なのか、という問題もまた出てきてしまう。

大学を卒業後、私はコンピュータのソフトウェア開発の会社で働き、その後、中小企業団体の職員として税務会計などの業務を経験し、個人事業主の形を試みたりしながら、ソフトウェア開発を生業として暮らしてきた。コンピュータソフトウェアの技術のいくらかは、私にとって重要な生活の糧ではある。しかし、この分野でも、特に何かの専門家になりえた自覚は持てなかった。コンピュータサイエンスを学術的に学んだわけではないからといった理由もあるが、学歴がすなわちスペシャリストの条件とも言えないわけだし、この世界でもやはり、スペシャリストとは何なのかということを考え込むとわけがわからなくなるし難しい。まあ、何というか、私は、何かのスペシャリストにならなくてはという妙な強迫観念がある一方で、どこかに、アンチ・スペシャリストたらんとするものを引きずって生きてきてしまったような気がする。

人生は、私にとって思考実験、思索実験のためのかけがえのない素材である。だが、それは残酷なくらいに具体的で個別的で、交換も返品も再試行もできない。一方、哲学は抽象的、普遍的なものを追求する。しかし、それはやはり、具体的で個別的なものを通じて、しかも「我」という着脱不能のフィルタを通してでしかできない。でも、具体的で個別的なものにとらわれてしまいたくもない。その行ったり来たり……。

ここで、ふと気づいた。私は「スペシャリスト」という言葉を、もしかして、人から評価され、オーソライズされた、何か居心地のよさげな枠組みだけで考えていたのではないか、と。だが本当は、人は生まれながらにして、そして死ぬまでかけて、ただひたすらスペシャリストではないのか。スペシャリストでしかありえないのではないのか。惨めだったり、恥ずかしかったり、得意だったり、不得手だったり、あれやこれやのスペシャルブレンドでしかありえないのであって、そんなこんなでスペシャルなことがジェネラルなのではないか、と。かくして私は、「スペシャリストとは何か」について考えることのスペシャリストになろうとしているのかも。

＊

本書を出すにあたり、社会人になってからも哲学の分野で長きにわたって御指導いただき、今回執筆の機会を与えて下さり、執筆原稿にも貴重なアドバイスや励ましを下さった、季報『唯物論研究』編集長・大阪経済大学教授の田畑稔先生には、心より感謝の意を表したい。さらに、21世紀研究会ならびに大阪哲学学校のメンバーの方々などによる助言や協力もありがたかった。ここでの市民による哲学活動を支えていこうとする日頃の意思が、今回の執筆機会とその実現のバックボーンにあったことは忘れてはならないと思っている。また、編集でお世話になった安喜健人氏をはじめ新泉社の方々、装幀の高根英博氏、そして印刷や製本関係などでお世話になった方々にも、厚く御礼申し上げたい。ただ、残念なこととして、「21世紀叢書」の企画を発案された『科学知と人間理解』（新泉社、二〇〇二年）の著者、高橋準二先生が、早々に亡くなられてしまわれ、本書をめぐって議論できなかったことが大変悔やまれてならない。

本書の本格的な執筆を開始してから数ヵ月後のことだった。父の死後もいろいろ苦労をかけたけれど、とても元気で闊達であった養母が突然、交通事故で死亡した。命は何の疑いもなく次の瞬間へと続いてくれるものでは決してないことを強烈に思い知らされてしまった。近いうちに本を出すかもと打ち明けていた矢先のことだった。

執筆を終えるにあたり、今は亡き、しかし本書の見解によれば四次元時空内には存在しているはずの、父と、二人の母に、この書を捧げたいと思う。

二〇〇六年一二月

村山　章

「21世紀叢書」刊行にあたって

21世紀に入りました。誰もが大きな変化を実感し、新しい時代の到来を予感しております。しかし、まだ方向は不確定であり、私たちは確たる認識にいたっているとはいえません。21世紀を理解するうえで基軸となる認識、理論、世界像はいかなるものなのか、どのような価値が求められようとしているのか、そして、世界や日本の進路と変革はどのような方向に沿って可能なのか、このような知的挑戦の課題が提出されています。

地球環境危機と人口爆発の同時進行、情報革命とグローバリゼーションの帰結、唯一の超大国アメリカ合衆国の世界戦略、ポスト・フォーディズムの資本主義、国民国家再編の行方、経済発展を遂げつつある中国と東アジア諸国の帰趨、地域紛争と宗教原理主義、技術の急展開に追いつかないモラルや人間観、日常生活世界の深刻な変容とオールタナティブの形成、世界市民運動の台頭とアソシエーション革命の波など、世界的人類史的スケールで現実を把握する必要に迫られています。

これらの課題に、私たちは「21世紀研究会」という形の研究活動・発表活動を通して、いくぶんなりとも応えることができるだろうと考えました。この研究会は関西在住の哲学者、政治学者、経済学者、科学史家や社会運動家などにより、約五年の助走期間ののち二〇〇一年に結成され、次のような活動を目標としております。

(1) 世界と日本の新しい現実を諸分野の共同により包括的に把握することをめざす。

(2) 専門領域の相違と政治的、思想的立場の多様性を前提に、情報交換と意見交換の生産的な場を共同でつくりあげる。

(3) 新しい思想の創造に参画し、新たなオールタナティブ創出のために貢献する。

(4) 研究の成果は、研究会員が個人として、あるいは連名で世に問うように努め、研究会はその発表の機会をつくり出すために活動する。

そして、このたび「21世紀研究会」の成果を集約した発表の場として「21世紀叢書」を刊行することになりました。読者の皆さんの共感と厳しいご批判をいただければ幸いです。

（二〇〇五年五月）

21世紀研究会

大阪府豊中市本町六―九―七―四〇二
電話・FAX　〇六―六八四〇―一〇五六
Eメール　studies21c@hotmail.com

著者紹介

村山　章（むらやま・あきら）

1959年，愛知県生まれ.
1983年，法政大学文学部哲学科卒業.
現在，コンピュータのソフトウェア開発の業務に従事.
　著者ウエブサイト
　http://www.infonia.ne.jp/~l-cosmos/

21世紀叢書
四次元時空の哲学

2007年11月20日　初版第1刷発行

著　者＝村山　章
企　画＝21世紀研究会
発行所＝株式会社 新 泉 社
東京都文京区本郷2－5－12
振替・00170－4－160936番　TEL 03(3815)1662　FAX 03(3815)1422
印刷・製本　萩原印刷

ISBN978-4-7877-0712-3　C1040

マルクスと哲学
――方法としてのマルクス再読

田畑 稔［著］

A 5 判上製・552 頁・定価 4500 円＋税

〈もう一度〉マルクスを読む試み．
21世紀の現実への思想の通路をラディカルに再敷設するために――．
19世紀のマルクスに徹底内在し，哲学に対するマルクスの関係を系統立てて読み解くなかで，「マルクス主義哲学」の鎧を取り除き，彼の思想が持つ現代的意味と未来へとつなぐ途を考察する．
マルクス像の根本的変革を唱え，高く評価された前著『マルクスとアソシエーション』(新泉社，1994年）に続く，渾身の原典再読作業．

第 1 章［哲学］哲学に対するマルクスの関係――四つの基本モデル／第 2 章［意識］マルクス意識論の端初規定／第 3 章［構想力］解放論的構想力と実在的可能性／第 4 章［唯物論］「哲学の〈外への〉転回」の途上で――前 - 唯物論期マルクスの唯物論理解／第 5 章［移行 1 ］唯物論へのマルクスの移行／第 6 章［移行 2 ］パリ期マルクスと仏英の唯物論的共産主義／第 7 章［批判］マルクスと「批判的唯物論的社会主義」／第 8 章［物件化］唯物論批判の論理と「物件化」／第 9 章［国家］マルクス国家論の端初規定／補論 1 ［エンゲルス］エンゲルスによる「哲学の根本問題」導入の経緯／補論 2 ［国家哲学］東ドイツ哲学の歴史的検証／カール・マルクス略年譜／人名解説・索引

植村邦彦 著

マルクスのアクチュアリティ
――マルクスを再読する意味

四六判上製・272 頁・定価 2500 円＋税

21 世紀のマルクスは，権威として祭り上げられた20世紀のマルクスではなく，19世紀のマルクスでなければならない．未完成の作業に従事し悪戦苦闘を続けていたマルクスの歴史的，思想的コンテクストを多角的に検証するなかから，21 世紀におけるマルクス再読の意味を考える．

中川喜与志，大倉幸宏，武田 歩 編

クルド学叢書

レイラ・ザーナ
――クルド人女性国会議員の闘い

A 5 判・368 頁・定価 2800 円＋税

徹底した同化政策がとられてきたトルコで，禁止された母語で議員宣誓を行い，テロリストとして死刑求刑され，10年間を獄中に囚われた，トルコ初のクルド人女性国会議員．彼女の闘いを通してエスニシティと国家，マイノリティとジェンダー等，複雑な問題群を深く考察する．

松浦範子 文･写真

クルディスタンを訪ねて
――トルコに暮らす国なき民

A 5 判変型上製・312 頁・定価 2300 円＋税

「世界最大の国なき民」といわれるクルド民族．国境で分断された地，クルディスタンをくり返し訪ねる写真家が，民族が背負う苦難の現実と，一人ひとりが生きる等身大の姿を文章と写真で綴った出色のルポルタージュ．鎌田慧氏，池澤夏樹氏，川本三郎氏ほか各紙誌で大絶賛の書．

小倉英敬 著

メキシコ時代のトロツキー
――1937－1940

四六判上製・384 頁・定価 3000 円＋税

スターリンにソ連邦を追放され，各地を流浪した末に暗殺されたロシア革命の英雄レフ・トロツキー．最後の 3 年半を過ごした亡命地メキシコの人間模様と社会情勢を鮮やかなドラマとして描きだしながら，ロシア革命後のプロセスから人類はどのような教訓が得られるのかを探る．

21世紀叢書

鶴見俊輔ノススメ

——プラグマティズムと民主主義

木村倫幸［著］

A 5 判・132 頁・定価 1700 円＋税

「戦後民主主義」を見つめ直す——.
哲学者鶴見俊輔は，第 2 次世界大戦後より今日に至るまで，プラグマティズムの立場から日本社会に対して積極的に発言を続けてきた現役の思想家である．混沌とした 21 世紀を生きるわれわれにとって，今なお多くの示唆に富む彼の思想を多方面から論じ，そのエッセンスを紹介する．

第 1 章　プラグマティズムについて——『アメリカ哲学』（1950 年），『折衷主義の立場』（1961 年）解題
第 2 章　民主主義について——『私の地平線の上に』（1975 年）
第 3 章　アナキズムについて——「方法としてのアナキズム」（1970 年）と「リンチの思想」（1972 年）
第 4 章　個人と組織の問題について——『期待と回想』上（1997 年）
第 5 章　転向について——「転向研究」（1959 〜 1962 年）と『転向再論』（2001 年）
第 6 章　日本のアイデンティティーについて——吉田満『戦艦大和ノ最期』（1952 年）をめぐる論争
第 7 章　家族について——『家の神』（1972 年）

森 信成 著

改訂新版 唯物論哲学入門

四六判上製・248 頁・定価 1800 円＋税

宗教的，政治的，経済的疎外とそれからの解放という，人間生活の根本にかかわる問題をわかりやすく説いた定評あるロングセラー．民主主義，弁証法についての見事な考察が現代社会を鋭くえぐる．独力で哲学を勉強し，世界観を得たい人のために最適の入門書．解説＝山本晴義

服部健二 著

歴史における自然の論理

——フォイエルバッハ・マルクス・梯明秀を中心に

A 5 判・312 頁・定価 4500 円＋税

人間を「自然の自己意識的存在」としてとらえるフォイエルバッハの自然観をヒントに，哲学における自然観を分析する．〔内容〕自然の自己意識的存在—フォイエルバッハの自然観，歴史における自然の論理—マルクスの自然概念，「全自然史の思想」について—梯明秀の場合

山本晴義 編

現代日本の宗教

——宗教イデオロギーへの批判視角

四六判・264 頁・定価 1800 円＋税

高度経済成長の自信に満ちた未来像が崩壊し，この不安の隙間に阿含密教，統一教会，真光教などが輩出した．本書はその現状分析に，戦前の宗教批判の歴史と反省を加えて，マルクス主義の視角から 9 人の識者が宗教的世界観にひかれる若い世代に科学的批判的な視点を提示する．

季報『唯物論研究』編集部 編

証言・唯物論研究会事件と天皇制

四六判・296 頁・定価 1845 円＋税

日中戦争が泥沼化していった 1938 年 11 月，戸坂潤や永田廣志ら「唯物論研究会」の主要メンバーが，治安維持法違反で検挙された．「横浜事件」とならぶ戦中の天皇制国家による思想弾圧事件「唯研事件」の全貌を，当時の関係者たちの証言やインタビューで明らかにする．

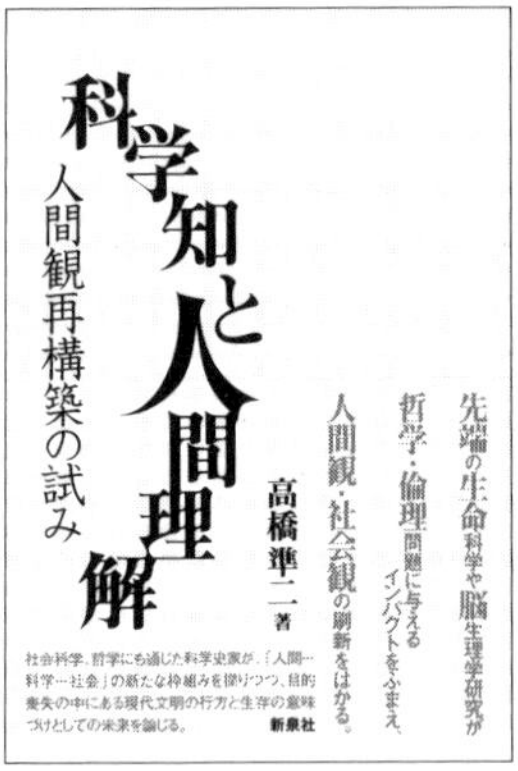

科学知と人間理解
——人間観再構築の試み

高橋準二［著］

四六判上製・296 頁・定価 2300 円＋税

社会科学，哲学にも通じた科学史家が，混迷を深める文明のなかに生きる人間と，科学，社会との新たな接点を歴史的視野から探究する文明論の好著．先端の生命科学や脳生理学研究が哲学・倫理問題に与えるインパクトをふまえ，人間観・社会観の刷新をはかる思索の挑戦．生物学と人間の理解，人間行動と生存の意味づけ，心身関係論・認識論・倫理学の再構築，日常知と科学知，地球環境危機と経済・倫理問題，文明の行方などを論じる 7 章．

第 1 章　20 世紀生物学と人間理解（上）—— R. ドーキンス『利己的遺伝子』をめぐって
第 2 章　20 世紀生物学と人間理解（下）—— J. モノー『偶然と必然』をめぐって
第 3 章　脳と心と唯物論——今日の脳研究に学びつつ
第 4 章　日常知と科学知——20 世紀物理学と唯物論的認識論の再出発
第 5 章　道徳感情と倫理学の課題——アダム・スミス『道徳感情論』を手がかりに
第 6 章　地球環境危機と経済・倫理問題
第 7 章　現代文明の未来——現代世界論へのラフスケッチ

ルイス・マンフォード 著
関 裕三郎 訳

新版 ユートピアの系譜
——理想の都市とは何か

四六判上製・324 頁・定価 3200 円＋税

混沌として希望の持てない時代にこそ，人類は“理想の世界”を思い描き，実現しようとしてきた．プラトンの『国家』から説き起こし，近代にいたるまでの代表的なユートピア論，ユートピア文学を克明に分析し，現実を再建するための“理想”とは何かを考える古典的労作．

笠松幸一，K. A. シュプレンガルト 編

現代環境思想の展開
——21 世紀の自然観を創る

四六判上製・228 頁・定価 2500 円＋税

深刻化する環境問題の解決に向けて，自然環境との間に新たな倫理的関係を取り結ぶことは可能なのだろうか．日独の気鋭の論者が，それぞれの専門領域から実践的な環境思想の地平を切り開く．ラインハルト・ツェッヒャー，佐々木力，小柳正弘，亀山純生，長野ヒデ子執筆．

戸田 清 著

環境学と平和学

四六判上製・336 頁・定価 2800 円＋税

環境学と平和学は 21 世紀の人類にとってきわめて重要な実践的学問である．戦争がくり返される 21 世紀初頭にあって，飢餓や貧困などの社会的・構造的不公正＝「構造的暴力」と戦争などの「直接的暴力」の密接なつながりを分析するなかから，「積極的平和」創出の要件を探る．

渡辺 格，野間 宏 対談

人間のゆくえ

四六判上製・260 頁・定価 1200 円＋税

人間の本来のあり方が，社会科学的にも自然科学的にも再考されている．分子生物学のめざましい発展を評価しつつも，そのあり方に対し，鋭い批判を浴びせている分子生物学者・渡辺格と，自然科学の成果を自らの文学に取り入れ，ユニークな創作を続けた作家・野間宏との対談．